고전자료의 이해와 조직

문헌정보학을
전공하는
예비 사서를 위한

고전자료의 이해와 조직

권용인 엮음

우리 선조들이 남겨 놓은 수많은 고문헌(古文獻)은 대부분 한자(漢字)로 기록되어 있다. 따라서 도서관 서고에 소장되어 있는 고문헌의 내용이나 특성을 알아야 하는 것은 사서(司書)의 길을 선택한 우리에게는 필수불가결(必須不可缺)한 과제이다.

한자와 한문은 우리나라뿐만 아니라 동양에 있어서는 오랜 시간 동안 생활화된 문자이다. 특히 우리말 어원의 70% 이상을 차지하고 있는 한자와 한문을 모르고서는 우리의 언어나 문화를 깊이 알 수 없다. 그러나 현행교육 제도로 인하여 우리에게 필요한 한자와 한문교육을 학교에서 할 수 있는 기회가 점점 멀어지고 있어서 다만 안타까울 따름이다.

컴퓨터가 상용화되기 이전에는 도서관의 장서가 전통적인 카드목록으로 조직되고 이용되었으나, 컴퓨터의 대중화로 인하여 카드목록이 온라인목록 즉, 기계가독형목록(MARC, MAchine Readable Cataloging)으로 대체되면서 각 도서관의 소장자료를 시간과 장소에 구애받지 않고 편리하게 공유할 수 있게 되었다. 따라서 고서도 한국문헌자동화목록형식(KORMARC)에 의거 목록을 작성하기 때문에 한국목록규칙 제4판(KCR4)에서 규정하고 있는 고서의 기술규칙도 이해하여야 한다.

한국목록규칙 제4판(KCR4)에는 고서를 기술하기 위한 필수적인 사항을 규정하고, 각 기술요소의 기술순서를 정하며, 기술에 사용되는 구두법과 적용 방법을 규정함으로써, 서지기술의 표준화를 기하고 도서관 및 정보유통 기관 간의 원활한 정보교환 촉진을 목적으로 하고 있다.

한국문헌자동화목록형식(KORMARC KORean MAchine Readable Cataloging)은 모든 유형의 자료에 대한 서지 정보를 교환하는 것으로 도서관 시스템이 달라도 레코드 교환이 될 수 있도록 필요한 명세(specification)를 제공한다.

또한 KORMARC 형식은 국내뿐 아니라 전 세계 도서관과의 서지 데이터 공유 및 교환을 위해 USMARC를 기본으로 작성되었으며 MARC21과 높은 호환성을 갖고 있다.

국립중앙도서관은 1980년대부터 KORMARC를 개발하기 시작하여 단행본용(1993), 연속간행물용(1994), 비도서자료용(1996), 고서용(2000), 전거통제용(1999) 형식을 제정하였다.

KORMARC는 한국목록규칙 제4판(KCR4)이 제정됨에 따라 KCR4의 목록규칙을 수용, 현재 총 3종의 형식을 유지하고 있으며, 통합서지용 개정판(2014), 전거통제용 개정판(2016), 소장정보용(1999)의 형식을 유지하고 있다.

이에 필자는 10여 년간의 강의 경험과 고전번역교육원에서 수학한 한문 지식을 바탕으로 사서들이 현장 업무에서 어려움 없이 고서 관련 용어를 이해하고 서지 레코드를 작성할 수 있도록, 한자 및 한문교육과 고서 기술규칙에 중점을 두어 제1부 이론편과 제2부 실무편으로 구분하여 본 교재를 편성하였다.

제1부 이론편의 제1장은 고전자료의 개념, 제2장 고서의 형태, 제3장 한자와 한문, 제4장 한문 익히기, 제5장 고서의 서문·발문을 각각 수록하여 고서의 특징과 명칭 및 고서의 해독을 위한 한문교육에 중점을 두었다.

제2부 실무편의 제6장은 고서와 고문서의 목록 규칙, 제7장은 한국문헌자동화목록형식(KORMARC) 통합서지용의 이해, 제8장은 MARC 데이터 입력 연습으로 편성하여 업무와 연계한 기술규칙을 익히도록 하였다.

〈부록〉으로는 업무와 관련한 용어에 대하여 이해하기 쉽도록 해설(解說)을 첨부하였다.

마지막으로 본 교재는 문헌정보학을 전공하는 예비 사서를 위하여 준비하였으나 실무 전반에 꼭 필요한 내용에는 구우일모(九牛一毛)에 지나지 않는다. 이 책의 간행을 계기로 후속 양서(良書)들이 속속 간행될 수 있도록 도서관 현장에서 실무를 담당하고 있는 동료 사서들의 질정과 관심을 기대하며, 출판에 이르기까지 많은 조언을 주신 백항기·이종엽 박사님과 글로벌콘텐츠 홍정표 대표에게도 심심(甚深)한 감사의 말씀을 드린다.

2023. 1. 활연재(豁然齋)에서

권용인

제2부 고전자료의 조직

제1부
고전자료의 이해

제1장 고전자료의 개념

1. 개념(概念) 및 정의(定義)

고전자료란 고서(古書), 고문서(古文書)[1]를 포함한 고전적(古典籍), 고문헌(古文獻) 등을 통칭하는 것을 말하며 일반적으로 '고서'라 칭한다.

고서란 일반적으로 동양의 경우 고문헌·고본(古本)·귀중본(貴重本)·고전적·고간본(古刊本)·고사본(古寫本)·희귀본(稀貴書) 등의 뜻으로 사용되고 있으며, 서양의 경우 Second hand book(고서), Old book(고서), Rare book(귀중서·희귀도서), Rare printed books(고간본), Manuscripts(필사본·고본·원고본) 등으로 지칭되고 있다.

고서의 개념은 크게 장정(裝訂)의 형식과 시기적(時期的)인 사항으로 규정된 경우가 많다.

「문헌정보학용어사전」에서는 "장정의 방식이 선장본(線裝本) 등 동양 고유의 것으로 되어 있고 일정한 시기 이전에 간행 또는 필사(筆寫)된 책"[2]으로 규정하고 있으

1) 고문서의 동의어로는 토지문서, 노비문서, 공문서, 차용증서 등의 문권(文券)과 주로 차용증서에 쓰인 문계(文契) 등이 있다.

며, 「한국문헌자동화목록기술규칙」(고서용)에서는 "대한제국(大韓帝國:1910) 이전에 간사(刊寫)된 것이거나 그 이후에 간사된 전통학문분야(傳統學問分野)의 것으로 장정의 형태가 동장본(東裝本)인 것"3)으로 규정하고 있다.

한편 「한국목록규칙」(제4판)에서는 고문서를 포함하여 "대한제국(1910) 이전에 간인(刊印)되거나 필사된 동장본 및 고문서를 대상으로 한다. 다만 그 이후에 간사된 것으로 고서의 영인본(影印本)이나 장정의 형태가 동장본인 경우에도 이 규정(規定)을 적용할 수 있다"4)고 규정하고 있다.

동양에서의 고서의 기원은 종이가 발명되기 이전의 대표적 기록매체인 죽간목독(竹簡木牘)과 겸백(縑帛)에서, 서양에서는 점토판, 파피루스, 양피지(羊皮紙)에서 그 기원을 찾을 수 있다.

2. 고서(古書) · 고사본(古寫本) · 고간본(古刊本)의 구분

1) 고서

일반적으로 고서의 구분은 시기 · 장정 · 언어 등의 요소들을 중심으로 규정되고 있으며, 시기와 언어의 측면에서는 동양 3국(한 · 중 · 일)이 다소의 차이가 있다.

시기에 의한 고서의 구분은 한국의 경우 1910(대한제국)년, 중국의 경우 1911(신해혁명:辛亥革命)년, 일본의 경우 1868(명치유신:明治維新)년 이전에 간행 또는 필사된 서적(書籍)을 의미한다.

장정에 의한 고서의 구분은 권축장(卷軸裝), 선풍장(旋風裝:절첩장), 호접장(蝴蝶裝), 포배장(包背裝), 선장(線裝) 등 동양재래(東洋在來)의 동장본을 의미한다.

언어에 의한 고서의 구분은 한문(漢文) 또는 각국의 고문자(古文字) 등을 포함한다.

---

2) 사공철 등편, 문헌정보학용어사전,서울 : 한국도서관협회, 1996.

3) 국립중앙도서관 편, 한국문헌자동화목록기술규칙(고서용), 서울 : 국립중앙도서관, 2000.

4) 한국도서관협회 편, 한국목록규칙, 제4판, 서울 : 한국도서관협회, 2003.

2) 고사본(古寫本) 및 고간본(古刊本)

고사본 및 고간본은 동양의 경우 한국은 1649(인조:仁祖 26)년 이전에, 중국은 1368(원대:元代)년 이전에, 일본은 1614(경장:慶長 19)년 이전에 필사된 서적을 지칭하며, 서양의 경우 인쇄술이 발명된 후의 초기요람본(初期搖籃期本:Incunabula) 이전의 필사된 서적을 지칭한다.

3. 고서의 특성

한국 고서는 중국의 영향을 받았으나 민족성을 살린 독자적인 형태로 발전하였다. 책의 장정에 있어서 외형은 일반적으로 장대하고 지질도 우수할 뿐만 아니라 표지에는 능화(菱花)무늬 등 다양한 문양(紋樣)을 사용하였으며, 황지홍사(黃紙紅絲), 오침안정법(五針眼訂法)을 사용하여 견고함과 함께 동양3국 가운데서 독특한 아름다움이 가미되었다.

고서의 유통과정은 현대서의 유통과정과 마찬가지로 저작자, 생산의뢰자(生産依賴者), 인쇄자(印刷者), 제본자(製本者), 출판자(出版者), 배포자(配布者), 이용자(利用者) 등의 순서를 거치는 경우가 통상적인 과정이다. 고서의 입수도 상속(相續), 기증(寄贈:受贈), 교환(交換), 매매(賣買:購入) 등으로 나눌 수 있다.

도서관 장서(藏書)로서의 고서는 장서의 성격과 고서, 장서로서의 취급과 구분, 수서정책(收書政策), 고서수장(古書守藏)의 현황 등이 고려되어야 할 것이다.

제2장 고서의 형태

종이가 발명되어 그것이 주요한 서사재료(書寫材料)로 등장되면서 서적의 제도에도 여러 형태의 변화가 생기게 되었다. 그 가운데에 가장 큰 변화가 있었던 것은 서적의 장정이었다. 이 장에서는 자료조직에 필요한 고서의 장정과 고서형태의 명칭에 대해 고찰하고자 한다.

1. 고서의 장정(裝訂)

서적 장정의 발전과 형태는 일반적으로 다음과 같다.[5][6][7]

1) 권자본(卷子本)·권축장(卷軸裝)

권자본의 장정(裝訂)은 백서(帛書)에서부터 시작되어 종이가 발명된 초기까지 사용

5) 박문열 저, 고인쇄출판문화사론, 청주 : 피아이인쇄문화, 1999. p.73-76

6) 천혜봉 저, 한국서지학, 서울 : 민음사, 1991. p.90-101

7) 서지학개론 편찬위원회, 서지학개론, 파주 : 한울아카데미, 2012. p.49-52

된 서적 장정의 형태이다. 백서나 종이의 경우 글을 쓰고 난 뒤 일단(一端) 혹은 양단(兩端)에 축(軸)을 달아서, 말고 펴기가 쉽고 이용에 편리하도록 고안하여 생겨난 제도였다.

축으로 사용된 재료는 주로 죽(竹)·목(木)이나 유리자(琉璃瓷) 등이었으며, 축은 서적의 품질이나 분류의 식별을 용이하게 하기 위한 것으로도 사용되었다. 『수서(隋書)』〈경적지(經籍志)〉에서 "상품(上品)은 홍색 유리축(紅色 琉璃軸), 중품(中品)은 감색 유리축(紺色 琉璃軸), 하품은 칠축(漆軸)을 썼다"고 한 것으로 보면, 비교적 고급의 서적에는 유리축이, 하급의 서적에는 대나무와 나무로 만든 칠축이 사용되었던 듯하다.

권축장은 죽간(竹簡)과 목독(木牘)에 비하면 서사(書寫)와 전열(展閱:펴서 열람)이 용이하며 또한 부피가 작고 중량이 가벼워 휴대와 보관이 편리한 초기의 서적 장정의 형태이다. 이를 보관 할 때에는 꼬리표(첨:籤)을 매달아 찾아보기 편리하도록 하였다.

이러한 장정의 형태는 중국에서는 백서가 생겨난 춘추말경(春秋末頃)부터 나타나기 시작하여 육조(六朝)를 거쳐 북송 초기에 이르기까지 사용되었으며, 우리나라에서는 고려 중기까지 보편적으로 사용되었다.

우리나라 도서의 초기 장정은 모두 권자(卷子) 형식이며, 경주 불국사 석가탑에서 나온 『무구정광대다라니경(無垢淨光大陀羅尼經)』은 신라 경덕왕 10년(751) 무렵에 간행된 현존하는 세계 최고의 목판 권자본이다.

2) 선풍엽(旋風葉)[8]

권자본의 경우 열람 시 권축(卷軸)에서 풀어 표죽(裱竹)에 감아가면서 읽고, 다 읽으면 다시 권축에 감아서 보관해야 하는데, 권축에 두루 말 때 힘을 균등하게 잘 배분하지 않으면 권지(卷紙)의 양단(兩端)이 가지런하지 않아 다시 풀었다 감아야 하는 번거로움이 따랐다.

권자본의 이러한 단점을 보완하기 위하여 당대(唐代)에 이르러 권지를 적당한 폭으

8) 한국문헌자동화목록형식-통합서지용 007(형태기술필드)에서는 고서의 특정자료종별을 권축장, 절첩장, 호접장, 포배장, 선장, 족자, 접포, 모장, 낱장 등으로만 구분하고 있다.

로 접어서 중첩하는 절첩(折疊)의 형태로 개장(改裝)되었다.

송나라 구양수(歐陽脩)의 『귀전록(歸田錄)』에 의하면 "선풍장은 긴 종이(卷子)를 밑에 깔고 그 위에 엽자(葉子)를 비스듬하게 하여 우측 글자가 없는 공백부분을 한 장씩 좌측방향으로 붙여 나간 형태로 소개"되어 있는데, 이러한 모양이 권자(卷子)를 펴면 마치 용의 비늘과 같다 하여 용린장(龍鱗裝)이라 하고, 이를 말 때는 회오리바람과 같다 하여 선풍장(旋風裝)이라 하였으며, 권자(卷子)가 붙어있어 선풍 권자(旋風卷子)라고도 하였다.

선풍(旋風)이란 회오리바람과 같이 빠르다(迅速)는 의미를 지닌 용어로 이는 선풍장이 권자장에 비하여 신속하고 편리하게 필요한 부분을 찾아 읽을 수 있다는 것을 말한다. 선풍장은 독서 할 때 권자(卷子)를 펴고 안에 붙어있는 엽자(葉子)를 한 장씩 넘겨 가면서 볼 수 있었을 뿐 아니라 책을 만들 때 양면에 필사할 수 있었다. 이러한 형태는 권자본의 모태를 벗어나지는 못했지만, 권자본보다는 현저하게 발전된 장정형식이다. 현존하는 실물로는 중국 고궁 박물원에 소장되어 있는 『천류보결절운(刋謬補缺切韻)』이 있다.

또한 절첩장을 선풍엽이라 일컫기도 한다. 『독서민구기(讀書敏求記)』에 의하면 "一葉씩 좇아서 뒤집어 보며 펴나가 권말에 이르러 합치면 一卷이 되는 이 장정을 장방기는 『묵장만록』에서 선풍엽이 바로 이것이다"[9]라고 하였는데 여기서 말하는 장정인 절첩장을 일명 선풍엽이라 하였음을 알 수 있다. 절첩장은 본시 절첩의 위아래에 분리된 표지를 하였기 때문에 '가지고 다니거나 집어들 때 잘못 다루면 절첩한 책지(冊紙)가 자중(自重)에 의하여 갑자기 떨어져 나오므로 그 장면이 마치 회오리바람(旋風)에 의해 이루어지는 것 같다 해서 선풍엽이라 이름 붙인 듯하다'는 설과, '절첩한 지엽(紙葉)을 처음부터 한 장(一葉)씩 뒤집어 보면서 되풀이하는 장면이 마치 회오리바람에 의해 이루어지듯 빨라서 그와 같이 이름 붙였다'고 하는 설도 있다.

따라서 선풍엽은 『천류보결절운(刋謬補缺切韻)』과 같은 권자본의 형태와 『독서민구기(讀書敏求記)』에 소개한 절첩장 형태의 두 가지 형태를 지칭하는 명칭이다.

---

9) "逐葉翻看 展轉至末 乃合一卷 張邦基墨莊漫錄云 旋風葉者 卽此"라 하였다.

3) 절첩장(折帖裝)

일반적으로 절첩장의 장정은 일정한 크기의 종이를 연이어 붙여 적당한 크기로 접은 다음, 앞·뒷면에 두터운 장지(壯紙)를 붙여 만든 형태를 말하는데 이는 권자장의 단점을 보완한 것으로 간편하게 한 장씩 넘겨 가며 볼 수 있고 어느 부분을 참고할 때 쉽게 찾을 수 있는 장점이 있으나 여러 차례 접었다 펼치게 되면 접힌 부분이 떨어지는 단점이 있었다.

절첩장(折帖裝)을 첩책(帖冊), 접책(摺冊), 절첩본(折帖本), 범협본(梵夾本), 경접장(經摺裝), 선풍엽(旋風葉) 등으로 다양하게 일컬어 왔는데, 특히 그 명칭에 범협본(梵夾本) 또는 경접장(經摺裝)이라 한 것은 인도의 불교 경전인 패엽경(貝葉經)에서 영향을 받아 생긴 것이다.

절첩장의 장정 형태는 중국 당말(唐末)의 돈황사경과 북송초(北宋初) 복주(福州) 동선사(東禪寺)에서 간행한 『숭녕만수장(崇寧萬壽藏)』에서 나타나기 시작하였으며, 우리나라에서는 고려후기(高麗後期)의 불전(佛典)과 사경(寫經)에 주로 나타나고, 오늘날에는 탁본(拓本)과 법첩(法帖)에서 간혹 볼수 있다.

4) 호접장(蝴蝶裝)

절첩장을 이어서 발전된 서적 장정의 제도가 호접장이다. 절첩장은 오래 사용하는 사이에 접은 부분이 파손되면 흩어지기 쉬운 결점이 있다. 호접장은 절첩장의 이러한 결점을 보완하여 인쇄 또는 필사한 낱장을 글자가 있는 부분을 마주 보도록 가운데를 접은 다음 판심 부분의 뒷면에 풀을 발라 하나의 표지를 반으로 꺾어 접은 안쪽에 붙여 만든 장정형식을 말한다.

이러한 장정은 책장을 펼쳤을 때 필사 또는 인쇄된 면의 모양이 마치 '호접(蝴蝶:나비)'이 두 날개를 편 것 같은 형상이었으므로 이를 '호접장'이라 하였다. 또한 호접장은 열람(閱覽)시 편의(便宜)를 도모(圖謀)하기 위하여 변란(邊欄) 밖의 서이(書耳)에 편장(篇章)의 표제(標題)를 나타낸 것도 있다.

이러한 도서형태는 중국 오대 말부터 북송 초기에 보급되기 시작하였으며, 우리나라에서는 경주 기림사에서 발견된 고려본 『능엄경(楞嚴經)』이 가장 오래된 것이다.

5) 포배장(包背裝)

호접장의 뒤를 이어 나타난 장정이 포배장이다. 포배장은 호접장과 반대로 먼저 인쇄 또는 필사한 면이 밖으로 나오도록 판심(版心)의 중앙을 접어 가지런히 한 책의 분량으로 모아 두터운 장지(壯紙)로 책등을 둘러싸 제책(製冊)한 형태를 말한다. 이 과정에서 인쇄 또는 필사면의 양쪽 끝부분에 송곳으로 각각 두 개의 구멍을 뚫어 실이나 종이를 비벼 꼰 끈(지념:紙捻)으로 꿰매고 끝에 풀칠하여 나무 방망이로 두드려 밀착시킨다. 이렇게 하여 몸통 꿰매기가 끝나면 접힌 부분을 제외한 세 면을 가지런하게 재단한 다음, 한 장의 장지를 꺾어 접은 표지를 풀로 붙여 덮어 싸는 장정이다.

이러한 도서의 형태는 중국의 원나라에서 비롯되었으며, 우리나라에서는 고려 말에서 조선 초기에 간행된 불경에서 주로 나타난다.

6) 선장(線裝)

포배장의 뒤를 이어 나타난 장정이 선장이다. 선장은 포배장과 같이 인쇄 또는 필사한 면이 밖으로 나오도록 판심(版心)의 중앙을 접어 가지런히 한 책의 분량으로 모은 다음 양쪽 끝부분에 송곳으로 각각 두 개의 구멍을 뚫어 종이를 비벼 꼰 끈(지념:紙捻)을 박은 후에 나무망치로 그 부분을 두드려 평평하게 하고, 두매(二枚)의 분리된 표지를 각각 앞·뒤 면에 덧대고 송곳으로 구멍을 뚫어 실로 꿰매는 방식이다. 이 방식은 포배장의 표지가 쉽게 떨어져 버리는 취약점을 보완하여 표지를 풀로 붙이는 대신 실로 꿰매어 표지가 쉽게 훼손되지 않도록 고안된 진보된 형태이다.

이러한 도서형태는 중국 명대(明代) 중기(中期)부터 사용되기 시작하여 오늘날까지 고서의 장정으로 널리 사용되고 있으나 가장 유행되었던 시기는 청대(淸代)였다.

우리나라 고서의 대부분은 선장의 형태와 오침안정법(五針眼訂法)을 띄고 있다.

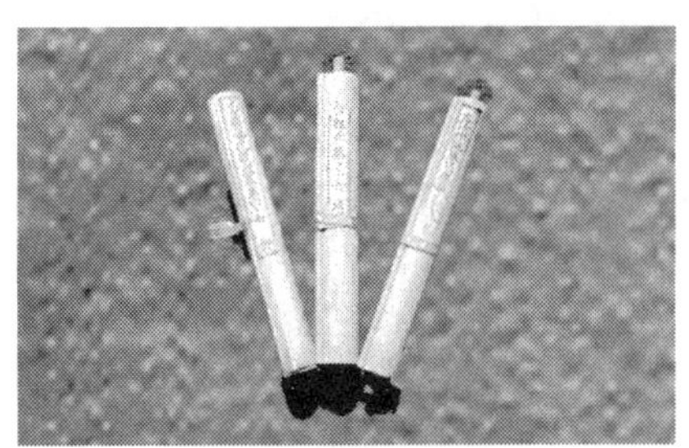

권축장(卷軸裝)

절첩장(折帖裝)

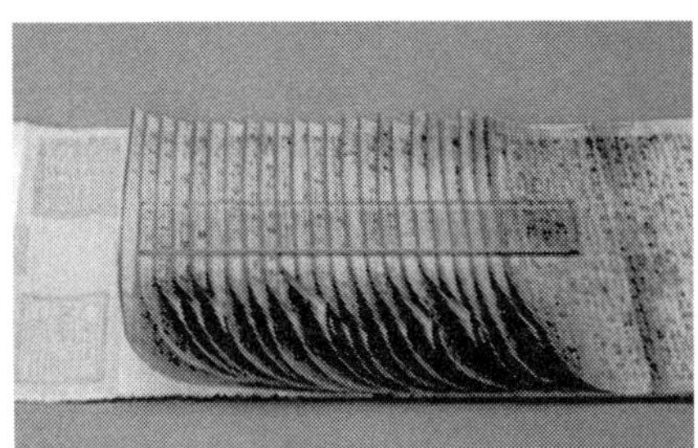

선풍엽(旋風葉)

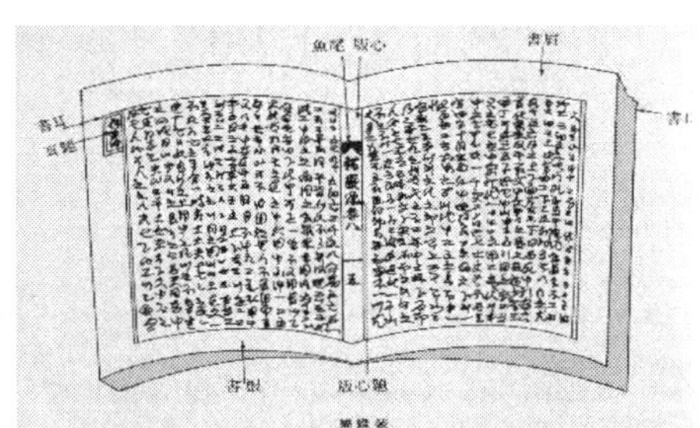

호접장(蝴蝶裝)

포배장(包背裝)

선장(線裝, 오침안정법(五針眼訂法))

〈그림 1〉 고서의 장정(裝訂)

2. 고서형태의 명칭

일반적으로 고서의 형태는 외형(外形)·내형(內形)·권말사항(卷末事項) 등으로 나눌 수 있다.

1) 외형

고서의 외형은 표지(表紙)·배접지(褙接紙)·면지(面紙) 등으로 이루어져 있다.

(1) 표지

표지의 기능은 고서의 내용을 보호하고 고서의 외관을 장식하는 것은 물론, 표지의 기록을 통하여 고서를 분별할 수 있도록 한 것이다. 표지의 재료는 대체로 기름(油)이나 밀납(蜜蠟)을 먹인 황색이나 주황색의 장지(壯紙)·마포(麻布) 또는 명주 등을 사용하여 장황(裝潢)하였으며, 실은 주로 홍색이나 적갈색으로 물을 들인 노끈이나 삼끈을 주로 사용하였다. 표지의 장정은 우리나라의 경우 일반적으로 오침안정법(五針眼訂法)을, 중국과 일본은 일반적으로 사침 또는 육침안정법을 사용하였다.

표지에 기록되는 사항으로는 필사 혹은 인쇄된 서명·묵서제(墨書題)·책차표시(冊次表示)·편목표시(編目表示)·질차표시(帙次表示)·소장자표시(所藏者表示) 등이 있다.

표지의 문양은 장식을 위하여 주로 능화판으로 찍은 능화문이 사용되었으며, 그 외에도 기하문(幾何紋)·식물문(植物紋)·동물문(動物紋)·수자문(壽字紋)·복자문(福字紋) 등이 사용되었다. 문양은 시대성을 지니고 있으며 판본의 시대추정이나 간행처의 추정에도 도움이 되는 경우가 많다.

(2) 배접지(褙接紙)

배접지는 저지(楮紙)나 백지(白紙) 등을 사용하여 표지를 두텁고 튼튼하게 하기 위한 것이다.

(3) 면지(面紙)

면지는 표지의 내면에 붙인 유장지(油壯紙)를 접은 것으로 배접지를 보완하는 효과가 있으며, 배접지 속에는 소장자를 표시한 경우도 있다.

면지에는 왕이 하사한 반사본(頒賜本)의 경우 반사(頒賜)와 관련된 사항을 적은 내사기(內賜記)가 있으며, 왕이 하사하는 서적은 교서관(校書館)이나 주자소(鑄字所)에서 찍어낸 것이 대부분이다.

내사기에 있는 '內賜'는 왕이 하사하였다는 것을 의미하며, 연호(年號)보다 글자를 올려서 쓴 것은 공경의 의미이다. 또한, '명제사은(命除謝恩)'의 '命'자와 '恩'자를 각각 행을 달리하여 쓴 것도 왕의 명령과 은혜라는 뜻으로 공경을 나타낸 것이다. 내사기의 말행(末行)에는 이 서적을 반사하는 실무를 맡았던 신하의 직책과 성(姓) 그리고 수결(手決)이 있다. 수결은 서양의 서명(署名)과 같은 것으로 우리나라의 수결은 매우 특이하게 미적으로 아름답다. 화압(花押)은 세필(細筆)로 작고 가느다랗게 쓴 수결로서 마치 꽃과 같으며, 왕의 수결은 주로 일심(一心)을 변형하여 사용하였다.

내사인기(內賜印記)는 서적을 반사할 때에 권수(卷首)의 첫 장 전면에 찍은 '내사한 서적'이라는 것을 밝힌 인장(印章)을 찍은 인문(印文)이다.

장서기(藏書記)는 서적을 소장하고 있던 사람이 남긴 기록으로 전면지의 여백이나 후면지의 여백 등에 쓸 수 있으며, 서적을 소장하게 된 내력과 기(記)를 쓴 일자, 소장자의 당호(堂號)·성명(姓名) 등을 묵서(墨書)한 경우가 많다. 특히 소장자가 저명인이면 장서인과 함께 명가(名家) 수택본(手澤本)으로서의 증거가 뚜렷하므로 귀중서로 지정할 때 매우 중요한 근거가 될 수 있다.

또한 국왕의 명을 받들어 편찬한 봉명찬서(奉命撰書)의 경우, 면지에 이어 권두(卷頭)에 그 책을 편찬하게 된 내력을 적은 진전문(進箋文)이 있다.

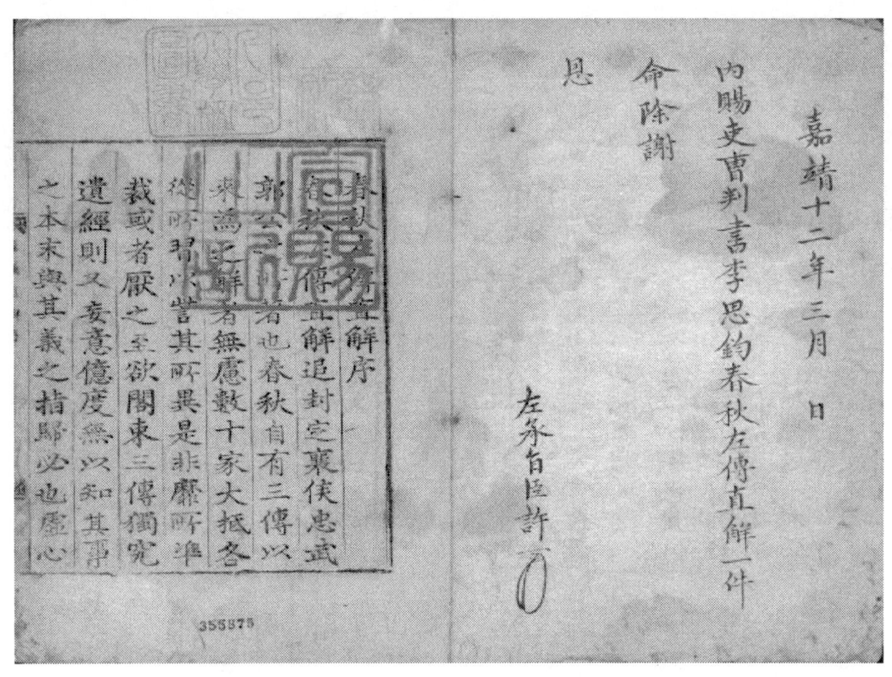
春秋左傳直解序
春秋傳直解追封定襄侯忠武
郭公□□者也春秋自有三傳以
來爲之解者無慮數十家大抵各
從所習以營其所異是非靡所準
裁或者厭之至欲閣束三傳獨究
遺經則又妄意億度無以知其事
之本末與其義之指歸必也虛心

嘉靖十二年三月 日
內賜吏曹判書李思鈞春秋左傳直解一件
命除謝
恩
左承旨臣許

〈그림 2〉 내사기(內賜記)와 내사인(內賜印)

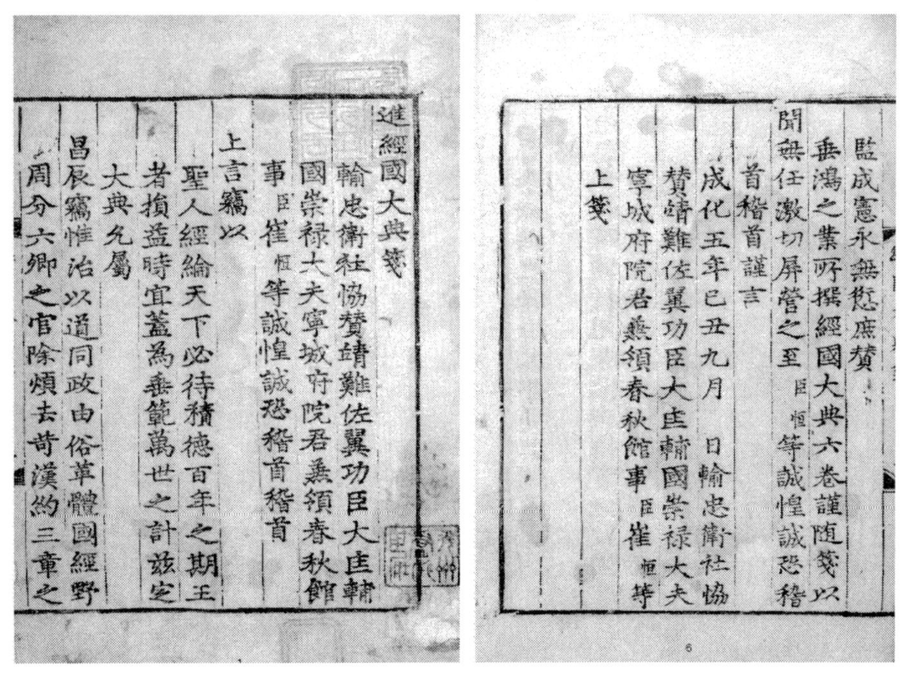
進經國大典箋
輸忠衛社協贊靖難佐翼功臣大匡輔
國崇祿大夫寧城府院君兼領春秋館
事臣崔恒等誠惶誠恐稽首稽首
上言竊以
聖人經綸天下必待積德百年之期王
者損益時宜蓋爲垂範萬世之計玆定
大典允屬
昌辰竊惟治以道同政由俗革體國經野
周分六卿之官除煩去苛漢約三章之

監成憲永無愆庶賛
垂鴻之業所撰經國大典六卷謹隨箋以
聞無任激切屛營之至臣恒等誠惶誠恐稽
首稽首謹言
成化五年己丑九月 日輸忠衛社協
賛靖難佐翼功臣大匡輔國崇祿大夫
寧城府院君兼領春秋館事臣崔恒等
上箋

〈그림 3〉 진전문(進箋文)

2) 내형(판식:版式)

(1) 변란(邊欄)

변란은 책장의 상변·하변·우변·좌변 등의 사주(四周)에 둘러진 흑선으로 광곽(匡廓)·판광(版匡)이라고도 한다. 사주의 변란이 각각 1개인 경우는 사주단변(四周單邊)이라 하고 사주의 변란이 각각 2개인 경우는 사주쌍변(四周雙邊)이라 하며, 그 밖에도 좌우단변·좌우쌍변 등 다양한 변란형태가 있다.

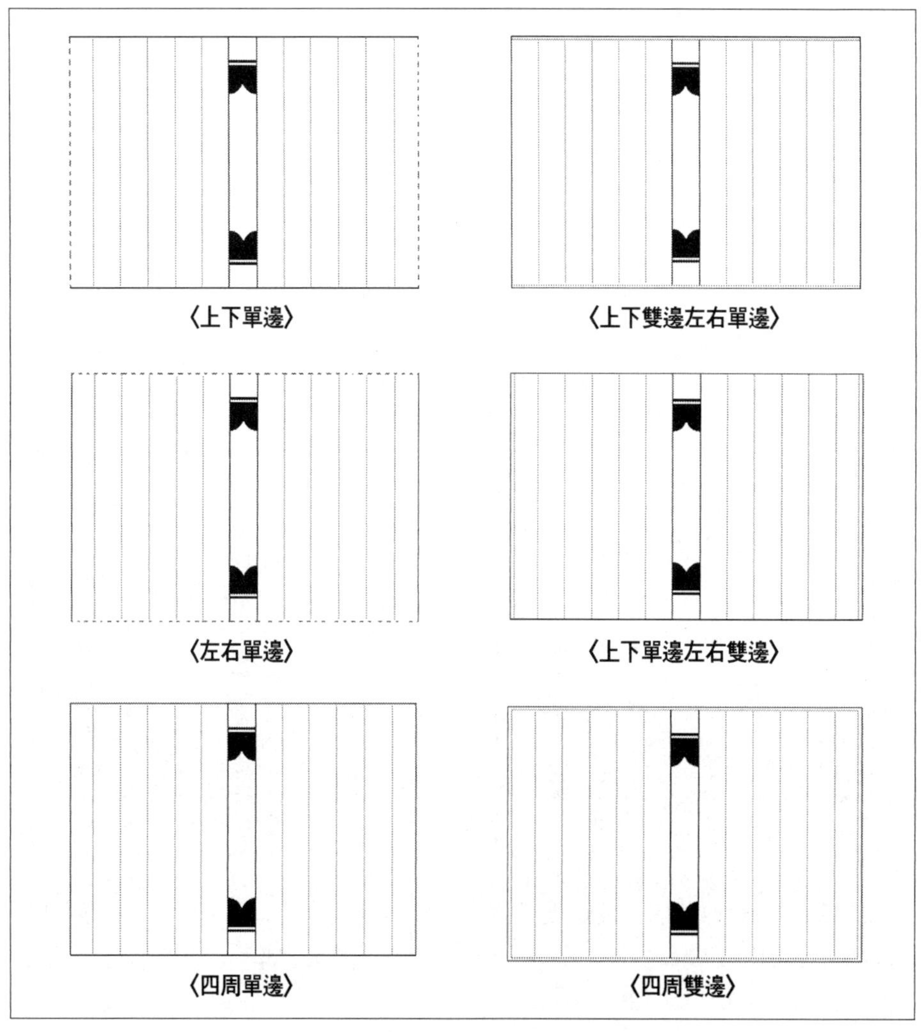

〈그림 4〉 고서의 광곽·변란(匡郭·邊欄)

(2) 계선(界線)

계선은 본문의 각 행을 구분하기 위해서 그은 선으로서 괘선(罫線)·계격(界格)이라고도 한다. 이는 고려본(高麗本)과 조선조본(朝鮮朝本) 등을 식별하는데 도움이 된다.

(3) 판심(版心)

판심은 판면이 접히는 중간 부분으로서 판구(版口)·어미(魚尾)·중봉(中縫)으로 구성된다.

(4) 판구(版口)

판구는 백구(白口)·흑구(黑口) 등이 있으며, 판구가 길 경우에는 상비(象鼻)라 한다.

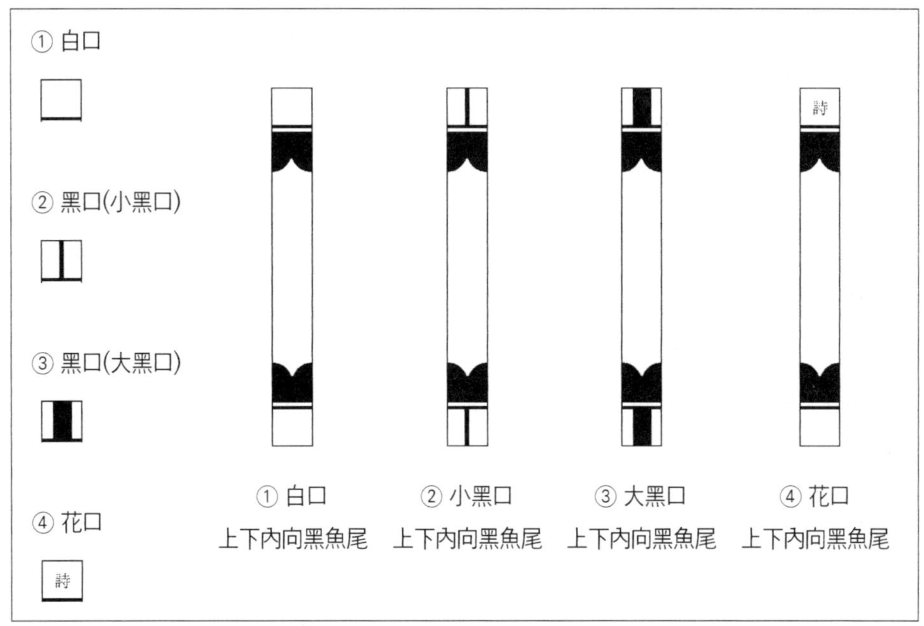

〈그림 5〉 판구의 종류

(5) 중봉(中縫)

중봉은 판심의 정중(正中)의 절첩(折疊)하여 접은 절선부분(折線部分)이다.

(6) 백광(白匡)

백광은 본문 중에서 궐문(闕文)이 생겼을 경우에 궐문된 부분을 공백으로 남겨두기 위한 백색 바탕의 모난 둘레로, 이는 사본(寫本)에서 유래된 것이다.

(7) 묵등(墨等)

묵등은 백광과는 반대로 궐문된 부분을 파내지 않고 검은 덩어리 그대로 둔 것으로 묵정(墨訂)이라고도 한다.

(8) 천두(天頭)

천두는 상변란(上邊欄) 위의 여백부분을 말하며, 천두에 주석(註釋)이 있는 경우 두주(頭註) 혹은 견비(肩批)라 한다.

(9) 지각(地脚)

지각은 하변란(下邊欄) 아래의 여백부분을 말하며, 지각에 주석(註釋)이 있는 경우 각주(脚註)라 한다.

(10) 어미(魚尾)

어미는 판심의 중봉(中縫) 양쪽에 대조적으로 물고기의 꼬리모양(魚尾)이 표시된 것으로, 어미가 백색 바탕이면 백어미라 하고 흑색 바탕이면 흑어미라 한다. 어미의 수가 1개인 경우 단어미(單魚尾), 2개인 경우 쌍어미(雙魚尾)라 한다. 상하어미가 모두 하향(下向)을 하고 있으면 상하하향어미(上下下向魚尾), 상어미는 하향하고 하어미는 상향(上向)하고 있으면 상하내향어미(上下內向魚尾)라 한다. 어미에 화문(花紋)이 있을 경우에는 화문어미(花紋魚尾)라 한다. 어미도 시대적 특징을 나타내고 이판(異版)을 가름하는데 중요한 역할을 한다.

(11) 판면(版面)

판면은 변란(邊欄) 및 그 속에 들어있는 일체의 부분을 의미한다.

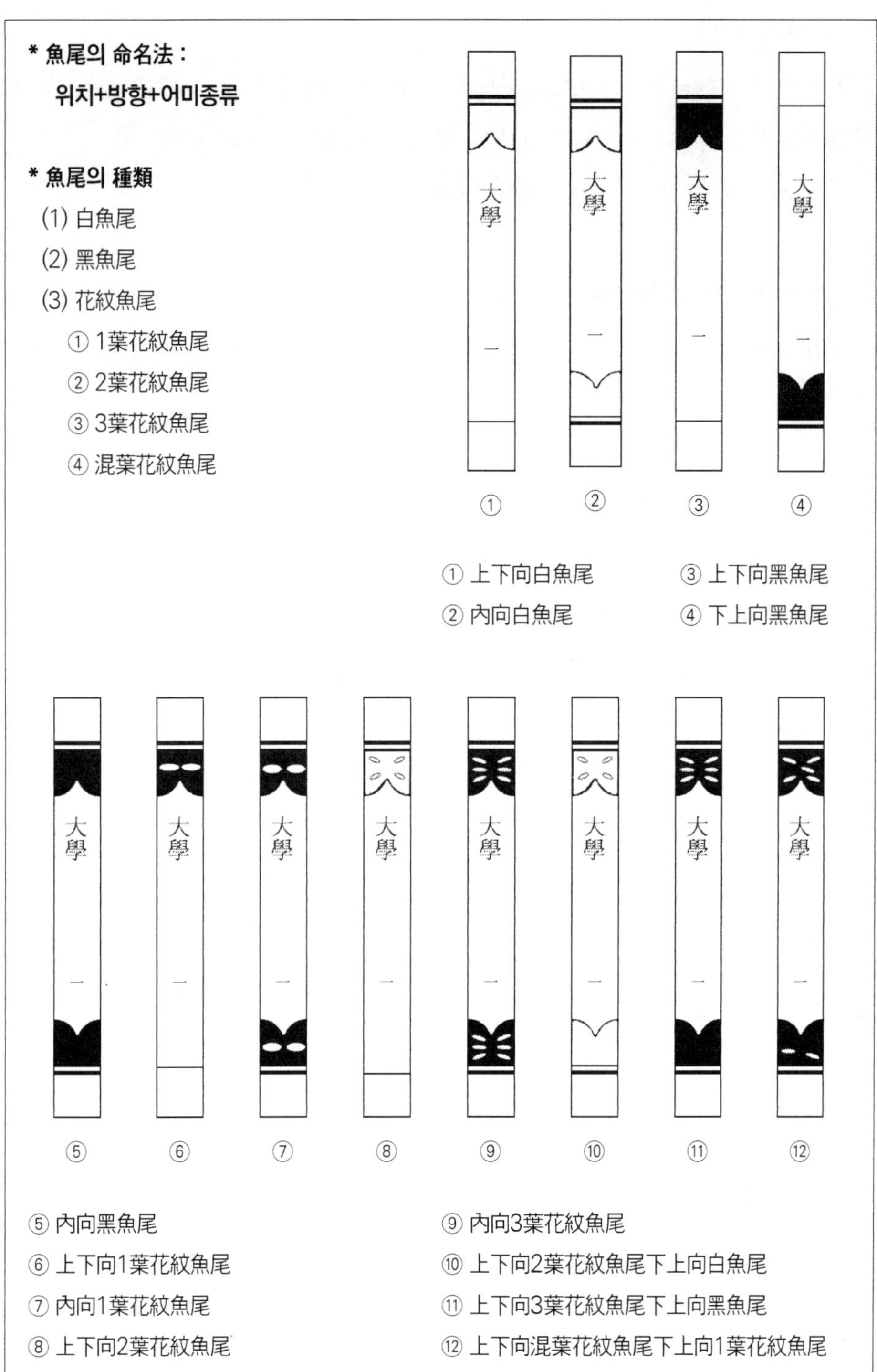

* 魚尾의 命名法 :
위치+방향+어미종류
* 魚尾의 種類
(1) 白魚尾
(2) 黑魚尾
(3) 花紋魚尾
① 1葉花紋魚尾
② 2葉花紋魚尾
③ 3葉花紋魚尾
④ 混葉花紋魚尾
大學
一
① 上下向白魚尾
② 內向白魚尾
③ 上下向黑魚尾
④ 下上向黑魚尾
⑤ 內向黑魚尾
⑥ 上下向1葉花紋魚尾
⑦ 內向1葉花紋魚尾
⑧ 上下向2葉花紋魚尾
⑨ 內向3葉花紋魚尾
⑩ 上下向2葉花紋魚尾下上向白魚尾
⑪ 上下向3葉花紋魚尾下上向黑魚尾
⑫ 上下向混葉花紋魚尾下上向1葉花紋魚尾

〈그림 6〉 어미의 종류

(12) 이격(耳格)

이격은 좌우변란 모서리 여백의 사항으로 이자(耳子) 혹은 서이(書耳)라고도 한다. 이것은 호접장 때부터 사용되기 시작한 것으로 틀이 없는 경우도 있다.

이격 속에 제목이 있을 경우 이제(耳題)라 한다.

(13) 백원(白圓)·흑원(黑圓)

백원·흑원은 문장의 마디가 끊어지고 새로운 마디가 시작되는 첫머리에 사용하는 흰 바탕의 원형(○)이나 검은 바탕의 원형(●)을 말한다.

(14) 행관(行款)

행관은 한 장에 수록된 본문의 행수와 한 행에 수록된 자수(字數)를 말하며, 행격(行格)이라고도 한다. 목록작성 형태의 기술에 있어서는 판심이 없는 권축장이나 절첩장의 경우 서엽(書葉) 한 장에 수록된 총 행수와 한 행에 수록된 자수를 표시하고, 판심이 있는 호접장, 포배장, 선장본의 경우는 책장을 접었을 때의 한 면, 즉 반엽(半葉)을 기준으로 하여 표시한다. (예: '반엽 10행 20자')

3) 권말사항(卷末事項)

고서의 권말사항은 보유, 부록, 저작이나 간행자 관계기록, 후서 또는 발문, 간행기록, 후면지 등을 말한다. 고서의 권말사항은 단책(單冊)일 때는 책 끝부분에, 여러 책일 때는 마지막 권 다음에 합철(合綴)되어 있거나 아니면 독립된 권책(卷冊)으로된 경우도 있다.

(1) 보유(補遺)

본책에서 취급되어야 할 사항 중 누락된 부분을 추가로 보충한 것을 말한다. 머리의 제(題)는 보(補)·보유(補遺) 등으로 되어 있다.

(2) 부록(附錄)

본책의 권차 속에서 다루는 경우도 있으나, 저작의 형식에 따라 권말(卷末)에 두는 경우가 많다.

(3) 저작(著作)·간행자(刊行者) 관계기록

저작·간행자 관계기록은 권수(卷首)에도 있으나, 대체로 권말에 있는 경우가 많다.

(4) 후서(後序)·발(跋)

후서·발은 고서의 마지막 장에 있다. 양서(洋書)에서의 서문과 같은 것으로서 권수의 서문이 권말에 있는 형태라고 볼 수 있다. 대체로 후서·발·지(識)·고지(小識)·제후(題後) 등으로 시작하며, 때에 따라서는 각각 그 서적의 서명의 상하에 붙은 것도 있다. 문말(文末)에는 그 글을 짓거나 쓴 일자를 표시하고, 내용을 보면 서문과 같이 그 서적의 성립·전래·간행기록·배포 등에 관한 사실이 기록되어 있다. 이는 동료나 후학 등이 쓰는 경우가 많으며, 어제(御製)일 때에는 권말보다는 권수에 두는 경우가 많다. 발문을 살펴보면 그 서적의 내력과 간행동기 등을 알 수 있다.

(5) 주자발(鑄字跋)·주자사항(鑄字事項)

주자발·주자사항은 발문의 일종으로서 주자(鑄字)의 주조(鑄造)에 관한 사실이나 사용에 관한 내용을 적은 기록이다. 후서·발·지(識) 등에서도 주자나 활자에 관한 사실을 발견할 수 있으므로 주의 깊게 살펴야 한다.

(6) 간행기록(刊行記錄)

고서의 간행사항을 밝혀주는 중요한 정보원으로서 그 형식이나 도안(圖案)에 따라 그 명칭도 다르다.

목기(木記)는 도기(圖記) 또는 패기(牌記)로 서문, 목록, 발문의 끝에 수록되어 있으며, 도기(圖記)는 종(鐘)·정(鼎)·작(爵)·향로(香爐)·병(瓶)·표주박·호롱 같은 기물을 그려 그 안에, 패기(牌記)는 장방형, 아형(亞形), 타원형 등의 모양을 그려 그 안에 간인자의 성명, 자, 호, 간인지, 간인처, 간인년 등을 새겨 넣은 것을 말한다.

이러한 목기는 중국 책에서 자주 보이며, 이를 번각(飜刻)한 우리나라의 전적에서도 중국 것을 모각(模刻)한 것과, 그것을 본떠 우리의 간인 사항을 새겨 넣은 목기가 간혹 발견된다.

간기(刊記)는 해당 고서가 언제·어디서·누가·어떻게 간행하였는가를 밝힐 수 있는 기록이다. 이는 주로 목판본에서 나타나며, 이들을 전인(轉印)한 활자본이나 전사(轉寫)한 사본(寫本)에도 저본(底本)의 간기(刊記)가 그대로 있는 경우가 있다.

인출기(印出記)는 주자발(鑄字跋) 뒤에 있는 경우가 많으며, 활자본의 원본에만 있는 것이 아니라 때로는 다른 활자로 찍은 전인본이나 목판본, 전사·모사(模寫)한 사본 등에서도 나타나고 있다.

서사기(書寫記)는 사본에서만 볼 수 있는 것으로, 초고본(草稿本)일 때는 그 저작의 성립시기를 알 수 있으며, 전사본일 때는 서사시기를 알 수 있는 자료가 된다.

판권면(版權面)은 한말(韓末) 개화기부터 나타나는 것으로 간행기록의 하나이다. 독립된 1장의 종이로 인쇄하여 합철(合綴)한 것도 있다.

(7) 후면지(後面紙)

후면지는 백지상태인 경우도 있으나, 장서기(藏書記)나 지문(識文) 등이 기록되어 있는 것도 있다.

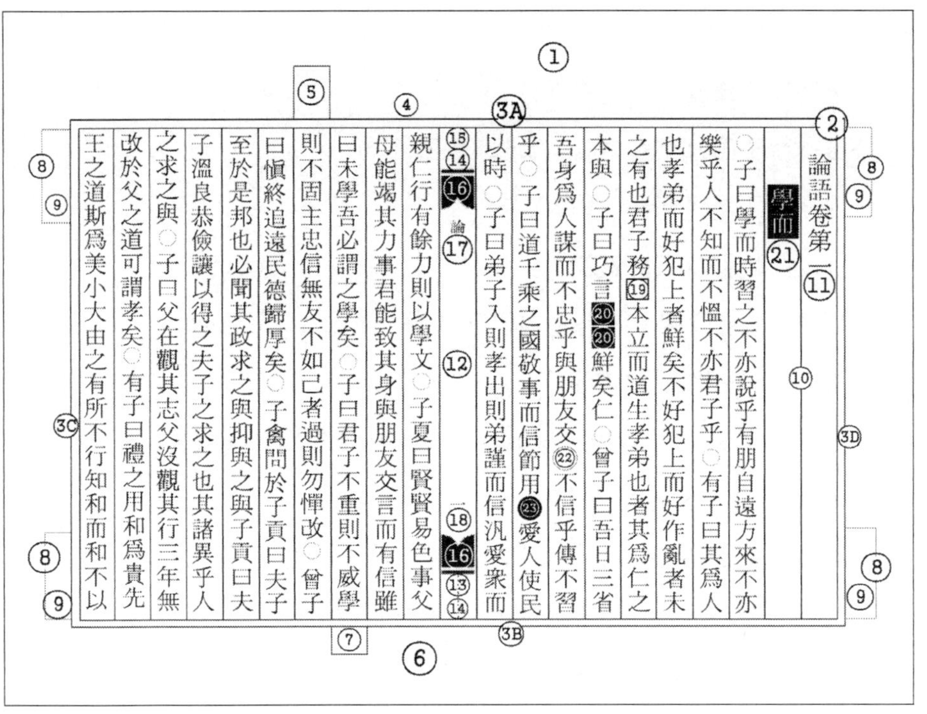

〈그림 7〉 고서의 판식(版式)[10]

① 冊 紙: 版面을 印出한 冊張의 紙面

② 版 面: 匡郭 내의 一切의 印出面

③ 匡 郭: 版面의 四周에 돌려진 線 (版匡·邊欄이라고도 한다)

A. 上邊欄: 上邊을 둘러싸고 있는 線

B. 下邊欄: 下邊을 둘러싸고 있는 線

C. 左邊欄: 左邊을 둘러싸고 있는 線

D. 右邊欄: 右邊을 둘러싸고 있는 線

10) 문화재청, 고서·고문서 조사편람, 서울 : 2009.

④ 天　頭: 上邊欄 위의 餘白部分

⑤ 頭　註: 天頭에 있는 註文 (肩批라고도 한다)

⑥ 地　脚: 下邊欄 아래의 여백부분

⑦ 脚　註: 地脚에 있는 註文

⑧ 耳　格: 左右邊欄 모서리 餘白의 事項 (耳子·書耳라고도 한다)

⑨ 耳　題: 耳格에 있는 書名

⑩ 界　線: 本文의 각 行을 구분하는 線 (罫線·界格이라고도 한다)

⑪ 卷首題: 第1卷(冊)의 書名

⑫ 版　心: 版面의 中心部分 (版口·中縫·魚尾·版心題·張次 있음)

⑬ 中　縫: 版心의 正中을 折帖할 때 접히는 折線部分

⑭ 版　口: 版心 上下의 邊欄과 魚尾 사이에 있는 餘白

⑮ 象　鼻: 版口가 비교적 길게 되어 있는 것

⑯ 魚　尾: 版心의 上下에 있는 물고기 꼬리모양의 裝飾

⑰ 版心題: 版心에 있는 書名

⑱ 張　次: 版心에 있는 面張數 表示

⑲ 白　匡: 本文의 闕文을 '□'로 처리한 部分 (필사본에서 볼 수 있다)

⑳ 墨　等: 本文의 闕文을 '■'로 처리한 部分 (墨訂이라고도 한다)

㉑ 墨蓋子: 黑色바탕에 白色글씨의 本文 (陰文이라고도 한다)

㉒ 白　圓: 本文중의 새로운 시작이나 闕文을 '○'로 처리한 部分

㉓ 黑　圓: 本文중의 새로운 시작이나 闕文을 '●'로 처리한 部分

㉔ 行　款: 本文의 行數와 字數

〈그림 8〉 고서 판식의 각 부 명칭

제3장 고전자료의 이해를 위한 한자와 한문에 대하여

우리 선조들이 남겨 놓은 수많은 고문헌(古文獻)은 대부분 한자(漢字)로 기록되어 있다. 따라서 도서관 서고에 소장 되어 있는 고문헌의 내용이나 특성을 알아야 하는 것은 사서(司書)의 길을 선택한 우리에게는 필수불가결(必須不可缺)한 과제이다.

특히 한자와 한문은 우리나라뿐만 아니라 동양에 있어서는 오랜 시간 동안 생활화된 문자이다. 우리말 어원의 70% 이상을 차지하고 있는 한자와 한문을 모르고서는 우리의 언어나 문학, 문물제도 등을 깊이 알 수 없다. 따라서 도서관 업무에 필요한 관련 용어를 읽고 해독할 수 있도록 한자와 한문을 익혀야 하며, 일상생활에 통용되는 고사성어와 고문에 대하여도 이해할 수 있어야 한다.

1. 한자의 발생과 변천

1) 한자 이전의 문자

중국에서는 한자 이전에 결승(結繩), 서계(書契), 팔괘(八卦) 등이 있었던 것으로 전해온다. 결승이란 자세히 알 수는 없으나 글자 그대로 풀어 쓴다면, 노끈의 맺음으로 보이며, 대소(大小), 장단(長短), 다과(多寡) 등을 매듭으로 표현하였다.

서계도 어떠한 것이라고 단정하기 어려우나 서(書)자는 '쓰다' 또는 '긋다'의 뜻이 있고, 계(契)는 '새기다'의 뜻이 있으니 서계 역시 문자 이전에 긋고 새기고 해서 수를 헤아리든가 또는 믿음의 표시로 삼았던 것이 아닌가 한다.

팔괘는 결승, 서계와는 달리 널리 알려져 있을 뿐 아니라, 오늘날까지도 주역에 전해지고 있다. 이것은 음양의 변화를 그림으로 나타낸 것인데, [—],[--]의 부호를 기초로 하여 자연물을 표현하였다. 그러나 팔괘는 부호에 가깝다고 할 수 있을 것이다.

2) 한자의 탄생 및 변천

漢나라 허신(許愼)이 지은 최초의 자전(字典) 『설문해자(說文解字)』에 의하면 한자는 중국 신화에 등장하는 황제(黃帝)의 신하 '창힐(倉頡)'이 '새의 발자국 모양(鳥足之跡)'을 본따 만들었다고 한다. 그러나 한자의 기원은 한자의 특성과 글자 수의 규모로 보더라도 일시에 만들어진 것이 아니고 오랜 세월 동안 여러 사람에 의해서 점차 확장된 것으로 보는 것이 타당하다.

한자는 세계의 주요 문자 가운데 가장 오랫동안 생명을 유지하고 있을 뿐만 아니라 현재에도 계속 새로운 글자가 만들어지고 있다. 오늘날 볼 수 있는 것 중에서 가장 오래된 한자는 은나라 때 갑골이나 청동기에 새겨 놓은 글자이다. 그러나 은나라 한자는 이미 상당한 수준으로 발달한 것이므로 한자가 처음 만들어진 시대는 은나라 때보다 훨씬 더 오래되었을 것으로 추정한다.

2. 한자의 형성(形成)과 제자원리(製字原理)

한자는 여섯 가지 원리 즉, 육서(六書)의 원리로 형성되었다. 육서는 글자를 만드는 조자(造字)의 원리와 활용하는 운용(運用)의 원리를 말하며, 조자의 원리에 해당하는 것은 상형(象形), 지사(指事), 회의(會意), 형성(形聲) 문자이며, 운용의 원리에 해당하는 것은 전주(轉注), 가차(假借) 문자이다. 육서의 특징은 다음과 같다.

1) 상형(象形)

象形은 '모양(形)을 본뜨다(象;코끼리 발자국에서 파생되어 '본뜨다'는 의미 생성)'는 뜻 그대로 사물(事物)의 객관적인 윤곽이나 특징을 그대로 본따 그려서 만든 글자들을 의미한다. 해 모양(日), 달 모양(月), 나무 모양(木), 사람 모양(人) 등이다.

2) 지사(指事)

指事는 상형(象形)의 한계를 극복하는 방법으로 무형(無形)의 추상적인 개념을 상징적인 부호(符號)로 표시하여 일종의 약속으로 사용한 글자들을 의미한다.

기준선 위라는 표시(上), 아래라는 표시(下), 나무의 밑 부분 표시(本), 나무의 끝 부분 표시(末) 등이다. 지사(指事)의 종류로 '上, 下'처럼 본래의 상징적인 의미 그대로 부호화 한 것이 있고, '本, 末'처럼 상형자에 기초를 두고 의미를 표시한 것이 있다. 하지만 지사(指事)의 개념 역시 한계가 있다.

象形과 指事는 문자의 발생과 발전의 토대가 되고 문자의 가능성을 제시했으나 그 한계로 인해 숫자 면에서 두 부류의 漢字가 1,000字를 넘지 않는 기초적 역할만을 하고 있다. 그러나 상형자(象形字)와 지사자(指事字) 중 214개의 한자가 바로 부수자(部首字)이다. 또한 상형자와 지사자는 더 분리할 수 없는 독체자(獨體字)인 '文'으로 분류되기에, 무한한 합체자(合體字)를 올바로 이해하기 위해서는 상형자와 지사자를 확고하게 정리하고 있어야 할 것이다.

3) 회의(會意)

회의는 '뜻(意)을 모으다(會)'는 의미로 두 개 이상의 상형자(象形字)나 지사자(指事字)를 합하여, 그 의미와 의미를 결합해 새로운 의미를 만들어내는 방식의 글자를 의미한다. 나무들이 모여 이룬 숲(林), 사람의 말에 중요함은 믿음(信), 하늘의 해와 달은 밝다(明), 사람이 나무 곁에서 쉬다(休) 등이다.

4) 형성(形聲)

形聲은 '모양(形:의미 부분)과 소리(聲:발음 부분)'의 뜻으로 의미 부분과 소리 부분을 명확하게 구분해서 결합하는 방식의 글자이다. 맑은 물의 의미에 소리 청(淸), '옥 구슬'의 의미에 소리 민(珉) 등이다. 形聲의 개념은 한자의 생성 및 발전에 획기적인 전환점이 되었고, 한자의 대부분(80~90%)을 차지하게 되었다.

5) 전주(轉注)

전주는 '굴러서 바뀌거나(轉) 변화되어 달라지다(注)'는 의미로 본래의 의미에서 변화되어 달라지는 개념의 의미를 지니게 되는 것이다. 곧 서로의 의미를 설명, 해석해 주는 방법이다. '늙다'는 의미로 서로 통용되는 '老'와 '考(후에 과거부터 생각한다는 '상고하다'의 의미로 변화)', 음악(악)을 하면 즐겁고(락) 좋아한다(요)는 의미 변화의 '樂'〈발음의 변화는 관계 없음〉 등이다. 轉注의 개념은 새로운 글자를 만드는 원리가 아니라 기존의 글자를 의미 변화로 활용하는 원리이다.

6) 가차(假借)

가차는 뜻 그대로 '빌려 쓰다(假,借)'는 의미로 기본적으로 발음이 같은 개념을 빌려 쓰거나 글자 모양을 빌리는 등 외국어의 표기에 사용하고 부사어적 표현(의성어, 의태어)에도 가차의 개념을 사용한다. 예를 들면 '그을리다'는 의미의 발음과 연사(連詞)의 의미 발음을 통용하는 '然', 달러 화폐 모양 그대로 사용하는 '弗', 아시아의 음역 '亞世亞', 의젓하고 버젓한 모양의 의미 '堂堂' 등이다.

가차의 개념 역시 전주(轉注)의 개념 이상으로 한자의 활용면에서 가장 커다란 역할을 담당하고 있다. 곧 漢字가 뜻글자(표의문자(表意文字))로 인해 발생하는 한계를 확실하게 해결해 준 개념이다. 다시 말해 외국과의 문자적 소통이 가능하게 된 것으로 현재 우리의 생활 속에서 사용되는 많은 외래어 표기 가운데 이 가차의 개념을 사용한 용어들이 아주 많다.

3. 한자의 부수와 명칭

1) 부수(部首)

부수란 옥편이나 자전에서 한자를 찾는데 필요한 길잡이가 되는 글자로서, 소리글자인 한글의 자모음이나 영어의 알파벳에 해당된다. 뜻글자인 한자의 경우에는 같은 부수에 속한 글자는 기본적으로 유사한 포괄적인 의미를 담고 있다고 할 수 있다.

특히 육서 원리의 '형성자(形聲字)'에서 뜻(의미) 부분이 바로 그 글자의 부수이다. 따라서 한자의 80% 이상인 형성자의 효과적 이해는 부수의 이해에서부터 시작될 수 있는 것이다.

부수(部首)의 발생은 뜻글자(표의문자 : 表意文字)인 한자의 특성으로 인해 기하급수적(幾何級數的)으로 늘어나는 문자를 체계적으로 분류하고 정리할 필요성에서 착안(着眼)된 것이다. 최초의 부수의 개념을 창안(創案)한 사람은 중국 한(漢)나라 때의 경전(經典) 학자이자 문자(文字)학자였던 허신(許愼)이다. 자성(字聖:문자의 성인)으로 불리우는 허신이 세계 최초의 자전(字典)이며 현존하는 문자학(文字學)의 최고 권위를 지닌 〈설문해자(說文解字)〉를 만들었는데, 계통별로 540개의 부수를 분류해 당시 한자 9,353자를 체계적으로 분류했고, 또한 구성원리인 '육서(六書)'의 법칙으로 한자의 구조를 설명했다. 그러나 허신의 부수는 너무 세분화되어 불합리한 점이 있었다. 그 후 18세기 초엽 청나라 강희자전(康熙字典)에서 부수 중에서 중복된 것을 정리하여 214개로 분류하여 지금까지 쓰고 있다.

2) 부수(部首)의 명칭(214자)

一	丨	丶	丿	乙	亅	二	亠	人	儿
한 일	뚫을곤	점,심지주	삐침별	새 을	갈고리궐	두 이	돼지해머리두	사람인	어진사람인
入	八	冂	冖	冫	几	凵	刀	力	勹
들 입	여덟팔	멀 경	덮을멱	얼음빙	안석궤	입벌릴감	칼 도	힘 력	쌀포

匕	匚	匸	十	卜	卩	厂	厶	又	口
숫가락비	상자방	감출혜	열 십	점 복	병부절	낭떠러지한	사사로울사	또 우	입 구
囗	土	士	夂	夊	夕	大	女	子	宀
에울위	흙토	선비사	뒤져올치	천천히걸을쇠	저녁석	큰 대	여자녀	아들자	집 면
寸	小	尢	尸	屮	山	巛	工	己	巾
마디촌	작을소	절름발이왕	주검시	싹날철	메 산	내천,난발순	장인공	몸 기	수건건
干	幺	广	廴	廾	弋	弓	彐	彡	彳
방패간	작을요	집 엄	발길게끌며 걸을인	들 공, 밑스물입	주살익	활 궁	돼지머리계	무늬삼, 터럭삼	조금걸을척
心	戈	戶	手	支	攴	文	斗	斤	方
마음심	창 과	지게문호	손 수	지탱,가지 지	칠 복	글월문	말 두	도끼근	모 방
无	日	曰	月	木	欠	止	歹	殳	毋
이미기방	날 일	가로왈	달 월	나무목	하품흠	그칠지	죽을사변	몽둥이수	말 무
比	毛	氏	气	水	火	爪	父	爻	爿
견줄비	터럭모	성 씨	기운기	물 수	불 화	손톱조	아버지부	점괘효	나무조각장
片	牙	牛	犬	玄	玉	瓜	瓦	甘	生
조각편	어금니아	소 우	개 견	검을현	구슬옥	오이과	기와와	달 감	날 생
用	田	疋	疒	癶	白	皮	皿	目	矛
쓸 용	밭 전	짝 필,발 소	병질안,녁,엄	걸을발	흰 백	가죽피	그릇명	눈 목	창 모

矢	石	示	禸	禾	穴	立	竹	米	糸
화살시	돌 석	보일시,지신기	짐승발자국유	벼 화	구멍혈	설 립	대나무죽	쌀 미	실 사
缶	网	羊	羽	老	而	耒	耳	聿	肉
장군,질장구부	그물망	양 양	깃 우	늙을로	말이을이	쟁기뢰	귀 이	붓 율	고기육
臣	自	至	臼	舌	舛	舟	艮	色	艸
신하신	스스로자	이를지	절구구	혀 설	어그러질천	배 주	괘이름간	빛 색	풀 초
虍	虫	血	行	衣	襾	見	角	言	谷
범 호	벌레충	피 혈	갈 행	옷 의	덮을아	볼 견	뿔 각	말씀언	골 곡
豆	豕	豸	貝	赤	走	足	身	車	辛
콩,제기두	돼지시	벌레치,해태체	조개패	붉을적	달릴주	발 족	몸 신	수레거,차	매울신
辰	辵	邑	酉	釆	里	金	長	門	阜
별 진	쉬엄쉬엄갈착	고을읍	닭 유	분별할변	마을리	쇠 금	길 장	문 문	언덕부
隶	隹	雨	靑	非	面	革	韋	韭	音
미칠이	새 추	비 우	푸를청	아닐비	얼굴면	가죽혁	가죽위	부추구	소리음
頁	風	飛	食	首	香	馬	骨	高	髟
머리혈	바람풍	날 비	밥 식	머리수	향기향	말 마	뼈 골	높을고	긴털드리울표
鬥	鬯	鬲	鬼	魚	鳥	鹵	鹿	麥	麻
싸울투	울창주창	솥 력	귀신귀	물고기어	새 조	소금밭로	사슴록	보리맥	삼 마

黃	黍	黑	黹	黽	鼎	鼓	鼠	鼻	齊
누를황	기장서	검을흑	바느질치	맹꽁이맹	솥정	북고	쥐서	코 비	가지런할제
齒	龍	龜	龠						
이 치	용 룡	거북귀	피리약						

부수는 놓이는 위치에 따라 **변, 방, 엄, 머리, 몸, 받침, 발, 제 부수의 여덟 가지**로 나누어진다.

① 변(邊) : 부수가 글자의 왼쪽에 있는 경우

어질 인 仁, 지을 작 作(사람인 亻 변) 구를 전 轉(수레거 車 변), 맑을 청 淸(물수 氵 변)

② 방(傍) : 부수가 글자의 오른쪽에 있는 경우

놓을 방 放(등글월 문 攵 방), 쪼갤 판 判(칼도 刀 방) 섞일 잡 雜(새추 隹 방), 일할 공 功(힘력 力 방)

③ 머리 : 부수가 글자의 위에 있는 경우

편안할 안 安(집 면 宀 머리), 대답할 답 答(대나무죽 竹 머리) 꽃 화 花(풀초 艹 머리), 높을 숭 嵩(뫼산 山 머리)

④ 발 : 부수가 글자의 아래에 있는 경우

성할 성 盛(그릇명 皿 발), 시름 수 愁(마음심 心 발) 그러할 연 然(불화 火 발), 갖출 구 具(여덟팔 八 발)

⑤ 받침 : 부수가 왼쪽과 아래에 걸쳐있는 경우

끌 연 延(길게 끌 인 廴민책받침), 나아갈진 進(쉬엄쉬엄 갈 착 辶 책받침) 일어날 기 起(달아날 주 走받침)

⑥ 엄 : 부수가 윗쪽과 왼쪽에 걸쳐 있는 경우

넓을 광 廣(집 엄 广 엄호), 앓을 병 病(병들어 기댈 엄 疒 병질엄) 범 호 虎(虍 범호엄), 근원 원 原(기슭 엄.한 厂 민엄호)

⑦ 몸 : 부수가 글자를 둘러싸고 있는 경우

나라국 國(큰입구 국 몸) 까닭인 因(큰입구 국 몸)

⑧ 제 부수 : 부수 자체가 글자인 경우

나무목 木, 쇠금 金, 용룡 龍, 검을흑 黑, 푸를청 靑, 갈 행 行, 콩두 豆, 얼굴 면 面 등

4. 한자 쓰기

1) 한자의 필순

한자를 쓸 때 점과 획을 차례차례로 써서 하나의 글자를 형성해 가는 순서를 필순(筆順)이라고 한다. 한자는 정방형(正方形)을 중시하기 때문에 한쪽이 너무 길거나 너무 넓게 쓰는 것을 허용하지 않았다. 이처럼 필순은 글자의 모양을 올바르고 반듯하게 되도록 오랜 기간에 걸쳐 고안되어 전래된 필사법(筆寫法)이다.

2) 한자를 쓰는 기본 원칙

① 왼편에서 오른편으로 쓴다.

例) 仁 : 丿 → 亻 → 仁

② 위에서 아래로 쓴다.

例) 三 : 一 → 二 → 三

③ 가운데를 중심으로 대칭인 것은 중앙을 먼저 쓴다.

例) 水 : 亅 → 水

④ 중앙을 뚫는 획은 가장 나중에 쓴다.

例) 中 : 丶 → 口 → 中

⑤ 가로 세로가 겹칠 때는 가로획을 먼저 쓴다.

例) 十 : 一 → 十

⑥ 삐침과 파임이 교차할 때는 삐침을 먼저 쓴다.

例) 人 : 丿 → 人

⑦ 둘레를 에운 것은 둘레를 먼저 쓰되 밑쪽은 나중에 쓴다.

例) 國 : 丨 → 冂 → 國

⑧ 위를 에운 것은 위를 먼저 쓴다.

例) 用 : 丿 → 冂 → 月 → 用

⑨ 받침은 나중에 쓰되, 走·是 는 먼저 쓴다.

例) 道 : 首 → 道

題 : 是 → 頁 → 題

5. 한자 익히기와 한문 문장의 구성11)

한자는 뜻글자이기 때문에, 글자마다 읽는 음(音)이 있고, 또 그 뜻(義·訓)이 글자마다 다르다. 따라서 글자마다 음과 뜻을 아울러 익혀야 한다. 또한 한문 문장의 단어는 대개 一字(한자)나 二字(두자) 또는 三字(석자)로 되어 있다. 四字(넉자)나 五字(다섯자) 등으로 되어 있는 것은 두 단어 이상이 합쳐서 된 것이다. 단어는 대체로 다음과 같은 요소로 구성되어 있으며, 문장을 해석할 때 참고하기 바란다.

1) 主語(주어)와 述語(술어)로 된 것

〈例〉

[年 少] (연 소) 〈나이가 젊다〉 「年(주어) + 少(술어)」

[日 出] (일 출) 〈해가 나오다〉 「日(주어) + 出(술어)」

[海 溢] (해 일) 〈바다가 넘치다〉 「海(주어) + 溢(술어)」

[國 立] (국 립) 〈나라에서(가) 세우다) 「國(주어) + 立(술어)」

*主語를 먼저 새기고 그 다음 述語를 새긴다.

2) 述語(술어)와 目的語(목적어)로 된 것(主語 省略)

〈例〉

[讀 書] (독 서) 〈글을 읽다〉 「讀(술어) + 書(목적어)」

[作 文] (작 문) 〈글을 짓다〉 「作(술어) + 文(목적어)」

[正 心] (정 심) 〈마음을 바르게 하다〉 「正(술어) + 心(목적어)」

[修 己] (수 기) 〈몸을 닦다〉 「修(술어) + 己(목적어)」

*目的語를 먼저 새기고, 그 다음 述語를 새긴다.

---

11) 書斗鉉 編著, 模範 漢文入門, 서울 : 一志社, 1972. p.7-11

3) 述語(술어)와 補語(보어)로 된 것(主語 省略)

〈例〉

[入 學] (입 학) 〈학교에 들어간다〉 「入(述語) + 學(補語)」

[歸 家] (귀 가) 〈집에 돌아간다〉 「歸(述語) + 家(補語)」

[登 山] (등 산) 〈산에 오른다〉 「登(述語) + 山(補語)」

[下 山] (하 산) 〈산에서 내려온다〉 「下(述語) + 山(補語)」

*補語를 먼저 새기고, 그 다음 述語를 새긴다.

4) 相對(상대)의 뜻으로 된 것

〈例〉

[可 否] (가 부) 〈옳고 그른 것〉 「可←(相對)→否」

[善 惡] (선 악) 〈착하고 악한 것〉 「善←(相對)→惡」

[興 亡] (흥 망) 〈흥하고 망하는 것〉 「興←(相對)→亡」

[大 小] (대 소) 〈크고 작은 것〉 「大←(相對)→小」

*相對의 뜻을 가지고 있기 때문에, 앞의 글자를 먼저 새기고, 그 다음 뒤의 글자를 새긴다.

5) 類似(유사)한 뜻으로 된 것

〈例〉

[人 民] (인 민) 〈백성〉 「人←(類似)→民」

[群 衆] (군 중) 〈무리〉 「群←(類似)→衆」

[土 地] (토 지) 〈땅〉 「土←(類似)→地」

[優 良] (우 량) 〈뛰어남〉 「優←(類似)→良」

*類似한 뜻으로 되었기 때문에 두 글자가 지니고 있는 뜻을 말하면 되는데, 혹 두 글자의 뜻이 조금 차이가 있는 경우에는 윗 자를 먼저 새기고 그 다음 글자를 후에 새긴다.

6) 疊語(첩어)로 된 것

〈例〉

[洋 洋] (양 양) 〈바다의 넓은 모양〉「洋←(疊語)→洋」

[念 念] (염 념) 〈생각마다〉「念←(疊語)→念」

[谷 谷] (곡 곡) 〈골짜기마다〉「谷←(疊語)→谷」

[堂 堂] (당 당) 〈기상이 뛰어난 모습〉「堂←(疊語)→堂」

*두 글자가 같은 뜻을 가지고 있기 때문에, 두 글자가 가지고 있는 뜻을 새기면 된다.

7) 修飾關係(수식관계)로 된 것

〈例〉

[幼 兒] (유 아) 〈어린 아이〉「幼→(修飾)→兒」

[老 人] (노 인) 〈늙은 사람〉「老→(修飾)→人」

[急 行] (급 행) 〈급히 행함〉「急→(修飾)→行」

[流 水] (유 수) 〈흐르는 물〉「流→(修飾)→水」

*修飾關係로 된 문장은 먼저 修飾語를 새기고 그 다음 글자를 나중에 새긴다.

8) 肯定(긍정)이나 否定(부정)으로 된 것

〈例〉

[不 復] (불 부) 〈다시~(않다) 없다〉「不→(否定)→復」: 불부존재(不復存在)

[非 常] (비 상) 〈항상~은 아니다〉 (部分否定) : ~ 비상도(非常道)

[無 不] (무 불) 〈아니함이~없다〉 : 무불통달(無不通達), 무불간섭(無不干涉)

[非 不] (비 불) 〈(하지) 않은 것이 아니다.〉 (二重否定-肯定)

: 성비불고야(城非不高也), 비부지(非不知), 비불능(非不能)

*부사에 해당되는 글자가 있으면 먼저 새기고, 그 다음에 다른 글자를 새긴다.

이중부정은 반드시 아래 글자를 먼저 새기고 위의 글자를 나중에 새긴다.

제4장 한문 익히기

1. 사자소학(四字小學)

사자소학은 주자(朱子)의 소학(小學)과 여러 경전(經傳) 중에서 초학자들이 알기 쉬운 내용을 뽑아 사자일구(四字一句)로 엮은 책이다. 이 책은 부자(父子), 군신(君臣), 부부(夫婦), 형제(兄弟), 사생(師生), 장유(長幼), 붕우(朋友)간의 도리와 인의예지(仁義禮智)의 본성, 그리고 인간이 지켜야 할 내용으로 구성되어 있다. 내용과 함께 글자의 뜻과 음을 익혀야 한다.

父	生	我	身	母	鞠	我	身
아버지부	날 생	나 아	몸신	어머니모	기를국	나 아	몸 신

腹	以	懷	我	乳	以	哺	我
배 복	써 이	품을회	나 아	젖 유	써 이	먹을포	나 아

以	衣	溫	我	以	食	飽	我
써 이	옷 의	따뜻할온	나 아	써 이	밥 식	배부를포	나 아
恩	高	如	天	德	厚	似	地
은혜은	높을고	같을여	하늘천	큰 덕	두터울후	같은사	땅 지
爲	人	子	者	曷	不	爲	孝
될 위	사람인	아들자	놈 자	어찌갈	아니불	할 위	효도효
欲	報	其	德	昊	天	罔	極
하고자할욕	갚을보	그 기	큰 덕	하늘호	하늘천	없을망	다할극
晨	必	先	起	必	盥	必	漱
새벽신	반드시필	먼저선	일어날기	반드시필	씻을관	반드시필	양치질수
昏	定	晨	省	冬	溫	夏	凊
날저물혼	정할정	새벽신	살필성	겨울동	따뜻할온	여름하	서늘할청
父	母	呼	我	唯	而	趨	進
아버지부	어머니모	부를호	나 아	대답할유	말이을이	달릴추	나아갈진

父	母	使	我	勿	逆	勿	怠
아버지부	어머니모	부릴사	나 아	말 물	거스를역	말 물	게으를태
父	母	有	命	俯	首	敬	聽
아버지부	어머니모	있을유	명할명	숙일부	머리수	공경할경	들을청
坐	命	坐	聽	立	命	立	聽
앉을좌	명할명	앉을좌	들을청	설 립	명할명	설 립	들을청
父	母	出	入	每	必	起	立
아버지부	어머니모	나갈출	들어갈입	매양매	반드시필	일어날기	설 립
父	母	衣	服	勿	踰	勿	踐
아버지부	어머니모	옷 의	옷 복	말 물	넘을유	말 물	밟을천
父	母	有	疾	憂	而	謀	瘳
아버지부	어머니모	있을유	병 질	근심할우	말이을이	꾀할모	병나을추
對	案	不	食	思	得	良	饌
대할대	밥상안	아니불	먹을식	생각할사	얻을득	좋을량	음식찬

出 必 告 之 反 必 面 之

날 출 반드시필 아뢸고 갈 지 돌아올반 반드시필 뵐 면 어조사지

愼 勿 遠 遊 遊 必 有 方

삼갈신 말 물 멀 원 놀 유 놀 유 반드시필 있을유 방소방

出 入 門 戶 開 閉 必 恭

날 출 들어갈입 문 문 지게호 열 개 닫을폐 반드시필 공손할공

勿 立 門 中 勿 坐 房 中

말 물 설 립 문 문 가운데중 말 물 앉을좌 방 방 가운데중

行 勿 慢 步 坐 勿 倚 身

다닐행 말 물 거만할만 걸음보 앉을좌 말 물 기댈의 몸 신

口 勿 雜 談 手 勿 雜 戲

입 구 말 물 섞일잡 말씀담 손 수 말 물 섞일잡 놀이희

膝 前 勿 坐 親 面 勿 仰

무릎슬 앞 전 말 물 앉을좌 어버이친 얼굴면 말 물 우러를앙

須	勿	放	笑	亦	勿	高	聲
모름지기수	말 물	클 방	웃을소	또 역	말 물	높을고	소리성
侍	坐	父	母	勿	怒	責	人
모실시	앉을좌	아버지부	어머니모	말 물	성낼노	꾸짖을책	사람인
侍	坐	親	前	勿	踞	勿	臥
모실시	앉을좌	어버이친	앞 전	말 물	걸터앉을거	말 물	누울와
獻	物	父	母	跪	而	進	之
드릴헌	물건물	아버지부	어머니모	꿇어앉을궤	말이을이	올릴진	어조사지
與	我	飮	食	跪	而	受	之
줄 여	나 아	마실음	먹을식	꿇어앉을궤	말이을이	받을수	어조사지
器	有	飮	食	不	與	勿	食
그릇기	있을유	마실음	먹을식	아니불	줄 여	말 물	먹을식
若	得	美	味	歸	獻	父	母
만일약	얻을득	아름다울미	맛 미	돌아갈귀	드릴헌	아버지부	어머니모

衣	服	雖	惡	與	之	必	着
옷 의	옷 복	비록수	나쁠악	줄 여	어조사지	반드시필	입을착

飮	食	雖	厭	與	之	必	食
마실음	먹을식	비록수	싫을염	줄 여	어조사지	반드시필	먹을식

父	母	無	衣	勿	思	我	衣
아버지부	어머니모	없을무	옷 의	말 물	생각사	나 아	옷 의

父	母	無	食	勿	思	我	食
아버지부	어머니모	없을무	밥 식	말 물	생각사	나 아	밥 식

身	體	髮	膚	勿	毁	勿	傷
몸 신	몸 체	터럭발	살갗부	말 물	훼손할훼	말 물	상할상

衣	服	帶	靴	勿	失	勿	裂
옷 의	옷 복	띠 대	신 화	말 물	잃을실	말 물	찢을렬

父	母	愛	之	喜	而	勿	忘
아버지부	어머니모	사랑할애	어조사지	기쁠희	말이을이	말 물	잊을망

父	母	責	之	反	省	勿	怨
아버지부	어머니모	꾸짖을책	갈 지	되돌릴반	살필성	말 물	원망할원
勿	登	高	樹	父	母	憂	之
말 물	오를등	높을고	나무수	아버지부	어머니모	근심할우	어조사지
勿	泳	深	淵	父	母	念	之
말 물	헤엄칠영	깊을심	못 연	아버지부	어머니모	염려할념	어조사지
勿	與	人	鬪	父	母	不	安
말 물	더불여	남 인	싸울투	아버지부	어머니모	아니불	편안할안
室	堂	有	塵	常	必	灑	掃
방 실	집 당	있을유	티끌진	항상상	반드시필	물뿌릴쇄	쓸 소
事	必	稟	行	無	敢	自	專
일 사	반드시필	여쭐품	행할행	없을무	감히감	스스로자	제멋대로전
一	欺	父	母	其	罪	如	山
한 일	속일기	아버지부	어머니모	그 기	허물죄	같을여	뫼 산

雪 裏 求 筍　　孟 宗 之 孝

눈 설　속 리　구할구　죽순순　　맏 맹　마루종　어조사지　효도효

剖 氷 得 鯉　　王 祥 之 孝

쪼갤부　얼음빙　얻을득　잉어리　　임금왕　상서로울상　어조사지　효도효

我 身 能 賢　　譽 及 父 母

나 아　몸 신　능할능　어질현　　명예예　미칠급　아버지부　어머니모

我 身 不 賢　　辱 及 父 母

나 아　몸 신　아니불　어질현　　욕될욕　미칠급　아버지부　어머니모

追 遠 報 本　　祭 祀 必 誠

좇을추　멀 원　갚을보　근본본　　제사제　제사사　반드시필　정성성

非 有 先 祖　　我 身 曷 生

아닐비　있을유　먼저선　할아비조　　나 아　몸 신　어찌갈　날 생

事 親 如 此　　可 謂 孝 矣

섬길사　어버이친　같을여　이 차　　옳을가　이를위　효도효　어조사의

不	能	如	此
아니불	능할능	같을여	이 차

禽	獸	無	異
새 금	짐승수	없을무	다를이

學	優	則	仕
배울학	넉넉할우	곧 즉	벼슬사

爲	國	盡	忠
위할위	나라국	다할진	충성충

敬	信	節	用
공경경	믿을신	절약할절	쓸 용

愛	民	如	子
사랑할애	백성민	같을여	아들자

人	倫	之	中
사람인	인륜륜	어조사지	가운데중

忠	孝	爲	本
충성충	효도효	될 위	근본본

孝	當	竭	力
효도효	마땅당	다할갈	힘 력

忠	則	盡	命
충성충	곧 즉	다할진	목숨명

夫	婦	之	倫
남편부	부인부	어조사지	인륜륜

二	姓	之	合
두 이	성 성	어조사지	합할합

內	外	有	別
안 내	바깥외	있을유	분별별

相	敬	如	賓
서로상	공경경	같을여	손 빈

夫	道	和	義	婦	德	柔	順
지아비부	길 도	화할화	옳을의	아내부	덕 덕	부드러울유	순할순

夫	唱	婦	隨	家	道	成	矣
남편부	부를창	부인부	따를수	집 가	길 도	이룰성	어조사의

兄	弟	姊	妹	同	氣	而	生
맏 형	아우제	언니자	누이매	한가지동	기운기	말이을이	날 생

兄	友	弟	恭	不	敢	怨	怒
맏 형	우애할우	아우제	공손할공	아니불	감히감	원망할원	성낼노

骨	肉	雖	分	本	生	一	氣
뼈 골	살 육	비록수	나눌분	본디본	날 생	한 일	기운기

形	體	雖	異	素	受	一	血
형상형	몸 체	비록수	다를이	본디소	받을수	한 일	피 혈

比	之	於	木	同	根	異	枝
견줄비	어조사지	늘 어	나무목	한가지동	뿌리근	다를이	가지지

比	之	於	水	同	源	異	流
견줄비	어조사지	어조사어	물 수	한가지동	근원원	다를이	흐를류
兄	弟	怡	怡	行	則	雁	行
맏 형	아우제	화할이	화할이	다닐행	곧 즉	기러기안	항렬항
寢	則	連	衾	食	則	同	牀
잘 침	곧 즉	연할연	이불금	먹을식	곧 즉	한가지동	상 상
分	毋	求	多	有	無	相	通
나눌분	말 무	구할구	많을다	있을유	없을무	서로상	통할통
私	其	衣	食	夷	狄	之	徒
사사로울사	그 기	옷 의	밥 식	오랑캐이	오랑캐적	어조사지	무리도
兄	無	衣	服	弟	必	獻	之
맏 형	없을무	옷 의	옷 복	아우제	반드시필	드릴헌	어조사지
弟	無	飮	食	兄	必	與	之
아우제	없을무	마실음	먹을식	맏 형	반드시필	줄 여	어조사지

一 杯 之 水 必 分 而 飮
한 일 잔 배 어조사지 물 수 반드시필 나눌분 말이을이 마실음

一 粒 之 食 必 分 而 食
한 일 낟알립 어조사지 밥 식 반드시필 나눌분 말이을이 먹을식

兄 雖 責 我 莫 敢 抗 怒
맏 형 비록수 꾸짖을책 나 아 말 막 감히감 항거할항 성낼노

弟 雖 有 過 須 勿 聲 責
아우제 비록수 있을유 허물과 모름지기수 말 물 소리성 꾸짖을책

兄 弟 有 善 必 譽 于 外
맏 형 아우제 있을유 착할선 반드시필 칭찬할예 어조사우 바깥외

兄 弟 有 失 隱 而 勿 揚
맏 형 아우제 있을유 잘못실 숨길은 말이을이 말 물 드날릴양

兄 弟 有 難 悶 而 思 救
맏 형 아우제 있을유 어려울난 근심할민 말이을이 생각사 구원할구

兄	能	如	此	弟	亦	效	之
맏 형	능할능	같을여	이 차	아우제	또 역	본받을효	어조사지

我	有	歡	樂	兄	弟	亦	樂
나 아	있을유	기쁠환	즐거울락	맏 형	아우제	또 역	즐거울락

我	有	憂	患	兄	弟	亦	憂
나 아	있을유	근심우	걱정환	맏 형	아우제	또 역	근심우

雖	有	他	親	豈	若	兄	弟
비록수	있을유	다를타	친척친	어찌기	같을약	맏 형	아우제

兄	弟	和	睦	父	母	喜	之
맏 형	아우제	화할화	화목할목	아버지부	어머니모	기쁠희	어조사지

事	師	如	親	必	恭	必	敬
섬길사	스승사	같을여	어버이친	반드시필	공손할공	반드시필	공경할경

先	生	施	敎	弟	子	是	則
먼저선	날 생	베풀시	가르칠교	아우제	아들자	이 시	본받을칙

夙	興	夜	寐	勿	懶	讀	書
일찍숙	일어날흥	밤 야	잘 매	말 물	게으를라	읽을독	글 서
勤	勉	工	夫	父	母	悅	之
부지런할근	힘쓸면	공부공	남편부	아버지부	어머니모	기쁠열	어조사지
始	習	文	字	字	劃	楷	正
처음시	익힐습	글월문	글자자	글자자	그을획	바를해	바를정
書	冊	狼	藉	每	必	整	頓
글 서	책 책	이리랑	깔 자	매양매	반드시필	정리할정	정돈할돈
能	孝	能	悌	莫	非	師	恩
능할능	효도효	능할능	공경할제	없을막	아닐비	스승사	은혜은
能	知	能	行	總	是	師	功
능할능	알 지	능할능	행할행	다 총	이 시	스승사	공 공
長	者	慈	幼	幼	者	敬	長
어른장	놈 자	사랑할자	어릴유	어릴유	놈 자	공경할경	어른장

長	者	之	前	進	退	必	恭
어른장	놈 자	어조사지	앞 전	나아갈진	물러갈퇴	반드시필	공손할공
年	長	以	倍	父	以	事	之
해 년	많을장	써 이	곱절배	아버지부	써 이	섬길사	어조사지
十	年	以	長	兄	以	事	之
열 십	해 년	써 이	많을장	맏 형	써 이	섬길사	어조사지
我	敬	人	親	人	敬	我	親
나 아	공경할경	남 인	어버이친	남 인	공경할경	나 아	어버이친
我	敬	人	兄	人	敬	我	兄
나 아	공경할경	남 인	맏 형	남 인	공경할경	나 아	맏 형
賓	客	來	訪	接	對	必	誠
손 빈	손 객	올 래	찾을방	사귈접	대할대	반드시필	정성성
賓	客	不	來	門	戶	寂	寞
손 빈	손 객	아니불	올 래	문 문	문 호	고요할적	고요할막

人	之	在	世	不	可	無	友
사람인	어조사지	있을재	세상세	아니불	옳을가	없을무	벗 우
以	文	會	友	以	友	輔	仁
써 이	글월문	모을회	벗 우	써 이	벗 우	도울보	어질인
友	其	正	人	我	亦	自	正
벗할우	그 기	바를정	사람인	나 아	또 역	스스로자	바를정
從	遊	邪	人	我	亦	自	邪
좇을종	놀 유	간사할사	사람인	나 아	또 역	스스로자	간사할사
蓬	生	麻	中	不	扶	自	直
쑥 봉	날 생	삼 마	가운데중	아니불	붙들부	스스로자	곧을직
白	沙	在	泥	不	染	自	汚
흰 백	모래사	있을재	진흙니	아니불	물들염	스스로자	더러울오
近	墨	者	黑	近	朱	者	赤
가까울근	먹 묵	놈 자	검을흑	가까울근	붉을주	놈 자	붉을적

居	必	擇	隣	就	必	有	德
살 거	반드시필	가릴택	이웃린	나아갈취	반드시필	있을유	큰 덕
擇	而	交	之	有	所	補	益
가릴택	말이을이	사귈교	어조사지	있을유	바 소	도울보	유익할익
不	擇	而	交	反	有	害	矣
아니불	가릴택	말이을이	사귈교	도리어반	있을유	해로울해	어조사의
朋	友	有	過	忠	告	善	導
벗 붕	벗 우	있을유	허물과	충성충	말할고	착할선	인도할도
人	無	責	友	易	陷	不	義
사람인	없을무	꾸짖을책	벗 우	쉬울이	빠질함	아니불	옳을의
面	讚	我	善	諂	諛	之	人
얼굴면	기릴찬	나 아	착할선	아첨첨	아첨유	어조사지	사람인
面	責	我	過	剛	直	之	人
얼굴면	꾸짖을책	나 아	허물과	굳셀강	곧을직	어조사지	사람인

言 而 不 信
말씀언 말이을이 아니불 믿을신

非 直 之 友
아닐비 곧을직 어조사지 벗 우

見 善 從 之
볼 견 착할선 좇을종 어조사지

知 過 必 改
알 지 허물과 반드시필 고칠개

悅 人 讚 者
기쁠열 사람인 기릴찬 놈 자

百 事 皆 僞
일백백 일 사 다 개 거짓위

厭 人 責 者
싫을염 사람인 꾸짖을책 놈 자

其 行 無 進
그 기 행실행 없을무 나아갈진

元 亨 利 貞
으뜸원 형통할형 이로울리 곧을정

天 道 之 常
하늘천 길 도 어조사지 떳떳할상

仁 義 禮 智
어질인 옳을의 예법례 지혜지

人 性 之 綱
사람인 성품성 어조사지 벼리강

父 子 有 親
아버지부 아들자 있을유 친할친

君 臣 有 義
임금군 신하신 있을유 옳을의

夫	婦	有	別	長	幼	有	序
남편부	부인부	있을유	분별별	어른장	어릴유	있을유	차례서

朋	友	有	信	是	謂	五	倫
벗 붕	벗 우	있을유	믿을신	이 시	이를위	다섯오	인륜륜

君	爲	臣	綱	父	爲	子	綱
임금군	될 위	신하신	벼리강	아버지부	될 위	아들자	벼리강

夫	爲	婦	綱	是	謂	三	綱
남편부	될 위	부인부	벼리강	이 시	이를위	석 삼	벼리강

人	所	以	貴	以	其	倫	綱
사람인	바 소	써 이	귀할귀	써 이	그 기	인륜륜	벼리강

足	容	必	重	手	容	必	恭
발 족	모양용	반드시필	무거울중	손 수	모양용	반드시필	공손할공

目	容	必	端	口	容	必	止
눈 목	모양용	반드시필	단정할단	입 구	모양용	반드시필	그칠지

聲 容 必 靜
소리성 모양용 반드시필 고요할정

頭 容 必 直
머리두 모양용 반드시필 곧을직

氣 容 必 肅
기운기 모양용 반드시필 엄숙할숙

立 容 必 德
설 립 모양용 반드시필 큰 덕

色 容 必 莊
낯빛색 모양용 반드시필 씩씩할장

是 曰 九 容
이 시 가로왈 아홉구 모양용

視 必 思 明
볼 시 반드시필 생각할사 밝을명

聽 必 思 聰
들을청 반드시필 생각사 귀밝을총

色 必 思 溫
낯빛색 반드시필 생각할사 온화할온

貌 必 思 恭
모양모 반드시필 생각할사 공손할공

言 必 思 忠
말씀언 반드시필 생각할사 충성충

事 必 思 敬
일 사 반드시필 생각할사 공경할경

疑 必 思 問
의심할의 반드시필 생각할사 물을문

忿 必 思 難
분할분 반드시필 생각할사 어려울난

見	得	思	義	是	曰	九	思
볼 견	얻을득	생각할사	옳을의	이 시	가로왈	아홉구	생각할사
非	禮	勿	視	非	禮	勿	聽
아닐비	예법례	말 물	볼 시	아닐비	예법례	말 물	들을청
非	禮	勿	言	非	禮	勿	動
아닐비	예법례	말 물	말씀언	아닐비	예법례	말 물	움직일동
行	必	正	直	言	則	信	實
행실행	반드시필	바를정	곧을직	말씀언	곧 즉	믿을신	성실할실
容	貌	端	正	衣	冠	整	齊
얼굴용	모양모	바를단	바를정	옷 의	갓 관	정돈할정	가지런할 제
居	處	必	恭	步	履	安	詳
살 거	처할처	반드시필	공손할공	걸음보	밟을리	편안할안	자세할상
作	事	謀	始	出	言	顧	行
일할작	일 사	꾀할모	처음시	나갈출	말씀언	돌아볼고	행실행

常 德 固 持　　然 諾 重 應

항상상 큰 덕 굳을고 잡을지　　그럴연 승낙할락 신중할중 응할응

飮 食 愼 節　　言 語 恭 遜

마실음 먹을식 삼갈신 절제할절　　말씀언 말씀어 공손할공 겸손할손

德 業 相 勸　　過 失 相 規

큰 덕 일 업 서로상 권할권　　허물과 잘못실 서로상 타이를규

禮 俗 相 交　　患 難 相 恤

예법례 풍속속 서로상 사귈교　　근심환 어려울난 서로상 구휼할휼

貧 窮 困 厄　　親 戚 相 救

가난할빈 곤궁할궁 곤할곤 재앙액　　친할친 겨레척 서로상 구원할구

婚 姻 死 喪　　隣 保 相 助

혼인할혼 혼인할인 죽을사 죽을상　　이웃린 보전할보 서로상 도울조

修 身 齊 家　　治 國 之 本

닦을수 몸 신 가지런할제 집 가　　다스릴치 나라국 어조사지 근본본

讀	書	勤	儉	起	家	之	本
읽을독	글 서	부지런할근	검소할검	일어날기	집 가	어조사지	근본본
忠	信	慈	祥	溫	良	恭	儉
충성충	믿을신	사랑할자	착할상	온순할온	어질량	공손할공	검소할검
人	之	德	行	謙	讓	爲	上
사람인	어조사지	큰 덕	행실행	겸손할겸	사양할양	될 위	윗 상
莫	談	他	短	靡	恃	己	長
말 막	말씀담	다를타	짧은단	말 미	믿을시	몸 기	길 장
己	所	不	欲	勿	施	於	人
몸 기	바 소	아니불	하고자할욕	말 물	베풀시	어조사어	사람인
積	善	之	家	必	有	餘	慶
쌓을적	착할선	어조사지	집 가	반드시필	있을유	남을여	경사경
不	善	之	家	必	有	餘	殃
아니불	착할선	어조사지	집 가	반드시필	있을유	남을여	재앙앙

損	人	利	己	終	是	自	害
덜 손	사람인	이로울리	몸 기	마칠종	이 시	스스로자	해칠해
禍	福	無	門	惟	人	所	召
재앙화	복 복	없을무	문 문	오직유	사람인	바 소	부를소
嗟	嗟	小	子	敬	受	此	書
탄식할차	탄식할차	작을소	아들자	공경할경	받을수	이 차	글 서
非	我	言	耄	惟	聖	之	謨
아닐비	나 아	말씀언	늙은이모	오직유	성인성	어조사지	가르칠모

2. 명심보감(明心寶鑑) 발췌(拔萃)

명심보감은 '마음을 밝히는 보배로운 글' 이란 뜻으로 인간의 일상생활에 필요한 격언(格言)을 각종 서적에서 발췌하여 만든 책이다. 명심보감은 인간이 살아가는데 절실하게 필요한 내용으로 구성되어 있어서 초학자들의 기초한문 교재로 널리 이용되어 왔다. 여기에서는 명심보감의 내용 가운데 일부만을 발췌하여 수록하였다.

子曰 爲善者 天報之以福 爲不善者 天報之以禍

공자(孔子)가 말씀하였다. "선(善)을 행하는 사람은 하늘이 복으로써 갚아주고, 불선(不善)을 행하는 사람은 하늘이 재앙(禍)으로써 갚아준다."

漢昭烈이 **將終**에 **勅後主曰 勿以善小而不爲**하고 **勿以惡小而爲之**하라

한(漢)나라 소열황제(昭烈皇帝)가 임종할 때 후주(劉禪)에게 칙서를 내려 말하였다. "선(善)이 작다고 하더라도 아니하지 말며, 악(惡)이 작다고 하더라도 하지 말라."

莊子曰 一日不念善이면 **諸惡**이 **皆自起**니라

장자(莊子)가 말하였다. "하루라도 선한 것을 생각하지 않으면 모든 악한 것이 다 저절로 일어난다."

太公曰 見善如渴하고 **聞惡如聾**하라 **又曰 善事는 須貪**하고 **惡事**는 **莫樂**하라

태공(太公)이 말하였다. "선을 보면 목마를 때 물을 본 듯이 하고, 악을 듣거든 귀먹은 것처럼 하라." 또 말하였다. "선한 일은 모름지기 탐하고, 악한 일은 즐겨하지 말라."

馬援曰 終身行善이라도 **善猶不足**이요 **一日行惡**이라도 **惡自有餘**니라

마원(馬援)이 말하였다. "몸을 마칠 때까지 선을 행하여도 선은 오히려 부족하고, 하루 동안 악을 행하여도 악은 저절로 남음이 있다."

司馬溫公家訓曰 積金以遺子孫이라도 **未必子孫**이 **能盡守**요 **積書以遺子孫**이라도 **未必子孫**이 **能盡讀**이니 **不如積陰德於冥冥之中**하여 **以爲子孫之計也**니라

사마온공(司馬溫公)의 가훈에 다음과 같이 말하였다. "돈을 모아서 자손에게 남겨 주더라도 자손이 반드시 다 지키지 못하며, 책을 모아서 자손에게 남겨 주더라도 자손이 반드시 다 읽지 못할 것이니, 남모르는 가운데 음덕(陰德)을 쌓아서 자손을 위한 계책으로 삼는 것만 못하다."

景行錄曰 恩義를 **廣施**하라 **人生何處 不相逢**이랴 **讐怨**을 **莫結**하라 **路逢狹處**면 **難回避**니라

『경행록(景行錄)』에 말하였다. "은혜와 의리(義理)를 널리 베풀라. 사람이 어느 곳에서 산다 한들 서로 만나지 않겠는가? 원수와 원한을 맺지 말라. 길이 좁은 곳에서 만나면 피하기 어렵다."

莊子曰 於我善者도 **我亦善之**하고 **於我惡者**도 **我亦善之**니라 **我旣於人**에 **無惡**이면 **人能於我**에 **無惡哉**인저

장자(莊子)가 말하였다. "나에게 선하게 대하는 자에게도 내 또한 선하게 대하고 나에게 악하게 대하는 자에게도 내 또한 선하게 대할 것이다. 내가 이미 남에게 악하게 함이 없으면 남도 능히 나에게 악하게 함이 없을 것이다."

東嶽聖帝垂訓曰 一日行善이면 **福雖未至**나 **禍自遠矣**요 **一日行惡**이면 **禍雖未至**나 **福自遠矣**니 **行善之人**은 **如春園之草**하여 **不見其長**이라도 **日有所增**하고 **行惡之人**은 **如磨刀之石**하여 **不見其損**이라도 **日有所虧**니라

동악성제가 훈계를 내려 말하였다. "하루라도 선한 일을 행하면 복(福)은 비록 이르지 않아도 화(禍)는 저절로 멀어질 것이요, 하루라도 악한 일을 행하면 화는 비록 이르지 않으도 복은 저절로 멀어질 것이다. 선한 일을 행하는 사람은 봄 동산의 풀과 같아서 그 자라나는 것을 보지 못하나 날로 더해지는 바가 있고, 악한 일을 행하는 사람은 칼을 가는 숫돌과 같아서 그 줄어드는 것을 보지 못하나 날로 이지러지는 바가 있다."

子曰 見賢思齊焉하고 **見不賢而內自省也**니라

공자가 말씀하였다. "어진 사람을 보면 그와 같게 될 것을 생각하고 어질지 못한 사람을 보면 안으로 스스로 반성하여야 한다."

子曰 見善如不及하고 **見不善如探湯**하라

공자가 말씀하였다. "선을 보면 미치지 못하는 것 같이 하고, 불선을 보면 끓는 물을 더듬는 것처럼 하라."

孟子曰 順天者는 **存**하고 **逆天者**는 **亡**이니라

맹자가 말씀하였다. "천명(天命)에 따르는 자는 살고, 천명을 거스르는 자는 죽는다."

康節邵先生曰 天聽이 **寂無音**하니 **蒼蒼何處尋**고 **非高亦非遠**이라 **都只在人心**이니라

소강절 선생이 말하였다. "하늘의 들음은 고요하여 소리가 없으니 푸르고 푸른 어느 곳에서 찾을까. 높지도 않고 또한 멀지도 않다. 모두가 다만 사람의 마음속에 있을 뿐이다."

玄帝 垂訓曰 人間私語라도 **天聽**은 **若雷**하고 **暗室欺心**이라도 **神目**은 **如電**이니라

현제가 훈계를 다음과 같이 내렸다. "인간의 사사로운 말이라도 하늘이 듣는 것은 우레와 같고 어두운 방에서 자신의 마음을 속일지라도 귀신의 눈은 번개와 같다."

益智書云 惡鑵이 **若滿**이면 **天必誅之**니라

『익지서(益智書)』에 말하였다. "악의 두레박이 만일 가득 차면 하늘이 반드시 벌을 준다."

莊子曰 若人作不善하여 **得顯名者**는 **人雖不害**나 **天必戮之**니라

장자가 말하였다. "만약 사람이 선하지 못한 일을 해서 훌륭한 명성을 얻는 자는 사람들이 비록 해치지 않더라도 하늘이 반드시 죽인다(벌을 내린다)."

種瓜得瓜요 **種豆得豆**니 **天網**이 **恢恢**하여 **疎而不漏**니라

"오이를 심으면 오이를 얻고 콩을 심으면 콩을 얻으니, 하늘의 그물이 넓고 넓어서 성근 듯하나 새지 않는다."

子曰 獲罪於天이면 **無所禱也**니라

공자가 말씀하였다. "하늘에 죄를 얻으면 빌 곳이 없다."

時來風送滕王閣이요 **運退雷轟薦福碑**라

"때(기회)가 오니 바람이 등왕각으로 불어 보내고, 운이 없으니(물러가니) 천복비에 벼락이 떨어졌다."

子曰 孝子之事親也에 **居則致其敬**하고 **養則致其樂**하고 **病則致其憂**하고 **喪則致其哀**하고 **祭則致其嚴**이니라

공자가 말씀하였다. "효자가 어버이를 섬길 적에는 평소(기거)에 자신의 공경하는 마음을 다하고, 봉양할 때는 자신의 즐겁게 섬기는 몸가짐을 다하고, 병이 들면 자신의 근심하는 마음을 다하고, 초상을 당하면 자시의 슬픔을 다하고, 제사 지낼 때는 자신의 엄숙함을 다하여야 한다."

子曰 父母在어시든 **不遠遊**하며 **遊必有方**이니라

공자가 말씀하였다. "부모가 살아계시거든 멀리 가서 놀지 말며, 놀러 갈 때는 반드시 방소(일정한 소재)를 알려야 한다."

子曰 父命召어시든 **唯而不諾**하고 **食在口則吐之**니라

공자가 말씀하였다. "부모님이 명하여 부르시거든 빨리 대답하고 느리게 대답하지 말며, 음식이 입에 있거든 뱉어야 한다."

太公曰 孝於親이면 **子亦孝之**하나니 **身旣不孝**면 **子何孝焉**이리오

태공이 말하였다. "부모에게 효도하면 내 자식 또한 나에게 효도하나니, 내가 이미 어버이에게 효도하지 않는다면 내 자식이 어찌 효도하겠는가!"

孝順은 **還生孝順子**요 **忤逆**은 **還生忤逆兒**하나니 **不信**커든 **但看簷頭水**하라 **點點滴滴不差移**니라

"효도하고 순종하는 사람은 또한 효도하고 순종하는 자식을 낳을 것이요, 거스르고 거역하는 사람은 또한 거스르고 거역하는 자식을 낳을 것이니, 믿지 못하겠거든 다만 처마 끝에서 떨어지는 낙수를 보라! 방울방울 떨어짐이 어긋나 옮기지 않느니라."

景行錄云 大丈夫當容人이언정 **無爲人所容**이니라

『경행록』에 말하였다. "대장부는 마땅히 남을 용서하는 사람이 될지언정 남에게 용서받는 사람이 되지는 말아야 한다."

太公曰 勿以貴己而賤人하고 **勿以自大而蔑小**하고 **勿以恃勇而輕敵**이니라

태공이 말하였다. "자신이 귀하다고 해서 남을 천하게 여기지 말고, 자신이 크다고 해서 작은 것을 업신여기지 말고, 용기를 믿고서 적을 가볍게 여기지 말라."

馬援曰 聞人之過失이어든 **如聞父母之名**하여 **耳可得聞**이언정 **口不可得言也**니라

마원이 말하였다. "남의 과실을 듣거든 부모님의 이름을 들은 것처럼 하여 귀로는 들을지언정 입으로는 말하지 말라."

道吾善者는 **是吾賊**이요 **道吾惡者**는 **是吾師**니라

"나의 선한 점을 말하는 자는 곧 나의 적이요, 나의 악한 점을 말하는 자는 곧 나의 스승이다."

太公曰 勤爲無價之寶요 **愼是護身之符**니라

태공이 말하였다. "부지런함은 값을 매길 수 없는 보배가 되고, 삼감은 몸을 보호하는 부적(신표)이다."

景行錄云 保生者는 **寡慾**하고 **保身者**는 **避名**이니

無慾은 **易**나 **無名**은 **難**이니라

『경행록』에 말하였다. "삶을 보전하려는 자는 욕심을 적게 하고, 몸을 보전하려는 자는 명성 얻는 것을 피해야 하니, 욕심을 없게 하기는 쉬우나 명성 얻는 마음을 없게 하기는 어렵다."

子曰 君子有三戒하니 **少之時**엔 **血氣未定**이라

戒之在色하고 **及其壯也**하여는 **血氣方剛**이라 **戒之在鬪**하고

及其老也하여는 **血氣旣衰**라 **戒之在得**이니라

공자가 말씀하였다. "군자는 세 가지 경계할 것이 있으니, 젊을 때는 혈기가 아직 안정되지 않았으니 경계할 것이 이성에 있고, 장성함에 이르러서는 혈기가 바야흐로 강성한지라 경계할 것이 싸움에 있고, 늙음에 이르러서는 혈기가 이미 노쇠한지라 경계할 것이 무엇을 탐하여 얻으려는 데 있다."

孫眞人養生銘云 怒甚偏傷氣요 **思多太損神**이라

神疲心易役이요 **氣弱病相因**이라 **勿使悲歡極**하고

當令飮食均하며 **再三防夜醉**하고 **第一戒晨嗔**하라

손진인의 양생명에 말하였다. "성냄이 심하면 특히 기운을 상하고, 생각이 많으면 크게 정신을 손상한다. 정신이 피로하면 마음이 부림을(사역) 당하기 쉽고, 기운이 약하면 병이 서로 일어난다. 슬퍼하고 기뻐함을 극심하게 하지 말고 마땅히 음식을 고르게 하며, 재삼 밤에 술 취하는 것을 막고 새벽에 성내는 것을 제일 경계하라."

子曰 衆이 **好之**라도 **必察焉**하며 **衆**이 **惡之**라도 **必察焉**이니라

공자가 말씀하였다. "여러 사람이 좋다고 하더라도 반드시 살펴보아야 하며, 여러 사람이 미워하더라도 반드시 살펴보아야 한다."

酒中不語는 **眞君子**요 **財上分明**은 **大丈夫**니라

"술 취한 가운데에도 말을 함부로 하지 않는 사람은 참다운 군자요, 재물에 대하여 분명한 사람은 대장부이다."

萬事從寬이면 **其福自厚**니라

"모든 일에 너그러움을 좇으면 그 복이 저절로 두터워진다."

太公曰 欲量他人인대 **先須自量**하라 **傷人之語**는
還是自傷이니 **含血噴人**이면 **先汚其口**니라

태공이 말하였다. "다른 사람을 헤아리고자 한다면 먼저 반드시 자신을 헤아려보라. 남을 해치는 말은 도리어 자신을 해치는 것이니, 피를 머금어 남에게 뿜으면 먼저 자기의 입을 더럽히게 된다."

太公曰 瓜田에 **不納履**하고 **李下**에 **不整冠**이니라

태공이 말하였다. "남의 오이밭에 신을 들이지 말고, 남의 오얏나무 아래에서는 갓을 바로잡지 말라."

耳不聞人之非하고 **目不視人之短**하고 **口不言人之過**라야 **庶幾君子**니라

"귀로는 남의 비방을 듣지 않고, 눈으로는 남의 단점을 보지 않고, 입으로는 남의 허물을 말하지 않아야 군자에 가깝다."

景行錄曰 知足可樂이요 **務貪則憂**니라

『경행록』에 말하였다. "만족함을 알면 즐거울 수 있고, 탐욕을 힘쓰면 근심이 있다."

知足者는 **貧賤亦樂**이요 **不知足者**는 **富貴亦憂**니라

"만족함을 아는 자는 가난하고 천하여도 즐거울 것이요, 만족할 줄 모르는 자는 부유하고 귀하여도 근심한다."

濫想은 **徒傷神**이요 **妄動**은 **反致禍**니라

"지나친 생각은 한갓 정신을 상하게 할 뿐이요, 망령된 행동은 도리어 재앙을 부른다."

書曰 滿招損하고 **謙受益**이니라

『서경』에 말하였다. "자만하면 덜어냄을 부르고, 겸손하면 더함을 받는다."

子曰 不在其位하여는 **不謀其政**이니라

공자가 말씀하였다. "그 지위에 있지 않으면 그 정사를 도모하지 않아야 한다."

景行錄云 坐密室을 **如通衢**하고 **馭寸心**을 **如六馬**면 **可免過**니라

『경행록』에 말하였다. "밀실에 앉았어도 탁 트인 거리에 앉은 것처럼 여기고, 작은 마음을 제어하기를 마치 여섯 필의 말을 부리듯 하면 허물을 면할 수 있다."

子曰 聰明思睿라도 **守之以愚**하고 **功被天下**라도 **守之以讓**하고 **勇力振世**라도 **守之以怯**하고 **富有四海**라도 **守之以謙**이니라

공자가 말씀하였다. "총명하고 생각이 슬기롭더라도 어리석음으로써 지켜야 하고, 공이 천하를 덮을 만하더라도 겸양으로써 지켜야 하고, 용맹이 세상을 떨칠지라도 겁냄으로써 지켜야 하고, 부유함이 온 천하를 소유했다 하더라도 겸손함으로써 지켜야 한다."

素書云 薄施厚望者는 **不報**하고 **貴而忘賤者**는**不久**니라

『소서』에 말하였다. "조금 베풀고 후하게 바라는 자는 보답받지 못하고, 귀한 신분이 되고서 천했던 때를 잊는 자는 오래가지 못한다."

施恩이어든 **勿求報**하고 **與人**이어든 **勿追悔**하라

"은혜를 베풀었거든 보답을 구하지 말고, 남에게 주었거든 뒤에 뉘우치지 말라."

寇萊公六悔銘云 官行私曲失時悔요 **富不儉用貧時悔**요 **藝不少學過時悔**요 **見事不學用時悔**요 **醉後狂言醒時悔**요 **安不將息病時悔**니라

구래공 육회명에 말하였다. "관직에 있을 때 사사롭고 부정한 일을 행하면 벼슬을 잃었을 때 후회할 것이요, 부유할 때 검소하게 쓰지 않으면 가난해졌을 때 후회할 것이요, 기예(技藝)는 젊었을 때 배우지 않으면 시기가 지났을 때 후회할 것이요, 일을 보고 배우지 않으면 필요하게 되었을 때 후회할 것이요, 취한 뒤에 함부로 말을 하면 술이 깨었을 때 후회할 것이요, 몸이 편안할 때 휴식을 기르지 않으면 병들었을 때 후회할 것이다."

子夏曰 博學而篤志하고 **切問而近思**면 **仁在其中矣**니라

자하가 말하였다. "배우기를 넓게 하고서 뜻을 돈독히 하고, 묻기를 간절히 하고 생각을 가까운 곳으로부터 한다면 인(仁)은 그 속에 있다."

禮記曰 玉不琢이면 **不成器**하고 **人不學**이면 **不知道**니라

『예기』에 말하였다. "옥은 다듬지 않으면 그릇(기물)을 이루지 못하고, 사람은 배우지 않으면 도의(道義)를 알지 못한다."

景行錄云 賓客不來면 **門戶俗**하고 **詩書無敎**면 **子孫愚**니라

『경행록』에 말하였다. "손님이 오지 않으면 집안이 비속하게 되고, 시서를 가르치지 않으면 자손이 어리석게 된다."

漢書云 黃金滿籯이 **不如敎子一經**이요 **賜子千金**이 **不如敎子一藝**니라

『한서』에 말하였다. "황금이 상자에 가득한 것이 자식에게 한 권의 경서를 가르치는 것만 못하고, 자식에게 천금을 물려주는 것이 자식에게 한 가지 기예(技藝)를 가르치는 것만 못하다."

嚴父는 **出孝子**하고 **嚴母**는 **出孝女**니라

"엄한 아버지는 효자를 길러내고, 엄한 어머니는 효녀를 길러낸다."

憐兒어든 **多與棒**하고 **憎兒**어든 **多與食**하라

"아이를 사랑하거든 매를 많이 주고, 아이를 미워하거든 먹을 것을 많이 주라."

擊壤詩云 平生不作皺眉事하면 **世上應無切齒人**이라 **大名豈在鐫頑石**가 **路上行人口勝碑**니라

『격양시』에 말하였다. "평소 남에게 눈썹 찌푸릴 일 하지 않으면 세상에는 응당 이를 갈 사람이 없으리라, 크게 난 이름 어찌 완악한 돌(비석)에 새길 것이 있는가. 길 다니는 사람의 입이 비석보다 나으니라."

天不生無祿之人하고 **地不長無名之草**니라

"하늘은 녹명(祿命)이 없는 사람을 태어나게 하지 않고, 땅은 이름 없는 풀을 기르지 않는다."

大富는 **由天**하고 **小富**는 **由勤**이니라

"큰 부자는 하늘에 달려 있고, 작은 부자는 부지런한 데 달려 있다."

成家之兒는 **惜糞如金**하고 **敗家之兒**는 **用金如糞**이니라

"집안을 성공시키는 아이는 똥 아끼기를 금과 같이 여기고(귀하게), 집안을 망하게 하는 아이는 돈 쓰기를 똥과 같이 하찮게 여긴다."

無藥可醫卿相壽요 **有錢難買子孫賢**이니라

"약으로도 재상의 목숨을 고칠 수 없고, 돈으로도 자손의 어짊은 사기 어렵다."

一日淸閑이면 **一日仙**이니라

"하루 동안 마음이 깨끗하고 한가하면 하루 동안은 신선이다."

家語云 水至淸則無魚하고 **人至察則無徒**니라

『가어』에 말하였다. "물이 지극히 맑으면 고기가 없고, 사람이 지나치게 살피면 따르는 무리가 없다."

渴時一滴은 **如甘露**요 **醉後添盃**는 **不如無**니라

"목마를 때에 한 방울의 물은 감로수와 같고, 취한 뒤에 술잔을 더하는 것은 없는 것만 못하다."

酒不醉人 人自醉요 **色不迷人 人自迷**니라

"술이 사람을 취하게 하는 것이 아니라 사람이 스스로 취하고, 색이 사람을 미혹시키는 것이 아니라 사람이 스스로 미혹된다."

器滿則溢하고 **人滿則喪**이니라

"그릇은 가득 차면 넘치게 되고, 사람은 자만하게 되면 잃게 된다."

遠水는 **不救近火**요 **遠親**은 **不如近隣**이니라

"먼 곳의 물은 가까운 곳의 불을 끄지 못하고, 멀리 사는 친척은 가까운 이웃만은 못하느니라."

讀書는 **起家之本**이요 **循理**는 **保家之本**이요 **勤儉**은 **治家之本**이요 **和順**은 **齊家之本**이니라

"글을 읽는 것은 집을 일으키는 근본이요, 이치를 따름은 집을 보존하는 근본이요, 부지런하고 검소함은 집을 다스리는 근본이요, 화목하고 순종함은 집안을 가지런히 하는 근본이다."

王蠋曰 忠臣은 **不事二君**이요 **烈女**는 **不更二夫**니라

왕촉이 말하였다. "충신은 두 임금을 섬기지 않고, 열녀는 두 지아비를 바꾸지 않는다."

子孝雙親樂이요 **家和萬事成**이니라

"자식이 효도하면 부모님이 즐거워하시고, 집안이 화목하면 만사가 이루어진다."

曾子曰 朝廷엔 **莫如爵**이요 **鄕黨**엔 **莫如齒**요
輔世長民엔 **莫如德**이니라

증자가 말씀하였다. "조정에서는 벼슬만 한 것이 없고, 고을에서는 나이만 한 것이 없고, 세상을 돕고 백성을 다스리는 데에는 덕만 한 것이 없다."

出門에 **如見大賓**하고 **入室**에 **如有人**이니라

"문을 나갈 때에는 큰 손님을 뵙듯이 하고, 방에 들어올 때는 사람이 있는 듯이 하라."

父不言子之德하며 **子不談父之過**니라

"아버지는 아들의 덕을 말하지 않으며, 자식은 어버이의 허물을 말하지 않아야 한다."

君平曰 口舌者는 **禍患之門**이요 **滅身之斧也**니라

군평이 말하였다. "입과 혀는 재앙과 근심의 문이요, 몸을 망하게 하는 도끼이다."

酒逢知己千鍾少요 **話不投機一句多**니라

"술은 나를 알아주는 친구를 만나면 천 잔도 적고, 말은 기회를 맞추지 않으면 한 마디도 많다."

履霜堅氷至하나니 **臣弑其君**하며 **子弑其父**는
非一旦一夕之事라 **其由來者漸矣**니라

"서리를 밟으면 단단한 얼음이 얼 때가 이르니, 신하가 자신의 임금을 시해하며 자식이 자신의 아버지를 시해하는 것은 하루아침이나 하룻저녁에 이루어지는 것이 아니라, 그 유래가 점점 이루어진 것이다."

朱子曰 勿謂今日不學而有來日하며
勿謂今年不學而有來年하라 **日月逝矣**라 **歲不我延**이니
嗚呼老矣라 **是誰之愆**고

주자가 말씀하였다. "오늘 배우지 않으면서 내일이 있다고 말하지 말며, 올해에 배우지 않으면서 내년이 있다고 말하지 말라. 해와 달은 쉬지 않고 움직이니, 세월은 나를 위해 시간을 늘려 주지 않는다. 아! 늙었도다. 이 누구의 잘못인가."

少年易老學難成하니 **一寸光陰不可輕**이라라
未覺池塘春草夢한데 **階前梧葉已秋聲**이라

"소년은 늙기 쉽고 학문은 성취하기 어려우니, 짧은 시간이라도 가벼이 여기지 말라. 못가의 봄풀은 꿈에서 아직 깨어나지 않았는데, 섬돌 앞 오동나무는 벌써 가을 소리를 내내."

陶淵明詩云 盛年은 **不重來**하고 **一日**은 **難再晨**이니 **及時**에 **當勉勵**하라 **歲月**은 **不待人**이니라

도연명의 시에 말하였다. "젊은 날은 거듭 오지 않고, 하루에 두 번의 새벽은 어려우니, 때에 미쳐 마땅히 학문에 힘써라. 세월은 사람을 기다려 주지 않으니."

荀子曰 不積蹞步면 **無以至千里**요 **不積小流**면 **無以成江河**니라

순자가 말하였다. "반걸음을 쌓지 않으면 천 리에 이르지 못하고, 작은 지류의 물이 모으지 않으면 강이나 하천을 이루지 못한다."

3. 고전명문 감상 : 〈古文眞寶, 拔萃〉[12]

여기에 수록한 문장들은 오늘날까지 사람들에게 많이 회자(膾炙)되는 명문들로 『고문진보(古文眞寶)』에 수록되어 있다.

『고문진보(古文眞寶)』는 주(周)나라 때부터 송(宋)나라 때에 이르는 고시(古詩)·고문(古文)의 주옥편(珠玉篇)을 모아 엮은 책으로 전집(前集)은 고시(古詩), 후집(後集)은 고문(古文)으로 엮어져 있으며, 그 가운데서 몇 편만을 발췌하였다.

眞宗皇帝[13] 勸學文

작품해설

北宋 제3대 皇帝 眞宗(趙恒, 968~1022)이 백성들에게 학문을 부지런히 힘쓰면 명성과 부귀를 누리며 안락하게 살 수 있다는 것을 비유하여 권면한 글이다.

富家不用買良田 부가불용매양전　書中自有千種粟 서중자유천종속
安居不用架高堂 안거불용가고당　書中自有黃金屋 서중자유황금옥
出門莫恨無人隨 출문막한무인수　書中車馬多如簇 서중거마다여족
取妻莫恨無良媒 취처막한무량매　書中有女顏如玉 서중유녀안여옥
男兒欲遂平生志 남아욕수평생지　六經勤向窓前讀 육경근향창전독

12) 學民文化社 編, 詳說古文眞寶大全 前·後集, 대전 : 學民文化社, 1992.
13) 宋太宗의 셋째 아들. 998~1022년 동안 재위하였고 55세에 붕어(崩御)하였다.

春夜宴桃李園序 - 李白[14)]

작품해설

이백이 봄날 화려한 정원에서 여러 형제가 모여 잔치를 벌이며 서로 시와 부를 지으며 놀았는데, 이때 지은 시들을 모아 책으로 만들면서 그 서문으로 쓴 글이다.

꽃피는 정원에서 화려한 잔치를 벌이면서도 인생무상의 짙은 애수를 느끼고 있는 것이 특색이다. 100여 자에 지나지 않는 짤막한 변려체(騈儷體)[15)]의 작품이다.

夫天地者는 **萬物之逆旅**요 **光陰者**는 **百代之過客**이라

而浮生若夢하니 **爲歡幾何**오 **古人秉燭夜遊**는 **良有以也**로라

況陽春이 **召我以煙景**하고 **大塊**는 **假我以文章**임에랴

會桃李之芳園하야 **序天倫之樂事**할새

群季俊秀는 **皆爲惠連**이어늘 **吾人詠歌**는 **獨慚康樂**이로다

幽賞未已에 **高談轉淸**이라 **開瓊筵以坐花**하고 **飛羽觴而醉月**하니

不有佳作이면 **何伸雅懷**리오 **如詩不成**이면 **罰依金谷**[16)]**酒數**하리라

---

14) 중국 당나라 시인. 중국 최고의 시인으로 추앙되며 시선(詩仙)으로 불린다. 이름은 白, 자는 太白, 호 청련거사(靑蓮居士). 두보(杜甫)와 함께 '이두(李杜)'로 병칭되는 중국 최대의 시인이며, 시선(詩仙)이라 불린다. 1,100여 편의 작품이 현존한다. 그의 생애는 분명하지 못한 점이 많아, 생년을 비롯하여 상당한 부분이 추정(701~762)에 의존하고 있다.

15) 변려체(騈儷體)·변문(騈文)·사륙문(四六文)·사륙변려문(四六騈儷文)이라고도 한다. 문장이 4자와 6자를 기본으로 한 대구(對句)로 이루어져 수사적(修辭的)으로 미감(美感)을 주는 문체로, 변(騈)은 한 쌍의 말이 마차를 끈다는 뜻이고, 여(儷)는 부부라는 뜻이다. 후한(後漢) 중말기(中末期)에 시작되어 위(魏)·진(晉)·남북조(南北朝)를 거쳐 당(唐)나라 중기까지 유행한 문체로, 변려문이라는 명칭은 당송(唐宋) 8대가의 한 사람인 유종원(柳宗元)의 《걸교문(乞巧文)》 중 '변사려륙금심수구(騈四儷六錦心繡口)'라는 구절에서 유래한다.

16) 금곡은 진나라 석숭의 동산으로, 석숭은 여기에서 손님들에게 잔치를 베풀면서 시부를 짓지 못하는 자에

漁父辭 - 屈原[17]

작품해설

이 작품은 굴원이 경양왕(頃襄王)에게 강남으로 쫓겨난 뒤 지은 글이다. 굴원이 조정에서 쫓겨난 뒤 강가에서 어부(漁父)를 만나 대화를 나누면서 자신의 의지를 밝힌 내용이다. 도를 지닌 채 은둔하고 있는 어부는 굴원에게 세상의 변화에 따라 더불어 살 것을 권유하였다. 이에 굴원은 자신의 고결함을 더럽힐 수 없다는 뜻을 밝히고, 결국 장사(長沙)의 멱라수(汨羅水)에 투신하여 사거(死去) 하였다.

屈原이 旣放에 游於江潭하여 行吟澤畔할새

顔色憔悴하고 形容枯槁러니

漁父見而問之曰

子非三閭大夫與아 何故至於斯오

屈原曰

擧世皆濁이어늘 我獨淸하고

衆人皆醉어늘 我獨醒이라 是以見放이로라

漁父曰

게는 벌주 세 말을 먹인 고사가 있다.

17) 굴원(屈原, 기원전 340년~기원전 278년)은 중국 전국 시대 초나라의 시인·정치가다. 이름은 평(平)이다. 초나라의 왕족으로 태어나 초나라의 회왕 때에 좌도(보좌관)에 임명되었다. 학식이 높고 정치적 식견도 뛰어난 정치가였으며, 회왕의 상담역으로 국사를 도모하고, 외교적 수완이 뛰어났으나, 다른 이의 모함을 받아 신임을 잃고 끝내 자살하였다. 그는 이러한 아픔을 시 이소(離騷)에 담아 내었다. 이소란 '우수에 부딪힌다'는 뜻이다. 초나라에서 형성, 발전한 시가총집인 《초사》의 대표적인 작가로, 초나라 특유의 색채를 담은 낭만적인 시풍을 확립시켰다. 주요 작품으로는 〈이소경〉, 〈어부사〉, 〈애영〉 등이 있다.

聖人은 不凝滯於物하여 而能與世推移하나니

世人皆濁이어든 何不淈其泥而揚其波하며

衆人皆醉어든 何不餔其糟而歠其釃하고

何故深思高擧하여 自令放爲오

屈原曰 吾聞之하니

新沐者는 必彈冠이요 新浴者는 必振衣라하니

安能以身之察察로 受物之汶汶者乎아

寧赴湘流하여 葬於江魚之腹中이언정

安能以皓皓之白으로 而蒙世俗之塵埃乎아

漁父莞爾而笑하고 鼓枻而去하여

乃歌曰

滄浪之水淸兮어든 可以濯吾纓이요

滄浪之水濁兮어든 可以濯吾足이로다

遂去하여 不復與言하니라

愛 蓮 說 - 周敦頤[18]

작품해설

작자는 국화와 모란, 연꽃을 예로 들어 인간의 출세 지향적이고 부귀 하고자 하는 속세의 욕망을 경계하면서, 은일자(隱逸者)와 군자(君子)들이 드문 세태를 풍자하였다.

水陸草木之花 可愛者甚蕃이로되

晉陶淵明은 獨愛菊하고

自李唐來로 世人甚愛牧丹한데

予獨愛蓮之出於泥而不染하고

濯淸漣而不妖하며 中通外直 不蔓不枝하고

香遠益淸하여 亭亭淨植하여

可遠觀而不可褻玩焉이라

予謂菊은 花之隱逸者也요 牧丹은 花之富貴者也요

蓮은 花之君子者也라

噫라 菊之愛 陶後 鮮有聞이요

蓮之愛 同予者何人고 牧丹之愛는 宜乎衆矣로다

---

18) 주돈이(周敦頤,1017~1073): 字는 무숙(茂叔). 號는 렴계(濂溪). 湖南省 道州 출생. 지방관으로 전전하다가 공적을 세운 후, 노산(廬山)에 들어가 렴계서당을 세워 렴계선생이라 했다. 그는 도가사상의 영향으로 새로운 유교이론으로, 우주생성의 원리와 인간도덕의 원리는 본래 하나라는 태극도설(太極圖說)을 제시하였으며, 이기이원론(理氣二元論)을 제창한 정호(程顥), 정이(程頤) 형제를 가르쳤기에, 주자(朱子)는 그를 도학의 개조(開祖)라고 하였다.

歸去來辭 - 陶淵明[19]

작품해설

도연명 자신이 서문에서 '을사년 11월[乙巳歲十一月]'이라고 스스로 밝혔듯이 진나라 안제(安帝) 의희(義熙) 원년(405년) 41세 되던 해에 팽택령(彭澤令)을 사직하고 전원으로 돌아가면서 지은 것이다. 팽택령으로 있을 때, 하루는 군에서 보낸 독우(督郵)에게 예복을 입고 가서 뵈라고 하자 이에 탄식하며 "내 다섯 말 곡식 때문에 소인 앞에 허리를 꺾을 수 없다." 하고, 이 글을 읊으며 고향으로 돌아갔다고 한다.

歸去來兮여! **田園將蕪**하니 **胡不歸**오

旣自以心爲形役하니 **奚惆悵而獨悲**오

悟已往之不諫하고 **知來者之可追**라

實迷塗其未遠하니 **覺今是而昨非**로다

舟搖搖以輕颺이요 **風飄飄而吹衣**로다

問征夫以前路하니 **恨晨光之熹微**로다

乃瞻衡宇하고 **載欣載奔**하니 **僮僕歡迎**하고 **稚子候門**이라

三徑[20]은 **就荒**이나 **松菊**은 **猶存**이라

---

19) 도연명(陶淵明, 365년~427년)은 중국 동진의 전원시인(田園詩人)이다. 호는 연명(淵明), 자는 원량(元亮) 혹은 연명(淵明)이고, 본명을 잠(潛)이다. 오류(五柳) 선생이라고 불리며, 시호는 정절(靖節)이다. 13년 동안 관직에 있었으나 남에게 굽히거나 아첨하지 못하는 성격 때문에 이렇다 할 두각을 나타내지 못했다. 관직생활 내내 한직을 전전하던 그는 41세 때 마지막으로 얻은 팽택 현령(縣令)의 자리에서 80일을 근무하다 결국 출세를 포기하고 낙향하였다.

20) 세 오솔길로 '옛날 은자(隱者)인 장후(蔣詡)가 집의 대나무 숲 사이에 세 오솔길을 만들고 오직 양중(羊仲)과 구중(裘仲)을 찾아다니며 교유하였다' 한다.

携幼入室하니 有酒盈樽일새

引壺觴以自酌하고 眄庭柯以怡顔이라

倚南窓以寄傲하니 審容膝之易安이라

園日涉以成趣하고 門雖設而常關이라

策扶老以流憩라가 時矯首而遐觀하니

雲無心以出岫하고 鳥倦飛而知還이라

景翳翳以將入하니 撫孤松而盤桓이로다

歸去來兮여! 請息交以絶游라

世與我而相違하니 復駕言兮焉求리오

悅親戚之情話하고 樂琴書以消憂로다

農人이 告余以春及하니 將有事于西疇로다

或命巾車하고 或棹孤舟하여

旣窈窕以尋壑하고 亦崎嶇而經丘하니

木欣欣以向榮하고 泉涓涓而始流라

羨萬物之得時하니 感吾生之行休로다

已矣乎라 寓形宇內復幾時리오

曷不委心任去留하고 胡爲乎遑遑欲何之오

富貴는 非吾願이요 帝鄕은 不可期라

懷良辰(신)以孤往하고 或植(치)杖而耘耔라

登東皐以舒嘯하고 臨淸流而賦詩라

聊乘化以歸盡하니 樂夫天命復奚疑아!

前赤壁賦 - 蘇軾[21]

작품해설

소식(蘇軾)이 호북성(湖北省) 황주(黃州)에 유배되어 있던 때에 지은 글로, 황주에 있는 적벽강(赤壁江)에서 뱃놀이하면서 느낀 감회를 서술하였다. 赤壁賦는 전·후 두 편이 있으며, 전편은 작자가 유배 중에 세속에 대한 애착을 버리고 바람과 달에 흥을 붙여 자연과 함께하는 즐거움이 신선이 부럽지 않을 정도로 즐거움을 드러낸 내용이다.

壬戌之秋七月旣望에 蘇子與客泛舟하여 遊於赤壁之下하니 淸風은 徐來하고 水波는 不興이라 擧酒屬客하여 誦明月之詩하고 歌窈窕之章이러니 少焉에 月出於東山之上하여 徘徊於斗牛之間하니 白露는 橫江하고 水光은 接天이라 縱一葦之所如하여 凌萬頃之茫然하니

浩浩乎如憑虛御風而不知其所止하고 飄飄乎如遺世獨立하여 羽化而登仙이라 於是에 飮酒樂甚하여 扣舷而歌之하니 歌曰 桂櫂兮蘭槳으로 擊空明兮泝流光이로다 渺渺兮予懷여 望美人兮天一方이로다

---

21) 이름은 소식(蘇軾), 자는 자첨(子瞻)으로 미주(眉州) 미산(眉山) 출신이다. 순(洵)의 아들로 철(轍)의 형이다. 호는 철관도인(鐵冠道人)·정상재(靜常齋)·설랑재(雪浪齋)이고, 시호는 문충(文忠)이다. 당송8대가의 한사람으로 신종 희녕(1068~1077) 중에 왕안석(王安石)의 신법에 반대하여 항주통판(杭州通判)·지호주(知湖州)에 좌천되었다. 후에 황주단련부사(黃州團練副使)가 되어 설당(雪堂)을 서호의 동파(東坡)에 쌓고 스스로를 동파거사(東坡居士)로 호하였다. 당시 대유 정이(程頤)와 다툴 정도였고, 불로(佛老)를 좋아하였으며, 문장은 한유(韓愈)·구양수(歐陽脩)와 더불어 복고를 주창하였다.

客有吹洞簫者하여 倚歌而和之하니 其聲이 嗚嗚然하여 如怨如慕하며 如泣如訴하고 餘音嫋嫋하여 不絶如縷하니 舞幽壑之潛蛟하고 泣孤舟之嫠婦라 蘇子愀然正襟危坐而問客曰 何爲其然也오

客曰 月明星稀에 烏鵲南飛는 此非曹孟德之詩乎아 西望夏口하고 東望武昌이라 山川相繆하여 鬱乎蒼蒼하니 此非孟德之困於周郎者乎아

方其破荊州, 下江陵하여 順流而東也에 舳艫千里요 旌旗蔽空이라 釃酒臨江하고 橫槊賦詩하니 固一世之雄也러니 而今安在哉오

況吾與子는 漁樵於江渚之上하여 侶魚鰕而友麋鹿이라 駕一葉之扁舟하여 擧匏樽以相屬하니 寄蜉蝣於天地요 渺滄海之一粟이라 哀吾生之須臾하고 羨長江之無窮하여 挾飛仙以遨遊하며 抱明月而長終이나 知不可乎驟得일새 託遺響於悲風하노라

蘇子曰 客亦知夫水與月乎아 逝者如斯로되 而未嘗往也며 盈虛者如彼로되 而卒莫消長也니 蓋將自其變者而觀之면 則天地曾不能以一瞬이요 自其不變者而觀之면 則物與我皆無盡也니 而又何羨乎리오 且夫天地之間에 物各有主하니 苟非吾之所有인댄 雖一毫而莫取어니와 惟江上之淸風과 與山間之明月은 耳得之而爲聲하고 目寓之而成色하여 取之無禁하고 用之不竭하니 是는 造物者之無盡藏也요 而吾與子之所共樂이니라

客이 喜而笑하고 洗盞更酌하니 肴核이 旣盡이요 盃盤이 狼藉라 相與枕藉乎舟中하여 不知東方之旣白이러라

陳情表 - 李密22)

작품해설

중국 삼국시대 말, 서진(西晉) 초의 관료 이밀(李密)이 진나라 태시 3년(268년)에 진 무제의 부름을 받았으나, 관직 제수를 기어코 사양하는 까닭을 밝힌 내용으로 중국 3대 명문으로 불리고 있다. 이밀의 진정표(陳情表)를 읽고 눈물을 흘리지 않는다면 효자가 아니고, 한유의 제십이랑문(祭十二郎文)을 읽고 눈물을 흘리지 않으면 우애를 모르는 자이며, 제갈량의 출사표(出師表)를 읽고 눈물을 보이지 않는다면 충신이 아니라고 하였다. 삼국지 蜀志의 기록에 의하면 "이밀은 아버지를 일찍 여의고 어머니 河氏가 개가(改嫁)하여 조모에게 양육을 받았는데, 훗날 효성이 지극하였다. 蜀漢이 평정된 다음, 晉 武帝가 불러 太子洗馬를 삼으려 하자, 이밀이 表文을 올리니, 무제는 그의 정성을 가상히 여겨 노비 두 사람을 하사하고 郡縣으로 하여금 조모공양에 필요한 음식과 의복을 받들게 하였으며, 漢中太守로 옮겨 주었다."

臣以險釁으로 **夙遭愍凶**하여 **生孩六月**에 **慈父見背**하고

行年四歲에 **舅奪母志**어늘 **祖母劉閔臣孤弱**하여 **躬親撫養**하니

臣少多疾病하여 **九歲不行**하고 **零丁孤苦**하여 **至于成立**이라

旣無叔伯하고 **終鮮兄弟**하여 **門衰祚薄**하여 **晩有兒息**하니

外無朞功强近之親이요 **內無應門五尺之童**이라

---

22) 이밀(李密, 224년~287년), 자는 영백(令伯), 삼국시대 건위군 무양 출신이다. 서진(西晉) 시대 관리로 어려서 부친을 여의고, 모친 하씨(何氏)마저 재혼, 조모(祖母)에 의해 길러졌다. 훗날 이밀은 조모에 대한 효성으로 그 명성이 널리 알려지게 되었는데, 그 효성의 마음을 왕에게 올린 글이 진정표이다. 그의 벼슬은 촉한(蜀漢)에서 상서랑(尚書郎)을 지내다가 촉한이 망하자 진(晉)나라에서 태자세마(太子洗馬), 한중태수(漢中太守)를 지냈다.

煢煢孑立하여 形影相吊어늘 而劉夙嬰疾病하여 常在牀褥하니
臣侍湯藥하여 未嘗廢離로소이다 逮奉聖朝에 沐浴淸化하여 前太守臣逵 察
臣孝廉하고 後刺史臣榮이 擧臣秀才어늘
臣以供養無主로 辭不赴命이러니 會詔書特下하사 拜臣郎中하시고 尋蒙
國恩하여 除臣洗馬하시니 猥以微賤으로 當侍東宮이라
非臣隕首所能上報니이다 臣具以表聞하여 辭不就職이러니
詔書切峻하사 責臣逋慢하시고 郡縣逼迫하여 催臣上道하니
州司臨門이 急於星火라 臣欲奉詔奔馳인댄 則以劉病日篤이요
欲苟順私情인댄 則告訴不許하니 臣之進退 實爲狼狽로소이다
伏惟 聖朝以孝治天下하사 凡在故老에도 猶蒙矜育이어든 況臣孤苦特爲
尤甚하나이다 且臣少事僞朝하여 歷職郎署하니 本圖宦達이요
不矜名節이라
今臣은 亡國之賤俘라 至微至陋어늘 過蒙拔擢하니 豈敢盤桓하여
有所希冀릿가 但以劉日薄(迫)西山하여 氣息奄奄하니 人命危淺하여 朝不
慮夕이라 臣無祖母면 無以至今日이요 祖母無臣이면 無以終餘年이니 母孫
二人이 更相爲命일새 是以區區不能廢遠이로소이다
臣密은 今年四十有四요 祖母劉는 今九十有六이니
是臣盡節於陛下之日은 長하고 報劉之日은 短也라
烏鳥私情이 願乞終養하오니 臣之辛苦는 非獨蜀之人士와 及二州牧伯所
見明知라 皇天后土實所共鑑이오니 願陛下는 矜愍愚誠하시고 聽臣微志하
사 庶劉僥倖하여 卒保餘年이시면 臣은 生當隕首요 死當結草리이다 臣不勝
怖懼之情하여 謹拜表以聞하노이다

4. 고사성어 · 속담

우리가 일상생활에 사용하는 언어에는 고사성어가 많다. 고사성어는 대부분 문헌(文獻)의 출전이 밝혀져 있을 뿐만 아니라 의사표시나 인용, 비유(譬喩) 또는 풍자(諷刺)와 은유적(隱喩的)인 상징에 많이 쓰인다. 따라서 그 의미를 익혀 어떤 경우에 인용, 비유되는가를 올바로 알고 이해하여 사용하여야 한다.

佳人薄命 (佳 아름다울 가 人 사람 인 薄 엷을 박 命 목숨 명) *소식(蘇軾)

「아름다운 사람은 명(命)이 짧다.」는 뜻으로, 여자(女子)의 용모(容貌)가 너무 아름다우면 운명(運命)이 기구(崎嶇)하고 명이 짧다는 말.

街談巷說 (街 거리 가 談 말씀 담 巷 거리 항 說 말씀 설)

길거리나 세상 사람들 사이에 떠도는 이야기. 세상에 떠도는 뜬 소문(所聞).

管鮑之交 (管 대롱 관 鮑 절인 물고기 포 之 갈 지 交 사귈 교)

「관중(管仲)과 포숙(鮑叔)처럼 친구(親舊) 사이가 다정(多情)함.」을 이르는 말로, 친구(親舊) 사이의 매우 다정(多情)하고 허물없는 교제(交際). 우정이 아주 돈독(敦篤)한 친구 관계(關係), 허물없는 친구(親舊) 사이를 이르는 말.

君子三樂 (君 임금 군 子 아들 자 三 석 삼 樂 즐길 락)

「군자(君子)의 세 가지 즐거움」이라는 뜻으로, 부모(父母)가 다 살아 계시고 형제가 무고하며, 하늘과 사람에게 부끄러워할 것이 없고 천하의 영재를 얻어 교육하는 것.

龜鑑 (龜 거북 귀 鑑 거울 감)

「거북 등과 거울」이라는 뜻으로, 사물의 본보기. 거울로 삼아 본받을 만한 모범.

經世濟民 (經 지날 경 世 인간 세 濟 건널 제 民 백성 민)

세사(世事)를 잘 다스려 도탄(塗炭)에 빠진 백성(百姓)을 구(求)함. 경국제세(經國濟世)라고도 함. (준말:經濟).

見危授命 (見 볼 견 危 위태할 위 授 줄 수 命 목숨 명) *논어(論語)

「위험(危險)을 보면 목숨을 바친다.」는 뜻으로, 나라의 위태(危殆)로운 상황을 보고 목숨을 바쳐 나라를 위해 싸우는 것을 말함.

過猶不及 (過 지날 과 猶 오히려 유 不 아닐 불 及 미칠 급) *논어 선진편(先進篇)

「모든 사물(事物)이 정도(程度)를 지나치면 미치지 못한 것과 같다.」는 뜻으로, 중용(中庸)이 중요함을 가리키는 말.

刻舟求劍 (刻 새길 각 舟 배 주 求 구할 구 劍 칼 검) *여씨춘추 찰금편(察今篇)

「칼을 강물에 떨어뜨리자 뱃전에 그 자리를 표시했다가 나중에 그 칼을 찾으려 한다.」는 뜻으로, 판단력이 둔하여 융통성(融通性)이 없고 어리석다는 뜻.

刮目相對 (刮 긁을 괄 目 눈 목 相 서로 상 對 대할 대)

「눈을 비비고 다시 보며 상대(相對)를 대한다.」는 뜻으로, 다른 사람의 학식(學識)이나 업적(業績)이 크게 진보(進步)한 것을 말함.

巧言令色 (巧 공교할 교 言 말씀 언 令 하여금 영(령) 色 빛 색)

「말을 교묘(巧妙)하게 하고 얼굴빛을 꾸민다.」는 뜻으로, 남의 환심을 사기 위해 교묘(巧妙)히 꾸며서 하는 말과 아첨(阿諂)하는 얼굴빛.

曲學阿世 (曲 굽을 곡 學 배울 학 阿 언덕 아 世 인간 세)

「학문(學問)을 굽히어 세상에 아첨(阿諂)한다.」는 뜻으로, 정도(正道)를 벗어난 학문으로 세상 사람에게 아첨(阿諂)함을 이르는 말.

甘呑苦吐 (甘 달 감 呑 삼킬 탄 苦 쓸 고 吐 토할 토)

「달면 삼키고 쓰면 뱉는다.」는 뜻으로, 사리(事理)에 옳고 그름을 돌보지 않고, 자기 비위(脾胃)에 맞으면 취(取)하고 싫으면 버린다는 뜻.

格物致知 (格 격식 격 物 물건 물 致 이를 치 知 알 지)

사물의 이치(理致)를 구명(究明)하여 자기의 지식(知識)을 확고(確固)하게 함.

孤掌難鳴 (孤 외로울 고 掌 손바닥 장 難 어려울 난 鳴 울 명)

「외손뼉은 울릴 수 없다.」는 뜻으로, 혼자서는 어떤 일을 이룰 수 없다는 말. 상대(相對) 없이는 싸움이 일어나지 않음을 이르는 말.

金蘭之交 (金 쇠 금 蘭 난초 란(난) 之 갈 지 交 사귈 교)

「단단하기가 황금과 같고 아름답기가 난초(蘭草) 향기(香氣)와 같은 사귐」이라는 뜻으로, 우정(友情)이 깊은 사귐을 이르는 말.

教學相長 (教 가르칠 교 學 배울 학 相 서로 상 長 길 장)

「가르침과 배움이 서로 진보(進步)시켜 준다.」는 뜻.

捲土重來 (捲 거둘 권 土 흙 토 重 무거울 중 來 올 래) *제오강정(題烏江亭)

「흙먼지를 날리며 다시 온다.」는 뜻으로, 한 번 실패(失敗)에 굴하지 않고 몇 번이고 다시 일어남. 한번 실패(失敗)하고 나서 다시 그 일에 도전(挑戰)함.

口蜜腹劍 (口 입 구 蜜 꿀 밀 腹 배 복 劍 칼 검)

「입으로는 달콤함을 말하나 뱃속에는 칼을 감추고 있다.」는 뜻으로, 겉으로는 친절(親切)하나 마음속은 음흉(陰凶)한 것.

膠柱鼓瑟 (膠 아교 교 柱 기둥 주 鼓 북 고 瑟 큰 거문고 슬)

비파(琵琶)나 거문고의 기러기발을 아교(阿膠)로 붙여 놓으면 음조(音調)를 바꾸지 못하여 한 가지 소리밖에 내지 못하듯이, 고지식하여 융통성(融通性)이 전혀 없음. 또는 규칙(規則)에 얽매여 변통(變通)할 줄 모르는 사람.

鷄卵有骨 (鷄 닭 계 卵 알 란(난) 有 있을 유 骨 뼈 골)

「달걀에도 뼈가 있다.」는 속담으로, 복이 없는 사람은 아무리 좋은 기회를 만나도 덕을 못 본다는 말. 조선 초, 대신 황희(黃喜)가 집이 가난하므로 왕의 명령으로 하루 동안 남대문으로 들어오는 상품은 모두 황희의 집으로 보내라 했으나, 이 날은 종일 비가 와서 아무 것도 들어오는 물건이 없다가 저녁 때 달걀 한 꾸러미가 들어왔는데, 달걀을 삶아 놓고 보니 모두 곯아서 먹을 수가 없었다는 데서 나온 말. 「곯」과 골(骨)의 음이 비슷하므로 와전되어 계란유골이란 말이 생김.

鷄鳴狗盜 (鷄 닭 계 鳴 울 명 狗 개 구 盜 도둑 도) *사기(史記) 맹상군전(孟嘗君傳)

「닭의 울음소리를 잘 내는 사람과 개의 흉내를 잘 내는 좀도둑」이라는 뜻으로, 하찮은 재주를 가진 사람도 때로는 요긴(要緊)하게 쓸모가 있음을 비유하여 이르는 말.

鷄肋 (鷄 닭 계 肋 갈빗대 륵)

「닭의 갈빗대」라는 뜻으로, 먹기에는 너무 양(量)이 적고 버리기에는 아까워 이러지도 저러지도 못하는 형편(形便).

囊中之錐 (囊 주머니 낭 中 가운데 중 之 갈 지 錐 송곳 추)

「주머니 속에 있는 송곳」이란 뜻으로, 재능(才能)이 아주 빼어난 사람은 숨어 있어도 저절로 남의 눈에 드러난다는 비유적 의미(意味).

難兄難弟 (難 어려울 난 兄 형 형 弟 아우 제)

「형되기 어렵고 아우되기 어렵다」는 뜻으로, 서로 비슷함을 이르는 말.

韜光養晦 (韜 감출 도 光 빛 광 養 기를 양 晦 그믐 회)

「자신의 재능(才能)이나 명성(名聲)을 드러내지 않고 참고 기다린다.」는 뜻으로, 1980년대 중국의 대외(對外) 정책(政策)을 일컫는 용어(用語).

螳螂拒轍 (螳 버마재비 당 螂 사마귀 랑(낭) 拒 막을 거 轍 바퀴 자국 철)

「사마귀가 수레바퀴를 막는다.」는 뜻. 힘은 헤아리지 않고 강자에게 함부로 덤빔.

斷機之戒 (斷 끊을 단 機 틀 기 之 갈 지 戒 경계할 계) *후한서(後漢書)

「베를 끊는 훈계(訓戒)」란 뜻으로, 학문(學問)을 중도(中途)에서 그만두면 짜던 베의 날을 끊는 것처럼 아무 쓸모 없음을 경계(警戒)한 말.

簞食瓢飮 (簞 소쿠리 단 食 밥 식 瓢 바가지 표 飮 마실 음)

「대그릇의 밥과 표주박의 물」이라는 뜻으로, 안빈낙도하는 조촐한 삶을 이르는 말.

買占賣惜 (買 살 매 占 점령할 점 賣 팔 매 惜 아낄 석)

물건값이 오를 것을 예상하고 물건을 많이 사두었다가 값이 오른 뒤 아껴서 팖.

毛遂自薦 (毛 터럭 모 遂 드디어 수 自 스스로 자 薦 천거할 천) *평원군전(平原君傳)

「모수가 스스로 천거(薦擧)했다.」는 뜻으로, 자기가 자기를 추천하는 것을 이르는 말. 오늘날에는 의미(意味)가 변질되어 일의 앞뒤도 모르고 나서는 사람을 비유함.

刎頸之交 (刎 목 벨 문 頸 목 경 之 갈 지 交 사귈 교) *염파인상여전(廉頗藺相如傳)

「목을 벨 수 있는 벗」이라는 뜻, 생사(生死)를 같이 할 수 있는 매우 소중한 벗.

孟母三遷 (孟 맏 맹 母 어머니 모 三 석 삼 遷 옮길 천) *열녀전(列女傳)

「맹자의 어머니가 맹자를 제대로 교육하기 위하여 집을 세 번이나 옮겼다.」는 뜻으로, 교육(敎育)에는 주위(周圍) 환경(環境)이 중요(重要)하다는 가르침.

磨斧作針 (磨 갈 마 斧 도끼 부 作 지을 작 針 바늘 침) *당서(唐書)

「도끼를 갈아 바늘을 만든다.」는 뜻으로, 아무리 어려운 일이라도 끈기 있게 노력하면 이룰수 있음을 비유하는 말. (이백이 학문을 도중(途中)에 그만두고 집으로 돌아가는 길에 바늘을 만들기 위해 도끼를 갈고 있는 한 노파(老婆)의 감명을 받음.

晩時之歎 (晩 늦을 만 時 때 시 之 갈 지 歎 탄식할 탄)

「때늦은 한탄(恨歎)」이라는 뜻으로, 「시기가 늦어 기회(機會)를 놓친 것이 원통(冤痛)해서 탄식(歎息)함.」을 이르는 말.

名不虛傳 (名 이름 명 不 아닐 불 虛 빌 허 傳 전할 전)

「이름은 헛되이 전해지지 않은다.」는 뜻으로, 명성이 널리 알려진 데는 다 그럴 만한 이유(理由)가 있음을 이르는 말.

背水之陣 (背 등 배 水 물 수 之 갈 지 陣 진칠 진) *회음후열전(淮陰侯列傳)

「물을 등지고 진을 친다.」는 뜻으로, 목숨을 걸고 싸울 수밖에 없는 지경(地境)을 이르는 말.

夫唱婦隨 (夫 지아비 부 唱 부를 창 婦 며느리 부 隨 따를 수)

남편이 선창하고 아내가 따름. 또는 가정에서의 부부화합의 도리를 이르는 말임.

不俱戴天 (不 아닐 불 俱 함께 구 戴 일 대 天 하늘 천) *예기(禮記) 곡례(曲禮)

원수(怨讐)와는 같은 하늘 아래 살 수 없다는 의미.

蚌鷸之爭 (蚌 방합 방 鷸 도요새 휼 之 갈 지 爭 다툴 쟁)

「도요새가 조개와 다투다가 다 같이 어부(漁夫)에게 잡히고 말았다.」는 뜻으로, 제3자만 이롭게 하는 다툼을 이르는 말.(漁夫之利)

附和雷同 (附 붙을 부 和 화할 화 雷 우레 뇌(뢰) 同 한가지 동) *곡례(曲禮)

「우레 소리에 맞춰 함께한다.」는 뜻으로, 자신의 뚜렷한 소신 없이 그저 남이 하는 대로 따라가는 것을 의미(意味)함.

伯牙絕絃 (伯 맏 백 牙 어금니 아 絶 끊을 절 絃 줄 현) *여씨춘추(呂氏春秋)

「백아가 거문고 줄을 끊어 버렸다.」는 뜻으로, 자기(自己)를 알아주는 절친(切親)한 벗의 죽음을 슬퍼함을 이르는 말.

反哺之孝 (反 돌이킬 반 哺 먹일 포 之 갈 지 孝 효도 효)

「까마귀 새끼가 자란 뒤에 늙은 어미에게 먹이를 물어다 주는 효성이라는 뜻으로, 자식(子息)이 자라서 부모(父母)를 봉양(奉養)함.

發憤忘食 (發 필 발 憤 분할 분 忘 잊을 망 食 밥 식) *논어(論語)

일을 이루려고 끼니조차 잊고 분발(奮發) 노력(努力)함.

法古創新 (法 법 법 古 옛 고 創 비롯할 창 新 새 신)

「옛것을 본받아 새로운 것을 창조한다.」는 뜻으로, 옛것에 토대(土臺)를 두되 그것을 변화(變化)시킬 줄 알고 새 것을 만들어 가되 근본(根本)을 잃지 않아야 한다는 뜻.

比翼連理 (比 견줄 비 翼 날개 익 連 잇닿을 연(련) 理 다스릴 리(이))

「암수 각각 눈 하나에 날개가 하나씩이라서 짝을 짓지 않으면 날지 못한다는 비익조(比翼鳥)와 한 나무의 가지가 다른 나무의 가지와 맞붙어서 서로 결이 통한 연리지(連理枝)」라는 뜻으로, 부부(夫婦)의 사이가 깊고 화목(和睦)함을 비유해 이르는 말.

實事求是 (實 열매 실 事 일 사 求 구할 구 是 이 시)

「사실(事實)에 토대(土臺)하여 진리(眞理)를 탐구(探究)하는 일」이란 뜻, 공론(空論)만 일삼는 양명학에 대한 반동(反動)으로서 청조 고증학파가 내세운 표어(標語)로, 문헌학적인 고증의 정확을 존중하는 과학적, 객관 주의적 학문 태도를 말함.

守株待兎 (守 지킬 수 株 그루 주 待 기다릴 대 兎 토끼 토) *한비자 오두편(五蠹篇)

「그루터기를 지켜 토끼를 기다린다.」는 뜻. 고지식하고 융통성 없이 구습(舊習)과 전례(前例)만 고집(固執)함.

桑田碧海 (桑 뽕나무 상 田 밭 전 碧 푸를 벽 海 바다 해)

「뽕나무밭이 푸른 바다가 되었다.」는 뜻으로, 세상이 몰라 볼 정도(程度)로 바뀐 것.

上善若水 (上 윗 상 善 착할 선 若 같을 약 水 물 수)

「최고의 선은 마치 물과 같다.」는 뜻으로, 노자 사상에서 물은 만물을 이롭게 하면 서도 다투지 아니하는 이 세상에서 으뜸가는 선의 표본으로 여기어 이르던 말.

塞翁之馬 (塞 변방 새 翁 늙은이 옹 之 갈 지 馬 말 마) *회남자(淮南子)

「변방(邊方)에 사는 노인(老人)의 말」이라는 뜻으로, 인생(人生)의 길흉화복은 늘 바뀌어 변화(變化)가 많음을 이르는 말.

首丘初心 (首 머리 수 丘 언덕 구 初 처음 초 心 마음 심)

「여우는 죽을 때 구릉(丘陵)을 향해 머리를 두고 초심으로 돌아간다.」는 뜻으로, 근본(根本)을 잊지 않음. 또는 죽어서라도 고향(故鄕) 땅에 묻히고 싶어하는 마음.

手不釋卷 (手 손 수 不 아닐 불 釋 풀 석 卷 책 권)

「손에서 책을 놓지 않는다.」는 뜻으로, 늘 책을 가까이하여 학문(學問)을 열심히 함.

三顧草廬 (三顧 석 삼 돌아볼 고 草 풀 초 廬 농막집 려)

「유비(劉備)가 제갈공명을 세 번이나 찾아가 군사(軍師)로 초빙한 데서 유래한 말로, 「왕의 두터운 사랑을 입다.」라는 뜻, 인재를 맞기 위해 참을성 있게 힘씀.

十匙一飯 (十 열 십 匙 숟가락 시 一 한 일 飯 밥 반)

「열 사람이 한 술씩 보태면 한 사람 먹을 분량(分量)이 된다.」는 뜻으로, 여러 사람이 힘을 합하면 한 사람을 돕기는 쉽다는 말.

石田耕牛 (石 돌 석 田 밭 전 耕 밭 갈 경 牛 소 우)

「자갈밭을 가는 소」란 뜻으로, 황해도 사람의 근면하고 인내심이 강한 성격(性格)을 평한 말.

識字憂患 (識 알 식 字 글자 자 憂 근심 우 患 근심 환)

「글자를 아는 것이 오히려 근심이 된다.」는 뜻으로, 알기는 알아도 똑바로 잘 알고 있지 못하기 때문에 그 지식(知識)이 오히려 걱정거리가 됨.

四端七情 (四 넉 사 端 끝 단 七 일곱 칠 情 뜻 정) *맹자(孟子)

성리학(性理學)의 철학적 개념의 하나. 사단은 인간의 본성에서 우러나오는 마음씨 즉 선천적이며 도덕적 능력을 말하며, 칠정은 인간의 본성이 사물을 접하면서 표현되는 인간의 자연적(自然的)인 감정(感情)을 말함.

信賞必罰 (信 믿을 신 賞 상줄 상 必 반드시 필 罰 벌할 벌)

「상(賞)을 줄 만한 공이 있는 자에게 반드시 상을 주고, 벌할 죄과가 있는 자에게는 반드시 벌(罰)을 준다.」는 뜻으로, 곧, 상벌(賞罰)을 공정하고 엄중(嚴重)히 하는 일.

水魚之交 (水 물 수 魚 물고기 어 之 갈 지 交 사귈 교)

「물과 물고기의 사귐」이란 뜻으로, 임금과 신하(臣下) 또는 부부 사이처럼 매우 친밀(親密)한 관계(關係)를 이르는 말, 서로 떨어질 수 없는 친(親)한 사이를 일컫는 말.

三人行必有我師 (行 다닐 행 必 반드시 필 有 있을 유 我 나 아 師 스승 사)

「세 사람이 같이 길을 가면 반드시 내 스승이 있다.」는 뜻으로, 세 사람이 어떤 일을 하면 좋은 것은 본받고, 나쁜 것은 경계(警戒)하게 된다는 말.

傲霜孤節 (傲 거만할 오 霜 서리 상 孤 외로울 고 節 마디 절)

「서릿발이 심한 추위 속에서도 홀로 꿋꿋하다.」는 뜻, 충신 또는 국화(菊花)를 말함.

龍頭蛇尾 (龍 용 룡 頭 머리 두 蛇 긴 뱀 사 尾 꼬리 미) *전등록(傳燈錄)

「머리는 용, 꼬리는 뱀」이라는 뜻으로, 시작은 좋았다가 갈수록 나빠짐의 비유.

欲速不達 (欲 하고자 할 욕 速 빠를 속 不 아닐 부 達 통달할 달) *자로편(子路篇)

빨리하고자 하면 도달하지 못함. 어떤 일을 급(急)하게 하면 도리어 이루지 못함.

人面獸心 (人 사람 인 面 낯 면 獸 짐승 수 心 마음 심) *한서(漢書)

「얼굴은 사람의 모습을 하였으나 마음은 짐승과 같다.」는 뜻

愚問賢答 (愚 어리석을 우 問 물을 문 賢 어질 현 答 대답 답)

어리석은 질문(質問)에 현명(賢明)한 대답(對答).

如履薄氷 (如 같을 여 履 밟을 리(이) 薄 엷을 박 氷 얼음 빙) *시경(詩經)

「얇은 얼음을 밟는 것 같이 하다.」는 뜻으로, 몹시 조심함을 가리키는 말

拈華微笑 (拈 집을 념(염) 華 빛날 화 微 작을 미 笑 웃음 소)

「꽃을 집어 들고 웃음을 띠다.」란 뜻으로, 말로 하지 않고 마음에서 마음으로 전하는 일을 이르는 말. 불교(佛敎)에서 이심전심(以心傳心)의 뜻으로 쓰이는 말.

立身揚名 (立 설 입(립) 身 몸 신 揚 날릴 양 名 이름 명)

사회적(社會的)으로 인정(認定)을 받고 출세(出世)하여 이름을 세상(世上)에 드날림. 후세(後世)에 이름을 떨쳐 부모(父母)를 영광(榮光)되게 해 드리는 것.

溫故知新 (溫 따뜻할 온 故 연고 고 知 알 지 新 새 신) *논어 위정편(爲政篇)

「옛것을 익히고 그것을 미루어서 새것을 앎.」이라는 뜻으로, 옛 학문을 되풀이하여 연구하고, 현실을 처리할 수 있는 새로운 학문을 이해하여야 비로소 남의 스승이 될 자격(資格)이 있다는 뜻임.

愚公移山 (愚 어리석을 우 公 공평할 공 移 옮길 이 山 메 산) *열자 탕문편(湯問篇)

「우공이 산을 옮긴다.」는 말로, 남이 보기엔 어리석은 일처럼 보이지만 한 가지 일을 끝까지 밀고 나가면 언젠가는 목적(目的)을 달성(達成)할 수 있다는 뜻.

臥薪嘗膽 (臥 누울 와 薪 섶 신 嘗 맛볼 상 膽 쓸개 담) *사기(史記)

「섶에 눕고 쓸개를 맛보다.」는 뜻, 원한을 갚으려고 괴로움을 참고 견딤을 이름.

有備無患 (有 있을 유 備 갖출 비 無 없을 무 患 근심 환) *서경 열명편(說明篇)

「사전에 준비가 있으면 근심이 없다.」는 뜻.

日就月將 (日 날 일 就 나아갈 취 月 달 월 將 장수 장)

「날마다 달마다 성장(成長)하고 발전(發展)한다.」는 뜻, 학업이 진보(進步)함을 이름.

五十步百步 (五 다섯 오 十 열 십 步 걸음 보 百 일백 백)

「오십보 도망(逃亡)한 자가 백보 도망한 자를 비웃다.」는 뜻으로, 조금 낫고 못한 차이(差異)는 있지만 본질적(本質的)으로 차이(差異)가 없음을 뜻함.

牛耳讀經 (牛 소 우 耳 귀 이 讀 읽을 독 經 지날 경)

「쇠귀에 경 읽기」란 뜻으로, 우둔한 사람은 아무리 가르치고 일러주어도 알아듣지 못함을 비유하여 이르는 말.

因果應報 (因 인할 인 果 실과 과 應 응할 응 報 갚을 보)

「원인(原因)과 결과(結果)는 서로 물고 물린다.」는 뜻으로, 과거 또는 전생의 선악의 인연에 따라서 뒷날 길흉화복의 갚음을 받게 됨을 이르는 말.

一飯千金 (一 한 일 飯 밥 반 千 일천 천 金 쇠 금)

「한 끼의 식사(食事)에 천금(千金)같은 은혜(恩惠)가 들어 있다.」는 뜻으로, 조그만 은혜(恩惠)에 크게 보답(報答)함을 이르는 말.

利用厚生 (利 이로울 이(리) 用 쓸 용 厚 두터울 후 生 날 생)

기구를 편리하게 쓰고 먹을 것 입을 것을 넉넉하게 하여 생활을 나아지게 함.

壓卷 (壓 누를 압 卷 책 권)

「위의 책이 아래 책을 누르다.」는 뜻으로, 여러 책 가운데 제일 잘 된 책(冊). 같은 책 가운데에 특별(特別)히 잘 지은 글, 여럿 중에서 가장 뛰어난 것.

吾鼻三尺 (吾 나 오 鼻 코 비 三 석 삼 尺 자 척)

「내 코가 석 자」라는 속담(俗談)으로, 내 일도 감당(堪當)하기 어려워 남의 사정을 돌볼 여유(餘裕)가 없다라는 말. 오비체수삼척(吾鼻涕垂三尺)의 준말.

良藥苦口 (良 어질 양(량) 藥 약 약 苦 쓸 고 口 입 구) *사기

「좋은 약(藥)은 입에 쓰지만 병에는 이롭다.」는 뜻

一瀉千里 (一 한 일 瀉 쏟을 사 千 일천 천 里 마을 리)

「강물이 쏟아져 단번에 천리를 간다.」는 뜻으로, 조금도 거침없이 빨리 진행됨, 문장(文章)이나 글이 명쾌(明快)함.

泥田鬪狗 (泥 진흙 이(니) 田 밭 전 鬪 싸울 투 狗 개 구)

「진흙탕에서 싸우는 개」라는 뜻으로, 강인(強靭)한 성격의 함경도 사람을 평한 말. 또는 명분(名分)이 서지 않는 일로 몰골 사납게 싸움.

一場春夢 (一 한 일 場 마당 장 春 봄 춘 夢 꿈 몽)

「한바탕의 봄꿈처럼 헛된 영화(榮華)나 덧없는 일」이란 뜻으로, 인생 허무(虛無)함을 비유하여 이르는 말.

朝令暮改 (朝 아침 조 令 하여금 령(영) 暮 저물 모 改 고칠 개) *한서(漢書)

「아침에 명령(命令)을 내리고서 저녁에 다시 바꾼다.」는 뜻으로, 법령의 개정(改定)이 너무 빈번(頻煩)하여 믿을 수가 없음을 이르는 말.

自暴自棄 (自 스스로 자 暴 사나울 포 棄 버릴 기) *맹자(孟子)의 이루상편(離婁上篇)

「자신을 스스로 해치고 버린다.」는 뜻으로, 몸가짐이나 행동을 되는 대로 취(取)함.

知己之友 (知 알 지 己 몸 기 之 갈 지 友 벗 우)

자기(自己)를 가장 잘 알아주는 친(親)한 친구(親舊), 서로 뜻이 통하는 친한 벗.

指鹿爲馬 (指 가리킬 지 鹿 사슴 록(녹) 爲 할 위 馬 말 마) *진시황본기(秦始皇本紀)

「사슴을 가리켜 말이라고 한다.」는 뜻으로, 사실(事實)이 아닌 것을 사실로 만들어 강압(强壓)으로 인정하게 됨. 윗사람을 농락(籠絡)하여 권세(權勢)를 마음대로 함.

糟糠之妻 (糟 지게미 조 糠 겨 강 之 갈 지 妻 아내 처)

「지게미와 쌀겨로 끼니를 이어가며 고락을 같이해온 아내」란 뜻, 본처를 일컬음.

輾轉反側 (輾 돌아누울 전 轉 구를 전 反 돌이킬 반 側 곁 측)

「이리 뒤척 저리 뒤척 한다.」는 뜻으로, 걱정거리로 마음이 괴로워 잠을 이루지 못함을 이르는 말. 원래는 「미인을 사모하여 잠을 이루지 못함.」을 이르는 표현임.

啐啄同機 (啐 빠는 소리 줄 啄 쫄 탁 同 한가지 동 機 틀 기)

"병아리가 알에서 나오기 위해서는 새끼와 어미 닭이 안팎에서 서로 쪼아야 한다."는 뜻으로 생명이라는 가치는 내부적 역량과 외부적 환경이 적절히 조화돼 창조되는 것을 말함. 선종(禪宗)의 공안(公案) 가운데 하나. 수행승의 역량을 단박 알아차리고 바로 깨달음에 이르게 하는 스승의 예리한 기질을 비유함(啐啄同時)

自畫自讚 (自 스스로 자 畫 그림 화 讚 기릴 찬)

「자기가 그린 그림을 스스로 칭찬한다.」는 뜻으로, 스스로 자랑함을 이르는 말.

坐井觀天 (坐 앉을 좌 井 우물 정 觀 볼 관 天 하늘 천)

「우물 속에 앉아 하늘을 쳐다본다.」는 뜻으로, 견문(見聞)이 매우 좁음을 말함. 세상(世上) 물정(物情)을 너무 모름을 비유하여 이르는 말.(井底之蛙)

靑出於藍 (靑 푸를 청 出 날 출 於 어조사 어 藍 쪽 람) *순자 권학편(勸學篇)

「푸른 색이 쪽에서 나왔으나 쪽보다 더 푸르다.」는 뜻으로, 제자(弟子)가 스승보다 나은 것을 비유하는 말.

寸鐵殺人 (寸 마디 촌 鐵 쇠 철 殺 죽일 살 人 사람 인)

「한 치밖에 안 되는 칼로 사람을 죽인다.」는 뜻으로, 간단한 경구(警句)나 단어로 사람을 감동(感動)시킴. 또 사물(事物)의 급소(急所)를 찌름의 비유.

快刀亂麻 (快 쾌할 쾌 刀 칼 도 亂 어지러울 난(란) 麻 삼 마)

「헝클어진 삼을 잘 드는 칼로 자른다.」는 뜻으로, 복잡하게 얽힌 사물이나 비꼬인 문제들을 솜씨 있고 바르게 처리(處理)함을 비유해 이르는 말.

他山之石 (他 다를 타 山 메 산 之 갈 지 石 돌 석) *시경(詩經) 소아편 학명(鶴鳴)

「다른 산(山)의 돌」이라는 뜻으로, 다른 산에서 나는 거칠고 나쁜 돌이라도 숫돌로 쓰면 자기의 옥을 갈 수가 있으므로, 다른 사람의 하찮은 언행(言行)이라도 지덕을 닦는데 도움이 됨을 비유해 이르는 말.

鶴首苦待 (鶴 학 학 首 머리 수 苦 쓸 고 待 기다릴 대)

「학처럼 목을 길게 빼고 기다린다.」는 뜻으로, 「몹시 기다림」을 이르는 말.

汗牛充棟 (汗 땀 한 牛 소 우 充 채울 충 棟 마룻대 동)

「수레에 실어 운반(運搬)하면 소가 땀을 흘리게 되고, 쌓아올리면 들보에 닿을 정도의 양(量)」이라는 뜻으로, 장서(藏書)가 많음을 이르는 말.

畫龍點睛 (畫 그림 화 龍 용 룡(용) 點 점 점 睛 눈동자 정)

「양나라 화가 '장승요'가 벽에 그린 용에 눈동자를 그려 넣은 즉시 용이 하늘로 올라갔다.」는 뜻으로, 가장 요긴(要緊)한 부분(部分)을 마치어 완성시킨다는 뜻.

浩然之氣 (浩 넓을 호 然 그럴 연 之 갈 지 氣 기운 기) *맹자 공손추(公孫丑)

도의(道義)에 근거(根據)를 두고 굽히지 않고 흔들리지 않는 바르고 큰 마음. 하늘과 땅 사이에 가득 찬 넓고 큰 정기(精氣). 공명정대하여 조금도 부끄럼 없는 용기(勇氣). 잡다(雜多)한 일에서 벗어난 자유(自由)로운 마음.

好事多魔 (好 좋을 호 事 일 사 多 많을 다 魔 마귀 마)

좋은 일에는 방해(妨害)가 되는 일이 많음.

狐假虎威 (狐 여우 호 假 거짓 가 虎 범 호 威 위엄 위) *전국책(戰國策)

「여우가 호랑이의 위세(威勢)를 빌려 호기(豪氣)를 부린다.」는 뜻으로, 남의 세력(勢力)을 빌어 위세(威勢)를 부림을 이르는 말.

弘益人間 (弘 클 홍 益 더할 익 人 사람 인 間 사이 간) *삼국유사(三國遺事)

「널리 인간세계를 이롭게 한다.」는 뜻으로, 단군(檀君)의 건국(建國) 이념(理念).

和而不同 (和 화할 화 而 말 이을 이 不 아닐 부 同 한가지 동)

「남과 사이좋게 지내되 의(義)를 굽혀 좇지는 아니한다.」는 뜻으로, 곧, 남과 화목(和睦)하게 지내지만 자기의 중심과 원칙(原則)을 잃지 않음을 이르는 말.

螢雪之功 (螢 반딧불이 형 雪 눈 설 之 갈 지 功 공 공) *진서(晉書)

「반딧불과 눈빛으로 이룬 공(功)」이라는 뜻으로, 가난을 이겨내며 반딧불과 눈빛으로 글을 읽어가며 고생 속에서 공부(工夫)하여 이룬 공(功)을 일컫는 말.

後生可畏 (後 뒤 후 生 날 생 可 옳을 가 畏 두려워할 외)

「젊은 후학(後學)들을 두려워할 만하다.」는 뜻으로, 후배들이 선배(先輩)들보다 젊고 기력이 좋아, 학문을 닦음에 따라 큰 인물이 될 수 있으므로 가히 두렵다는 말.

厚顔無恥 (厚 두터울 후 顔 낯 안 無 없을 무 恥 부끄러울 치)

「얼굴이 두껍고 부끄러움이 없다.」는 뜻으로, 뻔뻔스러워 부끄러워할 줄 모름.

興盡悲來 (興 일 흥 盡 다할 진 悲 슬플 비 來 올 래)

「즐거운 일이 지나가면 슬픈 일이 닥쳐온다.」는 뜻, 세상일이 순환됨을 가리키는 말. 세상의 온갖 일에 너무 자만(自慢)하거나 낙담(落膽)하지 말라는 뜻. 흥망(興亡)과 성쇠(盛衰)가 엇바뀜을 일컫는 말.

會者定離 (會 모일 회 者 놈 자 定 정할 정 離 떠날 리)

「만나면 언젠가는 헤어지게 되어 있다.」는 뜻으로, 이별의 아쉬움을 일컫는 말.

제5장 고서의 서문(序文)·발문(跋文)·서간문(書簡文)

1. 『국조보감(國朝寶鑑)』 정조 어제(正祖 御製) 서문[23]

國朝寶鑑序 御製
實錄與寶鑑。皆史也而其
體不同。事巨細得失。無不
筆。藏之名山。以俟天下萬
世者。實錄是已。取其訓謨
功烈之大者。特書而昭揭。
國朝寶鑑序 二
爲後嗣王監法者。寶鑑是
已。故實錄秘而寶鑑彰。實
錄期乎遠而寶鑑切於今。
是二者皆不可闕。而揆諸
虞夏商周之史。夫子所刪
百篇之旨。則寶鑑爲尤近

23) 國朝寶鑑, 首卷, 序, 御製 [正祖大王]

之。然有國者。皆有實錄。而
寶鑑則惟我朝有之。其作
自 光廟始也。攷之前代。
如宋之三朝寶訓。傳法寶
錄。 皇明之祖訓錄文華
寶訓之類。非不亦揚先而
裕後也。若其并記言動。兼

國朝寶鑑序 二

該德業。約而不遺。信而可
徵。未有若我朝之寶鑑
大聖人制作。信乎其盡美
矣。夫肰寶鑑有三。而國朝
寶鑑。載 太祖太宗世宗

文宗四朝而止。 宣廟寶
鑑。 肅廟寶鑑。各自為一
書而不及乎後前。蓋美矣
而未備也。粤若 定宗端
宗世祖睿宗成宗中宗仁
宗明宗仁祖孝宗顯宗景
宗玆十二朝之謨烈。無述

國朝寶鑑序 三

焉。雖其名山之藏。罔有墜
逸。而孰得以窺之。肆惟我
先大王有志補輯。嘗與羣
臣謀而不遑舉也。逮予嗣
服之五年辛丑九月。 先

大王實錄成。議將纂修寶
鑑。仍竊惟念　先大王道
本孝弟。政先鰥寡。五紀憂
勤。一念繼述。用咸和臣庶。
允升于大猷。苟有以揄揚
萬一。其爲後嗣監也。無以

國朝寶鑑序　四

尚之。寶鑑之役。固宜亟毋
緩。而昔之不遑補輯者。亦
安知不有待於今也。夫以
十二朝之有功有德。丕顯
丕承。而竟未有以特書昭
揭。則是豈予奉承　宗廟

意哉。詩書所載成王周公
之所諷誦勸戒。雖多道文
武之事者。然又必追述太
王王季。以及乎公劉后稷
之迹。蓋欲其揄揚者備而
監法者廣也。予其敢專於

國朝寶鑑序　五

昵而忽於遠乎。於是命館
閣臣。并取　十二朝實錄。
分編纂修。越明年三月工
告訖。十二朝曁　先大
王寶鑑皆成。乃與　四朝
寶鑑。　宣廟肅廟寶鑑。通

為一而次以世。揔而名曰
國朝寶鑑。凡六十有八卷。
予敬受而讀之。曰嗚呼。美
矣又備矣。四百年心法典
章。盡在是矣。凡其典學修
德之要。敬天尊　祖之實。

國朝寶鑑序　六

與夫節用愛民興教正俗
之方。　列聖相因萬目畢
張而記載無闕。功化孔彰。
炳日月軒天地。將以垂諸
無窮。愈久而愈光。斯則
先大王之志而今焉有成。

豈不幸哉。嗚呼。卽是書而
仰體　先大王之心法。修
明　先大王之典章。因而
溯乎　列祖之心法典章。
用勿墜　列祖暨　先大
王之所以予詒者。而詒之

國朝寶鑑序　七

予子予孫。寔予之責也。雖
然。君之有臣。猶天之於四
時也。故　列聖朝盛德大
業。尚亦有賴于名臣哲輔
左右協賛之力。矧予寡昧
徽羣工勵翼。曷其有獲。且

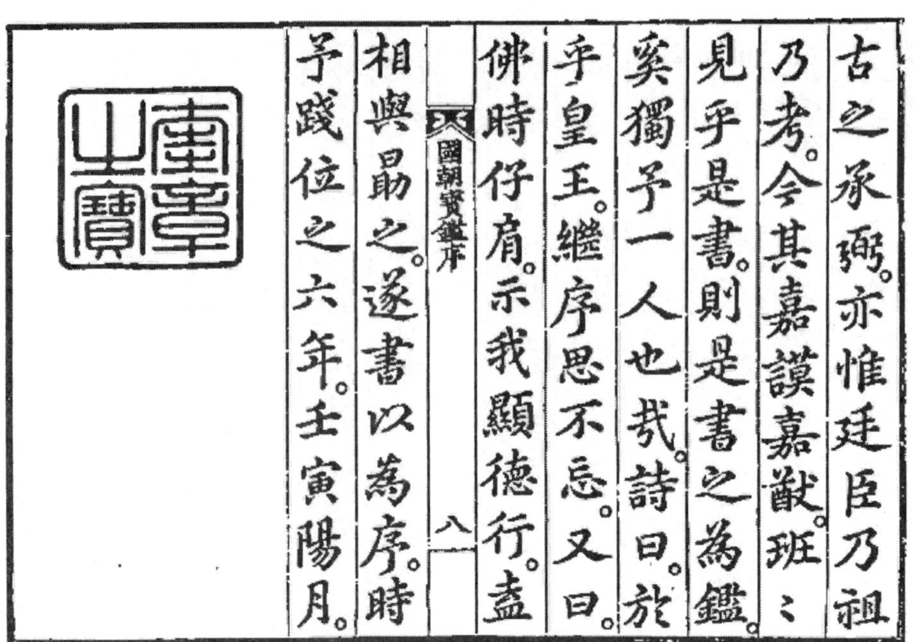

古之承弼。亦惟廷臣乃祖乃考。今其嘉謨嘉猷。班〻見乎是書。則是書之爲鑑奚獨予一人也哉。詩曰。於乎皇王。繼序思不忘。又曰。佛時仔肩。示我顯德行。盡

國朝寶鑑序　八

相與勗之。遂書以爲序。時予踐位之六年。壬寅陽月。

國朝寶鑑 序 御製

實錄與寶鑑 皆史也而其體不同 事巨細得失 無不筆藏之名山 以竢天下萬世者 實錄是已 取其訓謨功烈之大者 特書而昭揭 爲後嗣王監法者 寶鑑是已 故實錄祕而寶鑑彰 實錄期乎遠而寶鑑切於今 是二者皆不可闕 而揆諸虞夏商周之史 夫子所刪百篇之旨 則寶鑑爲尤近之 然有國者 皆有實錄 而寶鑑則惟我朝有之 其作自 光廟始也 考之前代 如宋之三朝寶訓 傳法寶錄 皇明之祖訓錄文華寶訓之類 非不亦揚先而裕後也 若其幷記言動 兼該德業 約而不遺 信而可徵 未有若我朝之寶鑑 大聖人制作 信乎其盡美矣 夫然寶鑑有三 而國朝寶鑑 載 太祖太宗世宗文宗四朝而止 宣廟寶鑑 肅廟寶鑑 各自爲一書而不及乎後前蓋美矣而未備也
粵若 定宗端宗世祖睿宗成宗中宗仁宗明宗仁祖孝宗顯宗景宗玆十二朝之謨 烈無述焉 雖其名山之藏罔有墜逸 而孰得以窺之 肆惟我先大王有志補輯 嘗與羣臣謀而不遑擧也 逮予嗣服之五年辛丑九月 先大王實錄成 議將纂修寶鑑 仍竊惟念 先大王道本孝弟 政先鰥寡 五紀憂勤 一念繼述 用咸和臣庶 允升于大猷 苟有以揄揚萬 一其爲後嗣監也 無以尙之 寶鑑之役 固宜亟毋緩 而昔之不遑補輯者 亦安知不有待於今也 夫以十二朝之有功有德丕顯丕承 而竟未有以特書昭揭 則是豈予奉承 宗廟意哉 詩書所載成王周公之所諷誦勸戒 雖多道文武之事者 然又必追述太王王季 以及乎公劉后稷之迹 蓋欲其揄揚者備而監法者廣也 予其敢專於昵而忽於遠乎 於是命館閣臣 幷取 十二朝實錄 分編纂修 越明年三月工告訖 十二朝暨 先大王寶皆成 乃與 四朝寶鑑 宣廟肅廟寶鑑 通爲一而次以世 摠而名曰國朝寶鑑 凡六十有八卷 予敬受而讀之 曰嗚呼 美矣又備矣 四百年心法典章 盡在是矣 凡其典學修德之要 敬天尊 祖之實 與夫節用愛民興敎正俗之方 列聖相因萬目畢張而記載無闕 功化孔彰 炳日月軒天地 將以垂諸無窮 愈久而愈光 斯則 先大王之志而今焉有成 豈不幸哉 嗚呼 卽是書而仰體 先大王之心法 修明 先大王之典章 因而遡乎 列 祖之心法典章 用勿墜 列祖 暨 先大王之所以予詒者 而詒之予子予孫 寔予之責也 雖然君之有臣 猶天之於四時也 故

列聖朝盛德大業 尙亦有賴于名臣哲輔左右協贊之力 矧予寡昧微辜工

勵翼 曷其有獲 且古之承弼 亦惟廷臣乃祖乃考 今其嘉謨嘉猷 班班見乎是書

則是書之爲鑑奚獨予一人也哉 詩曰 於乎皇王 繼序思不忘 又曰 佛時仔肩 示我顯德行

盍相與勖之 遂書以爲序

時予踐位之六年 壬寅陽月

내용

『실록』과 『보감』은 모두 사서(史書)이다. 그러나 그 체제는 다르다. 크고 작은 사건과 득실 관계를 빠짐없이 기록하여 명산(名山)에다 보관해 둠으로써 이 세상이 다할 때까지 전하려는 것은 『실록』이며, 훈모(訓謨)와 공렬(功烈) 중에서 큰 것을 취하여 특별히 게재해서 후세 사왕(嗣王)의 법으로 삼게 하려는 것은 『보감』이다. 『실록』은 비장성(祕藏性)이 있는데 반해 『보감』은 저명성(著明性)이 있으며. 『실록』은 먼 훗날을 기약하는 데 반해 『보감』은 현재에 절실한 것이다. 이 둘은 모두 없어서는 안 될 것이지만 우(虞)·하(夏)·상(商)·주(周)의 여러 사서(史書)를 공자가 100편으로 정리한 취지에 비추어보면 『보감』이 더욱 근사한 점이 있다. 국가를 소유한 자는 모두 『실록』을 갖고 있지만 『보감』의 경우는 우리 조정에만 있는 것으로 그 작업이 광묘(光廟) 때부터 시작되었다. 전대를 상고해 보았을 때 송(宋) 나라의 『삼조보훈(三朝寶訓)』·『전법보록(傳法寶錄)』과 명(明) 나라의 『조훈록(祖訓錄)』·『문화보훈(文華寶訓)』등의 책 또한 선조를 선양하거나 후손에게 교훈이 되지 않는 것은 아니다. 그러나 언동(言動)을 병기(倂記)하여 선조의 덕업까지 알게 하며 간략하면서도 빠뜨리지 않고 미더워서 증거로 삼을 만한 것으로는 우리나라의 『보감』 만한 것이 없으니, 대 성인의 제작이 정말 훌륭하다고 하겠다. 그러나 『보감』은 세 책이 있을 뿐이다.

『국조보감』은 태조, 태종, 세종, 문종 네 왕까지만 수록하였고, 『선묘보감(宣廟寶鑑)』과 『숙묘보감(肅廟寶鑑)』은 각각 한 책씩으로 되어 있어 전후의 왕에는 미치지 못하였으니, 모두 훌륭하기는 하지만 결국 미비하다고 할 수밖에 없다. 만일 정종, 단종, 세조, 예종, 성종, 중종, 인종, 명종, 인조, 효종, 현종, 경종 이 열두 왕의 훈모와 공렬이 기술되지 않는다면 비록 그것을 명산에 보관해 두어서 본래 취지가 실추되는 일이 없다고 하더라도 누가 그것을 기웃거려 보기라도 하겠는가. 그래서 우리 선대왕께서는 이것을 보충 편집할 뜻을 갖고 일찍이 신하들과 토의를 거쳤으나 미처 착수를 하지 못하셨다. 내가 왕위를 계승한 지 5년이 되는 신축년(1781) 9월에 선대왕의 『실록』이 완성됨에 따라 『보감』을 찬수(纂修)하기로 상의하였다.

삼가 생각건대, 선대왕께서는 효제(孝悌)를 도의 근본으로 삼고 환과(鰥寡)를 정치의 우선으로 삼으셨다. 50여 년 동안 염려하면서 오로지 선왕의 뜻을 받들어 사업을 계승해 갈 것만을 생각함으로써 신하들을 모두 화합하게 하였고 또 큰 계획 위에 올려놓을 수 있었다. 진실로 선대왕의 덕업을 만분의 일 이나마 선양해서 후세의 왕들에게 귀감이 되게 하는 길은 여기에 더할 것이 없다. 『보감』의 편수작업을 마땅히 서둘러야 하고 늦추지 말아야 할 것인데, 그전에 보충 편집을 미처 하지 못했던 것은 아마도 오늘을 기다리느라 그랬는지 모를 일이다.

대체로 열두 왕의 빛나는 공덕과 업적을 끝내 특별히 써서 전하지 않는다면 내가 종묘사직을 봉승(奉承)하는 의미가 어디에 있다고 하겠는가. 『시경』과 『서경』에 수록된 성왕(成王)과 주공(周公)의 풍송권계(諷誦勸戒)가 비록 문왕과 무왕의 일을 언급한 것이 많지만 그럴 때마다 반드시 태왕(太王)과 왕계(王季)를 추술(追述)하여 공유(公劉)와 후직(后稷)의 발자취까지 언급하고 있으니, 이것은 아마도 선양할 왕업을 빠뜨리지 아니하고 후 왕이 귀감으로 삼을 것을 확대하려는 것이었을 것이다. 그렇다면 내가 감히 가까운 왕만 전적으로 챙기고 대수가 먼 왕을 소홀히 할 수 있겠는가.

그래서 관각(館閣)의 신하들에게 명하여 열두 왕의 『실록』을 모두 가져다가 간추려서 편집하게 하였던 것인데, 다음해 3월에 작업을 마쳤다. 그렇게 해서 열두 왕 및 선대왕의 『보감』이 모두 완성되었다. 그리하여 네 왕의 『보감』 및 『선묘보감』과 『숙묘보감』을 통틀어 하나로 묶고 왕대별로 순서를 정하였다. 그리고 그 명칭을 『국조보감(國朝寶鑑)』이라고 하였는데 모두 68권의 분량이다.

나는 이 책을 경건한 마음으로 받아 읽고는 감탄해 마지않았다. 아! 아름답고도 완벽하도다. 400년을 전수해온 심법(心法)과 전장(典章)이 모두 여기에 있지 않은가. 학문을 업으로 삼고 덕을 닦는 요체와 하늘을 공경하고 선왕을 받드는 실상 및 국고를 낭비하지 않고 백성을 사랑하며 교육을 흥기 시키고 풍속을 바로잡는 방법에 대해서 열성(列聖)이 서로 인용한 것 등, 모든 조항을 나열하여 빠뜨리지 않고 모두 기록하였으니, 그 공업과 덕화가 한없이 빛나서 해와 달처럼 밝고 하늘과 땅을 뒤흔드는 듯하다. 이것이야말로 영원히 지속되어서 오래되면 오래될수록 더욱 빛날 일이다. 이 작업은 선대왕의 뜻이었는데 지금 그 완성을 보았으니 어찌 다행이라 하지 않을 수 있겠는가.

아! 이 책을 통하여 선대왕의 심법(心法)을 우러러 체득하고 선대왕의 전장(典章)을 발전시키는 한편, 열성조의 심법과 전장의 본뜻을 찾아서 열성조 및 선대 왕이 나에게 주신 것을 실추시키지 않고 나의 후손들에게 또 물려주는 것이야말로 나의 책임이다.

비록 그렇기는 하나 왕에게 신하가 있는 것은 하늘에 사시(四時)가 있는 것과 같다. 열성조의 성덕과 대업도 오히려 훌륭한 신하들이 좌우에서 도와준 것에 힘입은 것인데 하물며(더군더나) 과매(寡昧)한 내가 신하들의 정성 어린 도움이 없었더라면 어찌 이런 일을 해낼 수 있었겠는가. 그리고 옛날 왕의 신하들은 역시 현재 조정 신하의 할아버지와 아버지였다. 그 아름다운 법과 훌륭한 정책을 이 책에서 분명하게 볼 수 있으니 이 책을 귀감(龜鑑)으로 삼는 것이 어찌 나 한 사람에게만 해당하겠는가.

『시경』 〈주송(周頌)〉 '민여소자(閔予小子)'에 "아! 황왕(皇王)이시어, 그 효성에 계승할 생각을 잊지 못하겠습니다." 하였고, 또 『시경』 〈주송〉 '경지(敬之)'에 "나의 사업을 도와서 나에게 훌륭한 덕행을 제시해 달라."고 하였으니 어찌 서로 협조하지 않아서 되겠는가. 이런 뜻을 적어서 서문으로 삼는다.

서문을 쓴 시기는 내가 왕위에 오른 지 6년째 되는 임인년(1782, 정조 6) 10월이다.

2. 세한도(歲寒圖) 추사 김정희(秋史 金正喜) 발문

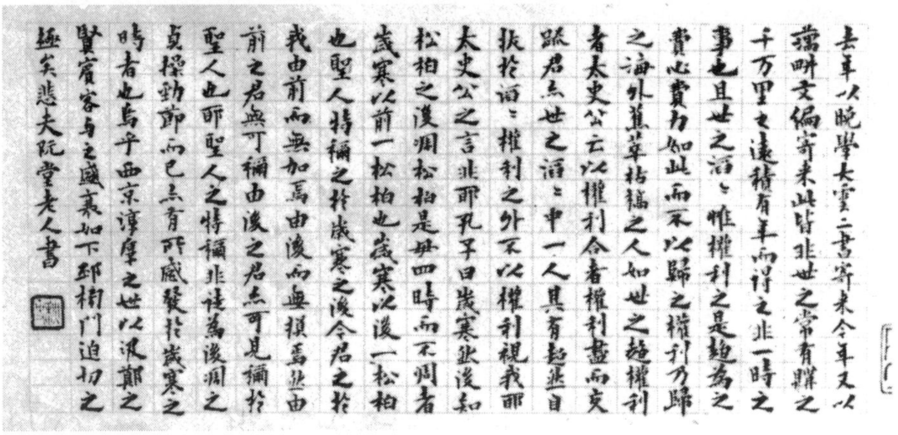

세한도(歲寒圖) 발문

去年以晚學大雲二書寄來 今年又以藕耕文編寄來 此皆非世之常有 購之千萬里之遠 積有年而得之 非一時之事也 且世之滔滔 惟權利之是趨 爲之費心費力 如此而不以歸之權利 乃歸之海外蕉萃枯槁之人 如世之趨權利者 太史公云 以權利合者 權利盡以交疎 君亦世之滔滔中一人 其有超然自拔於滔滔權利之外 不以權利視我耶 太史公之言非耶 孔子曰歲寒然後知松栢之後凋 松栢是貫四時而不凋者 歲寒以前一松栢也 歲寒以後一松栢也 聖人特稱之於歲寒之後 今君之於我 由前而無加焉 由後而無損焉 然由前之君無可稱 由後之君亦可見稱於聖人也耶 聖人之特稱 非徒爲後凋之貞操勁節而已 亦有所感發於歲寒之時者也 烏乎 西京淳厚之世 以汲鄭之賢 賓客與之盛衰 如下邳榜門迫切之極矣 悲夫

阮堂老人書

내용

지난해에는 〈만학집(晩學集)〉과 〈대운산방문고(大雲山房文藁)〉 두 책을 보내주고, 올해는 또 우경이 편찬한 〈황조경세문편(皇朝經世文編〉을 부쳐주니, 이는 모두 세상에 흔한 일이 아니다. 천만리 먼 곳에서 사 온 것이고, 여러 해에 걸쳐서 취득한 것이니 일시에 가능한 일도 아니다. 또 도도한 세태는 오직 권세와 이득을 좇는 풍조인데, 마음과 힘을 이같이 써서 권세와 이득을 좇지 않고 세상 사람들이 권세와 이득을 좇는 것과 같이 마침내 바다 멀리 초췌하고 보잘것없는 나에게 귀부(마음을 씀)하니, 사마천(司馬遷)이 "권세와 이득을 바라고 합한 자들은 권세와 이득이 다하면 사귐도 성글어진다"고 하였는데, 그대 또한 세상의 도도한 흐름 속에 한 사람으로서 스스로 도도한 권리의 밖을 벗어나는 초연함을 지녀서 나를 권리로 보지 않기 때문이란 말인가? 아니면 태사공의 말씀이 잘못이라는 말인가?

공자께서 말씀하기를 "날씨가 추워진 뒤에야 소나무와 잣나무가 더디게 시듦을 알 수 있다."라고 하셨는데, 소나무와 잣나무는 본래 사계절이 지나도 시들지 않는 것이다. 추운 계절이 오기 전에도 같은 송백이요, 추위가 닥친 후에도 여전히 같은 송백이다. 그런데도 성인(공자)께서는 날씨가 추워진 뒤를 특별히 말씀하셨다. 지금 그대가 나를 대하는 태도를 보면 이전에도 더 잘한 것도 없지만 이후라고 전만큼 못한 일도 없다. 그러나 예전의 그대에 대해서는 칭찬할 만한 것이 없지만, 이후에 그대가 보여준 태도는 역시 공자에게 칭찬을 받을 만한 것이 아닌가?

공자가 특별히 (추운 뒤의 소나무 잣나무를) 말씀하신 것은 다만 더디 시드는 나무의 굳센 절개만이 아니라 역시 날이 추운 때에 대하여 느끼신 점이 있었기 때문이다.

아! 전한(前漢)같이 풍속이 아름다웠던 시절에 '급암(汲黯)과 정당시(鄭當時)처럼 어질었던 사람조차 함께한 빈객(賓客)의 많고 적음이 하규현(下邽縣)의 적공(翟公)이 대문에 써 붙였다는 글' 같이 박함이 극진하였다 하니 슬프도다.

완당노인이 쓰다.

3. 주자사항(鑄字事項)[24]

太宗於永樂元年。謂左右曰。凡爲治。必須博觀典籍。吾東方在海外。中國之書罕至。板刻易以剜缺。且難盡刻天下之書。予欲範銅爲字隨所得而印之。以廣其傳。誠爲無窮之利。遂用古註詩書左氏傳字鑄之。此鑄字所由設也。名曰丁亥字。世宗又於庚子年。以所鑄之字大而不整改鑄之。其樣小而得正。由是無書不印。名曰庚子字。甲寅年又用爲善陰騭字鑄之。比庚子字。差大而字體甚好。又命。世祖書綱目大字。世祖時爲首陽大君。遂範銅爲字。以印綱目。卽今所謂訓義也。壬申年間文宗更鎔庚子字。命安平書之。名曰壬子字。乙亥年世祖改鎔壬申字。命姜希顔書之。名曰乙亥字。至今用之。其後乙酉年。欲印圓覺經命鄭蘭宗書之。字體不整。名曰乙酉字。成宗於辛卯年。用王荊公歐陽公集字鑄之。其體小於庚子。而尤精。名曰辛卯字。又得中朝新板綱目字鑄之。名曰癸丑字。

大抵鑄字之法。先用黃楊木刻諸字。以海蒲軟泥。平鋪印板。印着木刻字於泥中則所印處。凹而成字於是合兩印板。鎔銅從一穴瀉下。流液分入凹處。一一成字。遂刻剔重複而整之。刻木者曰刻字匠。鑄成者曰鑄匠。遂分諸字。貯(저)於藏樻。其守字者曰守藏。年少公奴爲之。其書草唱准者曰唱准。皆解文者爲之。守藏列字於書草上。移之於板。曰上板。用竹木破紙塡空而堅緻之。使不搖動者。曰均字匠。受而印之者。曰印出匠。其監印官則校書館員爲之。監校官則別命文臣爲之。始者不知列字之

---

24) 成 俔, 慵齋叢話, 卷7, 活字條.

法。融蠟於板。以字着之。以是庚子字。尾皆如錐。其後始用竹木塡空之術。而無融蠟之費。始知人之用巧無窮也。

내용

태종께서 영락(永樂) 원년(元年:1403)에 좌우에게 이르기를, "무릇 정치는 반드시 전적(典籍)을 널리 보아야 하거늘, 우리 동방이 해외에 있어서 중국의 책이 드물게 오고 판각(板刻)은 또 쉽게 깎여져 없어질 뿐 아니라, 천하의 책을 다 새기기 어려우므로 내가 구리를 부어 글자를 만들어 임의로 서적을 찍어내고자 하니 그것을 널리 퍼뜨리면 진실로 무궁한 이익이 될 것이니라." 하시고, 드디어 고주(古註), 『시경(詩經)』, 『서경(書經)』, 『춘추좌씨전(春秋左氏傳)』의 글자를 써서 이를 주조(鑄造)하시니, 이것이 주자(鑄字)를 만들게 된 연유이며, 이를 **정해자(丁亥字1407)**[25]라 하였다.

또 세종께서 주조한 글자가 크고 바르지 못하므로 경자년에 다시 주조하니, 그 모양이 작고 바르게 되었다. 이로 말미암아 인쇄하지 않은 책이 없으니 이것을 **경자자(庚子字1420)**라 이름하였다. 또 『위선음즐(爲善陰騭)』 자(字)를 써서 주조하니 경자자에 비하면 조금 크고 자체가 아주 좋았다.

또 세조에게 명하여 강목(綱目)의 큰 글자를 쓰게 하시니, 세조는 당시 수양대군이었는데, 드디어 구리를 부어 글자를 만들어 이로써 강목을 인쇄하니, 곧 지금의 이른바 **훈의(訓義)**이다.

임신년에 문종께서 안평대군에게 다시 경자자를 녹여서 글자를 쓰게 하시니, 이것이 **임자자(壬子字1432)**이다.

을해년에 세조께서 강희안(姜希顔)에게 명하여 임신자를 개주하여 쓰게 하시니, 이것이 **을해자(乙亥字)**인데, 지금까지도 이를 쓰고 있다.

그 뒤 을유년(乙酉年)에 원각경(圓覺經)을 인쇄하고자 하여 정난종(鄭蘭宗)에게 명

25) 권 근, 양촌집, 〈제22권〉 주자발(鑄字跋)에 의하면 "영락(永樂 명 성조(明成祖)의 연호) 원년(1403, 태종3) 봄 2월에 주조한 계미자(癸未字)"를 말한다.

하여 쓰게 하시었는데, 자체가 고르지 못하였으며 이를 을유자라 하였다.

성종께서 신묘년에 형공(荊公) 왕안석(王安石)의 구양공집(歐陽公集)의 글자를 사용하여 글자를 주조하니 그 체가 경자자보다 적되 더욱 정묘하여 신묘자(辛卯字)라 이름하고, 또 중국의 신판 강목자(綱目字)를 얻어 글자를 주조하여 이를 계축자(癸丑字)라 하였다.

대개 글자를 주조하는 법은 먼저 황양목(黃楊木)을 써서 글자를 새기고, 해포(海蒲)의 부드러운 진흙을 평평하게 인판(印版)에다 폈다가 목각자(木刻字)를 진흙 속에 찍으면 찍힌 곳이 패여 글자가 되니, 이때 두 인판(印板)을 합하고 구리 액을 한 구멍으로 쏟아부어 흐르는 구리 액이 파인 곳에 들어가서 하나하나 글자가 되면 이를 깎고 또 깎아서 정제한다.

나무에 새기는 사람을 **각자장(刻字匠)**이라 하고 주조하는 사람을 **주장(鑄匠)**이라 하며, 마침내 여러 글자를 나누어서 궤에 저장하였는데, 그 글자를 지키는 사람을 **수장(守藏)**이라 하여 나이 어린 공노(公奴)가 이 일을 하였다.

그 서초(書草)를 읽으면서 바로잡는 사람을 **창준(唱準)**이라 하였으며 모두 글을 아는 사람들이 이 일을 하였다.

수장이 글자를 서초 뒤에 벌여놓고 판에 옮기는 것을 **상판(上板)**이라 하고, 대나무 조각으로 빈 데를 메워 단단하게 하여 움직이지 않게 하는 사람을 **균자장(均字匠)**이라 하고, 주자를 받아서 이를 찍어내는 사람을 **인출장(印出匠)**이라 하였다.

그 감인관(監印官)은 교서관(校書館) 관원이 하였으며, 감교관(監校官)은 따로 문신을 임명하여 담당하게 하였는데, 처음에는 글자를 벌여놓는 법을 몰라서 납(蠟)을 판에 녹여서 글자를 붙였다.

이런 까닭으로 경자자는 끝이 모두 송곳 같았는데, 그뒤에 비로소 대나무로 빈 데를 메우는 재주를 써서 납을 녹이는 비용을 없앴으니, 비로소 사람의 재주 부리는 것이 무궁함을 알았다.

4. 서간문(書簡文)

1) 답혹인(答或人)

야은선생속집(冶隱先生續集)

昨夕。承獲惠書。謹審日間尊候安福。開慰不可言。僕粗過。而踪地事勢。在都下不便。欲於秋夕。般眷往在於善鄕爲計耳。八月七日。再頓。

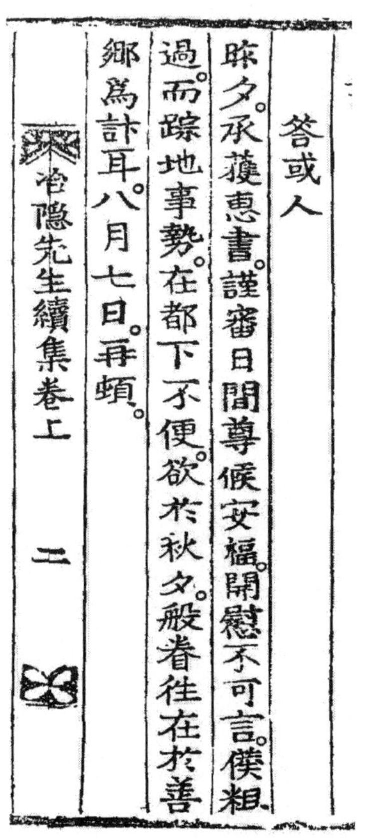

答或人

昨夕。承獲惠書。謹審日間尊候安福。開慰不可言。僕粗

過。而踪地事勢。在都下不便。欲於秋夕。般眷往在於善

鄕爲計耳。八月七日。再頓。

冶隱先生續集卷上　二

야은 길재((吉再) : 1353년(공민왕 2)~1419년(세종 1). 본관은 해평(海平). 자는 재보(再父), 호는 야은(冶隱)·금오산인(金烏山人).

이색(李穡)·정몽주(鄭夢周)·권근(權近) 등에게 수학하였으며, 이색·정몽주와 함께 고려 삼은(三隱)으로 불린다.

내용

어제저녁에 보내주신 편지를 받고 요사이 안부가 편안하다는 것을 살피고는 말할 수 없이 마음이 놓이고 위안이 됩니다. 저는 그럭저럭 잘 지내고 있으나 이곳의 처한 환경과 사정이 서울에 있기가 불편하여 (이번) 추석에는 식구들을 데리고 고향 선산에 가 있을 계획을 하고 있습니다. 팔월 칠일 길재는 머리를 조아립니다.

2) 여혹인(與或人)

춘정집(春亭集) 속집(續集) 제1권

前後書。想已入覽矣。卽今新秋。令監政履何若。仰溯區區。就悚春官姜員外。今方受由下去。令監能記認舊面否。遭其妻喪及同氣之慼。四柩同在一室。其情境令人慘然。幸令監拔例顧見。如何如何。姜員外年少有文才。親舊之所愛重者。況是令監土民無待弟一二談也。餘留此友口伸。一一姑此不宣。伏惟令監下察。謹拜上候狀。

춘정 변계량(卞季良) : 1369년(공민왕 18)~1430년(세종 12). 본관은 밀양(密陽). 자는 거경(巨卿), 호는 춘정(春亭)이며, 이색(李穡)·권근(權近)의 문인이다.

내용

제가 전후로 보내드린 편지는 이미 받아 보셨으리라 생각됩니다.

지금 초가을에 영감님께서 정사를 보시는 가운데 안부가 어떠하신지 우러러 쏠리는 마음 구구(그지없다)합니다.

아뢸 말씀은 예조의 강원외가 지금 막 휴가를 얻어 내려가는데 영감님께서 예전 얼굴을 기억하실지 모르겠습니다. 그가 아내와 형제의 상을 당하여 네 개의 관이 한집에 있으니 그 정경이 사람으로 하여 처참한 생각이 들게 합니다.

영감님께서 특별히 관례를 뽑아 버리고 돌아봐 주시면 어떻겠습니까?

강원외는 젊고 글재주가 있어 친구들이 아끼고 소중하게 여기는 사람인인데다 더군다나 영감님과 한 고향 사람이니 이 아우(저)의 몇 마디 말을 기다릴 것이 없을 것입니다. 나머지는 이 친구가 직접 일일이 소상하게 말씀드리도록 남겨두고 우선 이만 줄이겠습니다. 저는 영감님께서 살펴 주시길 바랍니다.

삼가 절하고 안부의 글을 올립니다.

書

與武人 乙丑八月○出趙判書寅永家藏

前後書想已入覽矣。即今新秋。令監政履何若。仰溯區區。就悚春官姜員外。今方受由下去。令監能記認舊面否。遭其妻喪及同氣之戚。四柩同在一室。其情境令人慘然。幸令監拔例顧見如何如何。姜員外年少有文才。親舊之所愛重者。况是令監土民。無待弟一二談也。餘留此友口伸。一一姑此不宣。伏惟令監下察。謹拜上候狀。

春亭集 續集 卷一

3) 답혹인(答或人)

춘정집(春亭集)

自君南下後。吾懶不能問。君亦如之。惟戀積于心也。忽此便至得書。仍審侍餘學況迓膺新休。慰滿不容言。此間才過終身之祀。罔極如新。不知所言。何間當上洛計。春前必一作洛行。是企是企。奴便促書。略草不盡。惟祝侍讀不怠。

내용

그대가 남쪽으로 내려간 후 내가 게을러 안부를 묻지 못하고 그대 역시 소식이 없었으니 그리운 정만 마음에 쌓이네. 갑자기 이렇게 인편에 편지를 받고 그대가 부모님을 모시는 여가에 학문에 정진하면서 새해의 아름다운 복을 맞이하였음을 알았으니 위로되는 마음 가득하여 말로 형용할 수 없네. 나는 막 부모님 기제를 지내 망극한 심정이 새로운 듯하니 말할 바를 모르겠네. 언제쯤 서울로 올라올 계획인가? 봄이 되기 전에 필시 서울행을 할 테니 이러한 기회를 기다리고 있네. 노복의 인편이 편지를 재촉하여 대략 쓰고 싶은 말을 다 하지 못하네. 오직 그대가 부모를 모시면서 독서에 게을리하지 않기를 축원하네(빌 따름이네).

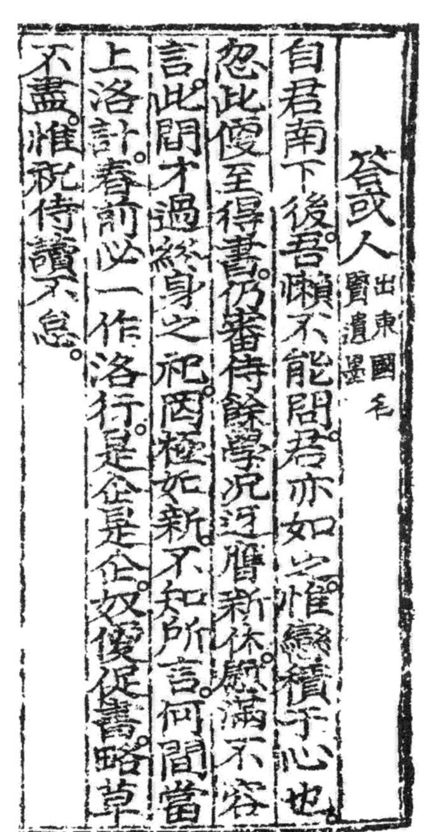

答或人 出東國名賢遺墨

自君南下後。吾懶不能問。君亦如之。惟戀積于心也。
忽此便至得書。仍審侍餘學況迓膺新休。慰滿不容
言。此間才過終身之祀。罔極如新。不知所言。何間當
上洛計。春前必一作洛行。是企是企。奴便促書。略草
不盡。惟祝侍讀不怠。

4) 답이중평수공(答李仲平守恭)

일두집(一蠹集)

挑燈終宵。默坐如癡。荷瓊琚辱。不意陽春。箠我懶慢。喜不可定。拙詞書復。多慙鹵莽。白首旅館濡滯。蟣蝨滿衣。果知四十九年非。愁愁何哭焉。區區寄答。宋淵齋作道統淵源筆帖中

일두 정여창(鄭汝昌) : 1450년(세종 32)~1504년(연산군 10). 본관은 하동(河東). 자는 백욱(伯勗), 호는 일두(一蠹)·수옹(睡翁). 김굉필(金宏弼)과 함께 김종직(金宗直)의 문하에서 학문을 연마하였다.

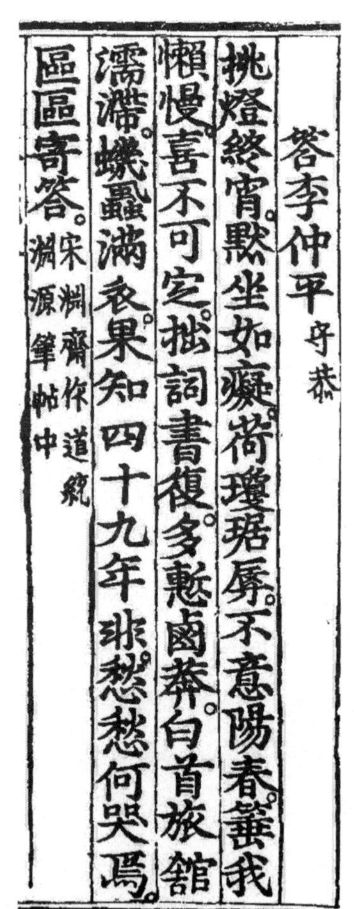

答李仲平守恭
挑燈終宵。默坐如癡。荷瓊琚辱。不意陽春。箠我
懶慢。喜不可定。拙詞書復。多慙鹵莽。白首旅舘
濡滯。蟣蝨滿衣。果知四十九年非。愁愁何哭焉。
區區寄答。宋淵齋作道統淵源筆帖中

내용

등불의 심지를 돋우고 밤을 마치도록(밤새도록) 묵묵히 앉아 있었는데 감사하게도 아름다운 글을 보내주셔서 받고 보니 뜻하지 않던 따사로운 마음으로 나의 게으름을 채찍질해 주심에 기쁨을 가눌 길이 없네.

어설픈 글로 답장을 쓰자니 노망(鹵莽)같이 거친 솜씨가 매우 부끄럽네.

백발의 몸으로 여관에 머물러 있다 보니 옷에는 온통 이와 서캐만 득실거리네.

과연 지난 49년간의 잘못을 알겠으니 서글픈 심정을 누구에게 통곡하겠는가!

변변치 않은 말고 답서를 붙이네.(송연재가 지은 도통연원필첩 중에 있다.)

5) 여도사(與都事)

충재집(冲齋集)

問安。前者以斗筲之量。遭逢河海。不勝大杯。迷亂失禮。

追令惶恐罔措。飮人狂藥。是誰之過與。恕照幸甚。

충재 권벌(權橃) : 1478년(성종 9)~1548년(명종 3). 본관은 안동(安東). 자는 중허(仲虛), 호는 충재(冲齋)·훤정(萱亭)·송정(松亭). 시호는 충정(忠定). 의정부좌참찬, 의정부우찬성, 원상, 1591년(선조 24) 영의정에 추증되었다.

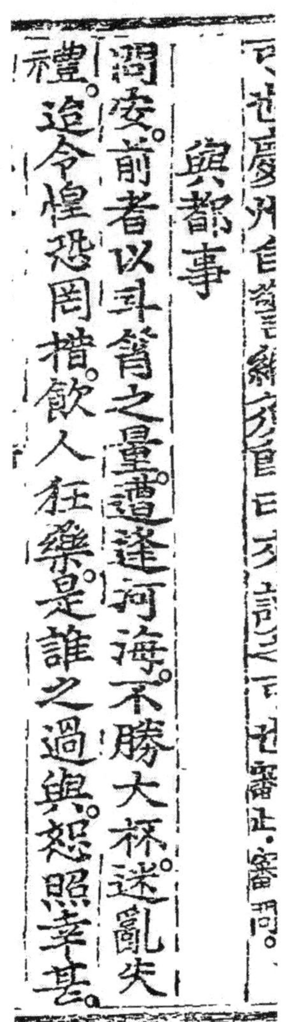

與都事

問安。前者以斗筲之量。遭逢河海。不勝大杯。迷亂失

禮。追令惶恐罔措。飮人狂藥。是誰之過與。恕照幸甚。

내용

안부를 여쭙니다. 지난번에 두소의 작은 주량으로 河海를 만나 큰 잔을 이기지 못해서 정신이 혼미하고 어지러워 실례하였습니다.

그 일이 지금에 미치도록 황공하게도 어찌할 바를 모르겠습니다.

사람에게 미치게 하는 약을 먹게 한 것이 이 누구의 잘못이란 말입니까?

너그러이 살펴 주시면 매우 다행이겠습니다.

6) 답안순지서(答安順之書)

정암집(靜菴集)

久想。得見君書。欣慰何如。前日之違。迨今恨悵。無長進之歎。

僕亦深病。日喪所學。而今當憲長。能副諸友之望耶。養沖公事。

深可痛悼。得助飮之佐而致此歟。惠扇。多謝多謝。惟照下。

정암 조광조(趙光祖) : 1482년(성종 13)~1519년(중종 14). 조선 개국공신 온(溫)의 5대손이며, 아버지는 감찰 원강(元綱)이다. 김종직의 학문을 이어받아 사림파의 영수(領袖)가 되었다. 본관은 한양(漢陽). 자는 효직(孝直), 호는 정암(靜庵). 중종 때 도학정치(道學政治)를 주창하며 급진적인 개혁정책을 시행했으나, 훈구(勳舊) 세력의 반발을 사서 결국 죽임을 당했다.

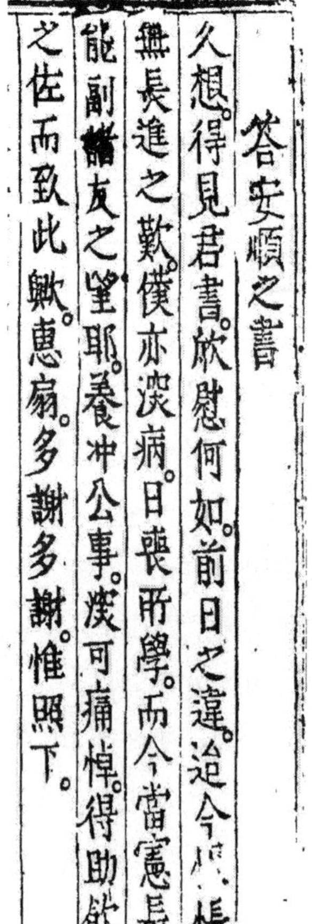
答安順之書
久想。得見君書。欣慰何如。前日之違。迨今恨悵。
無長進之歎。僕亦深病。日喪所學。而今當憲長。
能副諸友之望耶。養沖公事。深可痛悼。得助飮
之佐而致此歟。惠扇。多謝多謝。惟照下。

내용

안순에게 답하다. 오랜 생각 끝에 그대의 편지를 받고 보니 기쁘고 위로됨이 어떠하겠는가!

전일의 약속이 어긋남이 지금에 미치도록(지금까지) 한스럽고 원망되네.

학문의 진전이 없다는 탄식은 나 또한 깊은 병으로 날로 배운 것을 잊어버리고 있다네(마찬가지라네).

그러나 자네는 지금 사헌부의 대사간을 맡고 있으니 여러 벗들의 기대에 부응할 수 있겠는가?

양충공의 일은 매우 비통하고 슬프네. 술 마시는 보좌의 도움을 받아서 그 지경에 이르게 된 것인가? 보내준 부채는 매우 감사하네. 살펴 주시기 바라네.

7) 답안순지서(答安順之書)

悠悠兩地。渴思之際。得見手札。僉慰僉慰。等依舊從仕。

京中亦無別消息耳。照之興老賻物。可喜可喜。餘望撫字心勞。

以副僉望。適論進講之書。未暇了了。只此謹答。四月晦。孝直子剛。

子剛張玉字

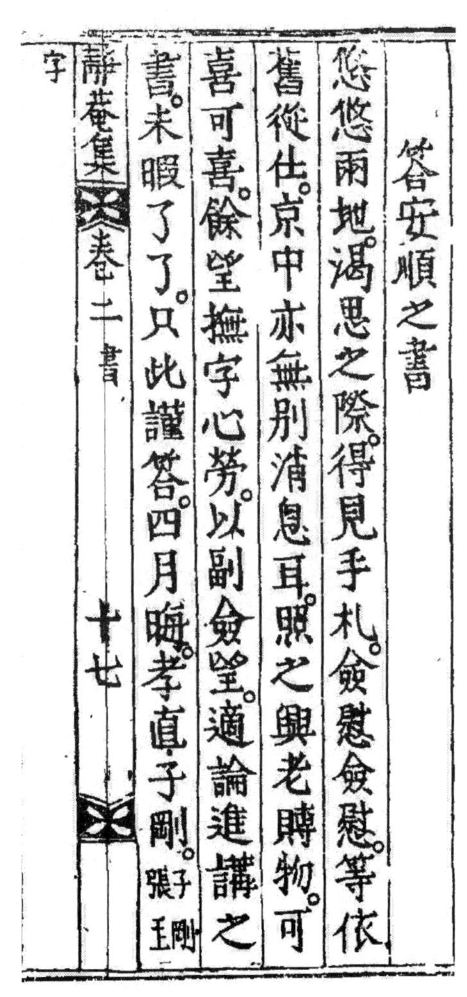

答安順之書

悠悠兩地。渴思之際。得見手札。僉慰僉慰。等依

舊從仕。京中亦無別消息耳。照之興老賻物。可

喜可喜。餘望撫字心勞。以副僉望。適論進講之

書。未暇了了。只此謹答。四月晦。孝直子剛。子剛張玉

字

靜菴集 卷二 書 十七

내용

멀리 떨어진 두 곳에서 목마르도록 애타게 생각하던 차(즈음)에 직접 쓰신 편지를 받고 보니 위안이 되네.

우리는 여전히 벼슬살이하고 있으니 서울 소식은 특별히 전할 것이 없다네. 興老의 초상에 부의로 보내준 물건을 살펴보니 기쁘고 매우 기쁘네.

앞으로의 희망은 목민관으로 백성들을 어루만지고 사랑하는 마음을 수고롭게 하여 우리의 기대에 부응하시길 바라네.

때마침 경연에서 진강할 책을 논의하고 있던 터라 자세히 말씀드릴 겨를이 없어 다만 이렇게 답장을 보내네.

사월 그믐날 효직, 자강(張玉: 1493~, 조선 중기 문신)이 올림

제2부
고전자료의 조직

제6장 고서와 고문서의 목록 규칙

이 장에서는 한국목록규칙 제4판(KCR4)[26]에서 규정하고 있는 규칙 가운데 '고서와 고문서'의 기술에 관한 중요한 부분만을 발췌하여 수록하였다.

1. 기술의 대상

대한제국(1910) 이전에 간인(刊印)되거나 필사(筆寫)된 동장본(東裝本) 및 고문서를 주 대상으로 한다. 다만 그 이후 간사된 것으로 고서의 영인본이나 장정(裝訂)의 형태가 동장본(東裝本)인 경우에도 이 규정을 적용할 수 있다.

26) 한국도서관협회 편, 한국목록규칙 제4판, 서울 : 2003. p.157-202

2. 기술의 정보원(정보원의 우선순위)

가. 정보원은 원칙적으로 기술대상인 고서와 고문서에 나타난 정보 그대로를 다음과 같은 우선순위로 기재한다.

1) 권수제면(卷首題面)
2) 표제면(標題面)
3) 이제면(裏題面)
4) 판권기(版權記)
5) 간기(刊記), 인기(印記), 사기(寫記), 목기(木記)
6) 내사기(內賜記)
7) 권미제면(卷尾題面)
8) 목록제면(目錄題面)
9) 진전문(進箋文)
10) 서문(序文)
11) 발문(跋文), 후기(後記)
12) 본문(本文), 연보(年譜), 행장(行狀), 묘지명(墓誌銘), 부록(附錄)
13) 해당 자료 이외의 정보원

나. 기술사항별 정보원은 다음과 같이 사항별로 그의 으뜸정보원을 잡아 기술한다. 다만 기술사항에 대응되는 으뜸정보원 이외에서 얻은 정보는 각괄호([ ])로 묶어 기술하고 필요한 경우 그 출처를 주기한다. 그러나 으뜸정보원에서 추정하여 채기(採記)한 경우에는 으뜸정보원에서 채기한 것으로 간주하여 각괄호로 묶지 않는다.

1) 표제: 권수제면(卷首題面), 표제면(標題面), 표제(題簽), 이제면(裏題面), 판심제(版心題)
2) 책임표시: 권수제면(卷首題面), 표제면(標題面), 이제면(裏題面), 판권기(版權記), 진전문(進箋文), 서문(序文), 발문(跋文) 등 해당 고서 자체

3) 판사항: 판차 - 표제면, 판권기

판종 - 간사면(刊寫面), 주자발(鑄字跋), 서문, 발문, 간기(刊記), 인기(印記), 사기(寫記), 목기(木記: 刊寫面을 鑑識하여 기재하더라도 각괄호로 묶지 않음)

4) 간사사항(刊寫事項): 刊記, 印記, 寫記, 卷末題面, 木記, 卷首題面, 標題面, 裏題面, 版權記, 進箋文, 序文, 跋文 등 해당 고서 자체
(刊寫年을 廟號로 바꾸어 기재하더라도 각괄호로 묶지 않음)

5) 형태사항: 해당 고서 자체

6) 총서사항: 해당 고서 자체

7) 주기사항: 해당 고서 자체 또는 그 밖의 정보원

8) 국제표준자료번호: 해당 고서 자체 또는 그 밖의 정보원

3. 기술구조와 제(諸)요소의 기재순서

가. 고서와 고문서의 식별에 필요한 제요소를 다음과 같이 순서대로 기재한다.

1) 표제와 책임표시사항

가) 본표제, 별표제

나) 자료유형

다) 대등표제

라) 표제관련정보

마) 권차, 회차, 연차표시

바) 책임표시

2) 판사항

가) 판표시

나) 특정판의 책임표시

다) 부차적 판표시

라) 부차적 판의 책임표시

3) 자료특성사항

고서와 고문서에는 적용하지 않는다.

4) 발행사항

가) 간사지, 배포지

나) 간사자, 배포자

다) 간사년, 배포년

라) 제작사항

5) 형태사항

가) 면장수 또는 권책수

나) 삽화표시

다) 크기

라) 딸림자료

6) 총서사항

가) 총서의 본표제

나) 총서의 대등표제

다) 총서의 표제관련정보

라) 총서의 책임자표시

마) 총서의 ISSN

바) 총서의 권호

사) 하위총서

7) 주기사항

8) 표준번호 및 입수조건사항

가) 표준번호

나) 등록표제(고서에는 적용하지 않음)

다) 입수조건표시

나. 기술방법

1) 고서와 고문서에 표시된 한자 및 한글 고어가 컴퓨터 코드의 한계로 인하여 입력이 불가능할 경우, 한자는 그 한글음으로, 한글 고어는 현대식표기로 고쳐 기술할 수 있다.

2) 표제와 책임표시사항의 권차표시와 판사항, 간사사항, 내용주기의 권차에 나오는 숫자가 序數를 의미할 때에는 아라비아 숫자로 통일하여 기술하며, 주기사항의 木記, 刊記, 印記, 寫記, 序尾記, 跋尾記 등에 나오는 숫자는 있는 그대로 기술한다.

다. 구두법

이 규칙에서 사용되는 구두법은 일반문장에서 사용되는 구두점 이외에 등호(=), 빗금(/) 및 덧셈표(+)를 사용하며, 그 용법은 다음과 같다.

1) 등호(=)는 대등표제, 총서의 대등표제, 등록표제 앞에 사용한다.

2) 빗금(/)은 첫번째 책임표시 앞에 사용한다.

3) 덧셈표(+)는 딸림자료표시 앞에 사용한다.

4) 마침표·빈칸·붙임표·빈칸(. --)은 기술의 첫 번째 사항인 표제와 책임표시사항을 제외한 각 사항의 첫 요소 앞에 사용한다. 다만 문단바꿈 등에 의해 사항사이가 뚜렷이 구분될 경우에는 이를 생략한다.

5) 쌍점(:)은 표제관련정보, 발행처, 삽화표시, 총서의 표제관련정보, 가격표시사항 앞에 사용한다.

6) 쌍반점(;)은 동일 책임표시의 두 번째 이하의 표제, 역할이 다른 책임표시, 특정판

(해당판)에 관련된 역할이 다른 책임표시, 두 번째 이하의 발행지, 크기, 총서의 권호 앞에 사용된다.

7) 쉼표(,)는 권차표제, 역할이 동일한 두번째 이하의 책임표시, 발행년이나 ISSN번호 앞과 별표제 앞에 적은 '일명'이나 'or'의 앞과 뒤, 내용주기의 권차, 회차, 연차 뒤에 사용된다.

8) 가운뎃점(·)은 책임표시를 제외하고는 정보원에 나타난 그대로 사용한다.

9) 마침표(.)는 표제의 권차, 회차, 연차표시와 책임표시가 각기 다른 두번째 이하의 표제와 책임표시사항 및 총서사항의 하위총서표제 앞에 사용된다.

10) 원괄호(( ))는 본표제 앞에 기술되는 관제, 제작사항, 총서사항, 총서의 관제, 서력기년을 포함하는 두 종 이상의 발행년의 기년이 병기되어 있는 것의 서기 이외의 기년을 묶는데나 상위단위의 지명에 의해 동명이지(同名異地)를 구별하는데 사용된다.

11) 각괄호([ ])는 그 정보가 으뜸정보원 이외에서 얻어진 것임을 나타내는데 사용된다.

12) 석점줄임표(...)는 어떤 서지요소의 한 부분을 생략하였음을 나타내는데 사용된다.

13) 서양어의 약어표시로서의 마침표(.)와 원괄호(( )), 각괄호([ ]), 석점줄임표(...)가 다른 구두점과 겹치는 결과를 가져올 경우에도 이중구두점을 사용한다.

312 p. : diag., photos. ; 19 cm
[서울] : 修學[社], 1960

이상의 구두점을 각 기술사항의 요소별로 나열하면 다음과 같다.

표제와 책임표시사항
본표제, 별표제
[자료유형표시]
= 대등표제

: 표제관련정보

. 권차나 회차나 연차

, 권차나 회차나 연차표제

/ 첫 번째 책임표시

, 동일 역할의 두 번째 이하 책임표시

; 역할이 다른 책임표시

판사항

. -- 판표시

/ 특정 판의 첫 번째 책임표시

, 동일 역할의 두 번째 이하 책임표시

; 특정 판의 역할이 다른 책임표시

자료특성사항

. -- 자료특성사항

발행사항

. -- 첫 번째 발행지

; 두번째 이하의 발행지

: 발행처

, 발행년

(제작사항)

형태사항

. -- 특정자료종별과 자료의 수량

: 기타 형태사항

; 크기

+ 딸림자료

총서사항

. -- (총서의 본표제

= 총서의 대등표제

: 총서의 표제관련정보

/ 총서의 책임표시

, 총서의 ISSN

; 총서의 권호

. 하위총서)

(둘 이상의 독립총서의 두 번째 이하의 총서)

주기사항

표준번호 입수조건사항

. -- 표준번호

= 등록표제

: 입수조건표시 (가격, 장정 등 표시)

4. 표제와 책임표시사항

기술요목과 순서는 다음과 같다.

① 본표제

② 자료유형

고서에는 적용하지 않는다.

③ 대등표제

④ 표제관련정보

⑤ 권차, 회차, 연차표시

⑥ 책임표시

가. 본표제

1) 多卷本으로 이루어진 고서의 경우 으뜸정보원은 첫째 卷(第1卷) 또는 첫 冊의 卷首題面이나 標題面을 기준으로 하며, 다른 권책의 으뜸정보원에 나타난 서명이 첫째 권의 서명과 다를 경우 이를 주기한다. 다만 기술대상 고서가 결질(缺帙)로서 첫째 권책이 없을 경우에는 권차가 가장 이른 卷首題面에서 채기한다.

표제와 책임표시사항　洱源縣志略
주기에 →　表題 및 第10-13卷의 卷首題: 洱穹縣志

2) 표제를 目錄題나 序文, 跋文에서 채기할 경우에는 표제 요소만을 채기 한다.

3) 소정의 정보원에 본표제가 없거나 일부가 생략되어 있는 경우, 그 내용이나 다른 참고문헌 등을 참조하여 그에 합당한 표제를 만들어 이를 각괄호([ ])로 묶어 보기 한다.

[四書]辨疑
[三國史記]新羅本紀
完營鶴峯[先]生祠堂記

표제와 책임표시사항　[諸般文]
주기에 →　書名: 同種의 他佛教儀式作法書에 의해 補記함

표제와 책임표시사항　[土地文記]
주기에 →　書名: 文書의 種類에 의해 補記함

표제와 책임표시사항　[戶籍]
주기에 →　書名: 文書의 種類에 의해 補記함

표제와 책임표시사항　[所志]
주기에 →　書名: 文書의 種類에 의해 補記함

표제와 책임표시사항　[咨文]
주기에 →　書名: 文書의 種類에 의해 補記함

표제와 책임표시사항　[敎旨]
주기에 →　書名: 文書의 種類에 의해 補記함

표제와 책임표시사항　[貢物文書]
주기에 →　書名: 文書의 種類에 의해 補記함

표제와 책임표시사항　[試券]
주기에 →　書名: 文書의 種類에 의해 補記함

표제와 책임표시사항　[奴婢文書]
주기에 →　書名: 文書의 種類에 의해 補記함

표제와 책임표시사항　[書簡文]
주기에 →　書名: 文書의 種類에 의해 補記함

표제와 책임표시사항　[其他]
주기에 →　書名: 文書의 種類에 의해 補記함

4) 표제 앞이나 위에 관기(冠記)되어 있는 어구는 본표제의 일부로 간주하며, 그의 두 줄 쓰기, 세 줄 쓰기, 別行, 활자의 크기 등에 관계없이 동일한 크기의 한 줄 쓰기로 고쳐 기술한다. 다만 문헌상의 기재형식을 나타낼 필요가 있는 경우에는 그 기재형식

을 주기할 수 있다. 관기(冠記)되는 어구로는 다음과 같은 용어들이 흔히 쓰이고 있다.

增修, 增補, 增廣, 重修, 校定, 校訂, 刪定, 重刊, 新刊, 增刊, 校刊, 古本, 原本, 定本, 完本, 足本, 草本, 稿本, 選本, 節本, 異本, 刪本, 官本, 監本, 箋註, 詳註, 註解, 箋解, 批註, 傍註, 標註, 精選, 懸吐, 御註, 御訂, 欽定, 新增, 御製, 御定, 御筆, 御撰, 御批, 批點, 評點, 註譯, 諺解, 續, 續定, 釋文, 音辨, 繪圖, 纂圖

간혹 다음과 같은 어구가 사용되기도 한다.

新刊校定集注, 新刊五百家注音辨, 須溪先生校本, 新板增廣附音釋文胡曾詩註

草本懲毖錄 / 柳成龍(朝鮮) 著

光廟御製訓辭 / 世祖(朝鮮) 著

5) 정보원에 기재된 표제가 각각 다른 경우에는 정보원의 우선 순위에 따라 본표제를 채기하고 그 외의 표제는 해당 정보원과 함께 주기사항에 기술한다.

표제와 책임표시사항　蒙山和尙法語略錄 / 蒙山(元) 著

주기에 →　表題: 禪鑑

표제와 책임표시사항　少微通鑑節要 / 江贄(宋) 編

주기에 →　版心題: 通鑑

表題: 大板通鑑

6) 종합표제나 대표표제가 동시에 나타나 있는 다권질본이더라도 단권만을 소장한 경우에는 종합표제을 본표제로 채기하고, 개별표제는 권차표제로 기술한다.

표제와 책임표시사항　萬家叢玉. 卷1, 天道門 / [著者未詳]

7) 둘 이상의 저작이 종합표제나 대표표제 없이 각각 그 卷首題面이나 표제면을 가지고 있는 合綴, 合刻, 合印書는 첫 번째 저작의 서명을 본표제로 하고, 나머지 저작은 주기사항에 綴 또는 刻印된 순서대로 주기한다. 이때 附錄의 형식으로 첨부된 것으로 저서적인 성격을 갖는 것은 이를 合綴, 合刻, 合印物로 간주하여 주기한다.

표제와 책임표시사항　中庸章句大全 / [朱喜(宋) 章句 ; 胡廣(明)...等奉勅編]
주기에 →　合綴: 四書總論

8) 동일 저작의 상이한 표제나 舊書名을 확인할 수 있는 경우에는 적절한 표출어를 앞세워 이를 주기에 기술한다.

표제와 책임표시사항　中京誌 / 金履載(朝鮮) 撰
주기에 →　舊書名: 松都志

표제와 책임표시사항　南華眞經 / 莊周(楚) 著
주기에 →　異書名: 莊子

나. 자료유형

刊寫된 고서에서는 자료유형을 표시하지 않으나 기타 자료의 유형표시는 해당자료의 매체유형에 따른 규정에 따라 기술한다.

儒釋質疑論[마이크로형태자료]

다. 대등표제

본표제로 채택된 표제와 다른 언어나 문자로 으뜸정보원에 기재된 표제를 대등표제로 한다.

대등표제는 본표제 다음에 기재하되, 로마자의 대문자법과 구두법을 제외하고는 있는 그대로 기술한다. 틔셔신사 = 太西新史諺譯

라. 표제관련정보

1) 권차, 회차, 연차는 식별상 그 표시가 필요할 경우 주기사항에 기술한다. 다만 그것이 영본(零本)이거나, 어쩌다 발행되는 자료이거나, 그 도서관에 완질을 갖추지 않을 예정에 있는 자료이거나, 또는 일괄해서 저록으로 작성하지 않고 권책별로 작성하는 경우에는 그 차서를 표제 다음에 쉼표를 앞세워 기재할 수 있다. 다만 서지적 권차 없이 책차 표시만 있는 경우에는 책차를 권차로 간주하여 기술한다.

註解 月印千江之曲. 上
杜詩諺解. 卷之 15 - 16

2) 권차가 아라비아숫자 이외의 수를 의미하는 로마숫자(I, II, III...), 한자(一, 二, 三 ...), 한글어구(첫째, 둘째, 셋째 ...) 등으로 쓰여진 경우에는 그에 상응하는 아라비아숫자로 기술한다.

禪門拈頌集說話. 冊1-3 / 慧諶(高麗) 集 ; 覺雲(高麗) 撰

3) 全帙 중 일부가 결권되어 그 소장 권차표시가 번잡한 경우, 이를 주기사항으로 돌려 기재할 수 있다. 이 경우 형태사항의 권책표시는 소장본의 권책수를 기재한 다음 완질본의 총권책수를 정확히 아는 경우 이를 원괄호(( ))로 묶어 부기하고, 주기사항에 소장 권차를 열기한다.

표제와 책임표시사항	眞西山讀書記乙集上大學衍義
형태사항	24卷6冊(全43卷12冊)
주기에 →	所藏本: 卷1-3(冊1), 卷4-7(冊2), 卷8-11(冊3), 卷20-24 (冊6), 卷25-28(冊7), 卷29-32(冊8)

4) 後集, 續集, 別集, 續錄, 外集, 續編, 續譜 등의 集次名이 그 앞의 요소와 어법상 불

가분의 관계에 있거나 전질을 갖추지 못하여 집 단위로 독립적으로 저록할 경우에는 그 앞 요소와 붙여 기술하며, 집을 단위로 독립적으로 저록하지 않는 경우에는 그 집차명은 해당 권책수와 함께 형태사항에 기술한다.

古文眞寶大全後集
西厓先生別集
松巖先生續集
璿源續譜
嘯皐先生文集續集

마. 책임표시

1) 저자가 활동하였던 歷朝나 國籍을 저자명 뒤에 원괄호(( ))로 묶어 부기하되, 우리나라의 1911년 이후 저자는 그 기술을 생략한다. 歷朝 또는 國籍이 동일한 복수의 책임표시가 기술되는 경우에도 歷朝 또는 國籍은 각각 반복하여 기술한다.

陸律分韻 / 陸游(宋) 著 ; 正祖(朝鮮) 命編
鍾山集. 卷1-8 / 趙存榮(朝鮮) 著 ; 趙琦顯(朝鮮) 編
北壁先生文集 / 金弘濟(朝鮮) 著 ; 金樂六(朝鮮), 金樂九(朝鮮) 共編
千字文 / 周興嗣(梁) 撰 ; 韓濩(朝鮮) 書

2) 복수의 歷朝에 걸쳐 활동한 경우에는 가장 활동적으로 일한 歷朝名을 부기한다.

東國記 / 權近(朝鮮) 制進
因明入正理論解 / 眞界(明) 集解
龍文鞭影 / 蕭良有 著 ; 楊臣諍 增訂 ; 陳士龍...等編

3) 역할이 다른 책임표시('著', '撰', '註' 등)가 기재되어 있는 경우에는 정보원에 기재된 순서에 따라 기술한다.

韻府群玉 / 陰時夫(元) 編輯 ; 陰中夫(元) 編註

宋大家歐陽文忠公文抄 / 歐陽修(宋) 著 ; 茅坤(宋) 批評 ; 吳紹陵(宋) 重訂

新校俚釋中華語錄註解 / 李滉(朝鮮) 編註 ; 柳希春(朝鮮) 註解 ; 鄭瀁(朝鮮) 集註 ; 宋時烈(朝鮮) 新校

4) 저자가 표준형으로서의 姓名 대신 號, 字, 姓과 號, 姓과 字 등의 형식으로 기재되어 있는 경우에는 그 號나 字를(앞에 붙은 姓은 包含), 姓氏만으로 표시된 경우에는 그 성씨를, 배우자나 주인 등의 이름 다음에 관계를 부기한 형식으로 표시되어 있는 경우에는 이를 각각 책임표시로 채기하되, 그 身元의 식별을 위하여 필요한 경우 姓이나 관계 등을 각괄호([ ])로 묶어 보기한다.

送夫壻出塞 / 李恪夫人(朝鮮) 著

癸丑日記 / 仁穆大妃內人(朝鮮) 著

蘭雪軒集 / [許]蘭雪軒(朝鮮) 著

胎教新記 / 李氏(朝鮮)[柳漢奎夫人] 著

5) 다른 정보원에서 책임표시를 확인할 수 있는 경우에는 이를 각괄호([ ])로 묶어 보기한다.

6) 奉命撰書로서 奉命撰者 표시가 없는 경우의 책임표시는 그 撰述 명령을 내린 왕의 廟號名에 이어 '命撰', '命編' 등의 어구를 부기한다.

大學諺解 / 宣祖(朝鮮) 命解

御製繼述受宴錄 / 英祖(朝鮮) 命編

7) 土地文記, 戶籍, 所志, 咨文, 教旨, 貢物文書, 試券, 奴婢文書, 書翰 등 문서의 受給者와 發給者를 책임표시로 기술한다.

[戶籍] / 金雲石(朝鮮) 受給 ; 報恩郡守(朝鮮) 發給

[土地文記] / 朴氏宗中(朝鮮) 受給 ; 任元敬(朝鮮) 發給

8) 저서적 성격을 갖는 부록이 첨부된 자료에서 부록의 표제와 책임표시는 주기사항에 기술한다.

표제와 책임표시사항	寄翁集 / 南漢紀(朝鮮) 著 ; 南有容(朝鮮) 編
주기에 →	附錄: 省齋零藁 / 南公輔(朝鮮) 著 ; 南有容(朝鮮) 編

9) 보기하거나 고쳐 적은 역할어 표시는 각괄호를 생략하고 기술한다.

5. 판사항

고서와 관련된 판차 또는 판종을 기술하며, 기술요목과 순서는 다음과 같다.

① 판표시
② 특정판의 책임표시
③ 부차적 판표시
④ 부차적 판의 책임표시

가. 판표시

일반적으로 서수와 판, 또는 다른 판과의 차이를 표현한 '개정(改訂)'이나 '신(新)' 등과 같은 어구와 '판'이라는 용어를 범위로 한다.

인쇄원판은 동일하지만 특정판으로 표시된 것은 판표시의 범위에 포함한다.
縮刷版, 藏書版, 豪華版, 普及版, 新裝版, 私家版

기술방법은 다음의 내용을 적용한다.

1) 1911년 이후에 刊印된 고서 중 판권기 등에 내용의 개변(校訂, 增補, 增注 等)이나 版型의 변이를 나타내는 판차가 표시되어 있는 것은 이를 그대로 채기한다. 1910년 이전에 刊印된 고서는 판차 대신 판종을 기술하는 것을 원칙으로 한다.

2) 판차와 版種을 함께 기술하고자 할 때는 판종 뒤에 版次를 원괄호(( ))로 묶어 보기한다.

石版本(增補)

3) 다권질본의 권책이 모두 동일한 판이 아닌 경우에는 대부분에 해당하는 판을 판사항에 기술하고, 이 사실을 주기한다. 주가 되는 판이 없는 경우에는 이를 판사항에 기술하지 않고 주기사항에 기술한다.

주기에 → 版種: 上, 木板本. -- 下, 金屬活字本(丁酉字)

4) 1911년 이후 活印, 影印, 複製된 고서로서 판표시가 해당자료에 표시되어 있는 것은 이를 新書와 같이 기술한다.

三國遺事 / 一然(高麗) 著 ; 崔南善 編. -- 改訂版

5) '增補', '新增' 등 판표시를 나타내는 어구가 표제에 나타나거나, 책임표시의 저작구분표시가 판표시를 나타낼 때에도 판사항에는 해당 판표시를 기술한다.

增注秋水軒尺牘 / 許思湄 著 ; 婁世瑞 注 ; 寄虹軒 輯. -- 石版本(增注)

龍文鞭影 / 蕭良有 著 ; 楊臣諍 增訂 ; 陳士龍...等編. -- 木板本(增訂)

6) 판종표시는 版種에 活字 또는 版刻을 원괄호로 묶는 형식[版種(活字 또는 版刻)]으로 기술하며, 판종에는 일괄적으로 "本"을 붙인다.

金屬活字本(癸未字)

木活字本(印經字)

手稿本

판종은 木板으로 刊印한 자료는 '木板本', 石版으로 印出한 자료는 '石版本', 銅版으로 印刷한 자료는 '銅版本', 謄寫版으로 印刷한 자료는 '油印本', 金石文을 박아낸 자료는 '拓本', 印章類를 찍어낸 자료는 '鈐印本'으로 기재하되, 木板으로 간행한 자료와 활자로 인출한 자료 및 筆寫한 자료는 아래 각 규정에 따라 구체적으로 표시한다. 다만 活字本으로서 字名을 붙일 수 없는 판종은 활자의 재료에 따라 '木活字本', '銅活字本', '鐵活字本', '陶活字本'으로, 新式 鉛活字의 것은 '新鉛活字本' 등으로 기술할 수 있다.

가) 木板本은 판종을 '木板本'이라 기술하되, 목판의 刊刻性格을 구체적으로 나타내고자 하는 경우에는 '初刊', '重刊', '飜刻' 등의 어구를 원괄호로 묶어 부기할 수 있다. 또한 旣刊印本의 飜刻인 경우에는 '木板本(刊經都監版飜刻)', '木板本(訓鍊都監字飜刻)', '木板本(戊申字飜刻)' 등과 같이 판종에 底本의 활자 및 版刻을 원괄호로 묶어 부기할 수 있다.

梅月堂四遊錄 / 金時習(朝鮮) 撰. -- 木板本

禪宗永嘉集 / 玄覺(唐) 撰 ; 行靖(宋) 注. -- 木板本(初刊)

孟子集註大全 / 胡廣(明)...等奉勅撰. -- 木板本(丁酉字飜刻)

나) 木活字本은 판종을 '木活字本'이라 기술하되, 다음에 예시한 것과 같은 활자의 고유명칭을 원괄호로 묶어 부기할 수 있다.

書籍院字, 錄券字, 東國正韻字, 洪武正韻字, 倣洪武正韻大字, 乙酉字體, 印經字,

錦城字, 湖陰字, 秋香堂字, 孝經大字, 訓鍊都監字, 甲寅字體訓鍊都監字, 庚午字體訓鍊都監字, 乙亥字體訓鍊都監字, 甲辰字體訓鍊都監字, 丙子字體訓鍊都監字, 功臣都監字, 實錄字, 宣祖實錄字, 仁祖實錄字, 孝宗實錄字, 內醫院字, 文繼朴字, 羅州字, 校書館筆書體字, 校書館筆書體字Ⅰ, 校書館筆書體字Ⅱ, 經書正音字, 生生字, 箕營筆書體字, 春秋綱字, 成川字, 지겟다리획印書體字, 張混字, 金陵聚珍字, 訓蒙三字經字, 寶光社字, 學部印書體字, 耶蘇三字經字

木活字本(印經字)
木活字本(甲寅字體訓鍊都監字)
木活字本(訓鍊都監字)

다) 金屬活字本은 판종을 '金屬活字本'이라 기술하되, 다음에 예시한 것과 같은 활자의 고유명칭을 원괄호로 묶어 부기할 수 있다. 재질이 다른 동일명칭의 활자가 있는 경우 고유명칭에 활자의 재질을 붙여 기술할 수 있다. 동일한 활자명을 가지면서 그 鑄造한 시기가 다를 경우 '初鑄', '再鑄' 등으로 세분한 명칭을 사용하여 기술한다.

高麗鑄字, 癸未字, 庚子字, 甲寅字, 初鑄甲寅字, 庚辰字, 戊午字, 戊申字, 壬辰字, 丁酉字, 丙辰字, 庚午字, 乙亥字, 乙亥字體經書字, 丁丑字, 戊寅字, 乙酉字, 甲辰字, 癸丑字, 丙子字, 印曆字, 洛東契字, 顯宗實錄字, 丙辰倭諺字, 韓構字, 初鑄韓構字, 再鑄韓構字, 三鑄韓構字, 校書館印書體字, 前期校書館印書體字, 後期校書館印書體字, 元宗字, 肅宗字, 栗谷全書字(洪啓禧字), 整理字, 初鑄整理字, 再鑄整理字, 整理字體鐵活字, 筆書體鐵活字, 全史字

金屬活字本(癸未字)
金屬活字本(整理字體鐵活字)
金屬活字本(初鑄甲寅字)

라) 특정 활자에 補字가 많이 混合되어 있을 경우에는 그 주된 활자에 補字의 混入된

정도에 따라 '混入補字'나 '多混入補字'라는 어구를 부기하여 표시한다.

列聖御製. -- 金屬活字本(顯宗實錄字 多混入補字)

異端辨正 / 詹陵(明) 撰. -- 金屬活字本(乙亥字 混入補字)

마) 寫本(鈔本)은 판종표시에 준하여 '筆寫本'이라 기술한다. 稀觀資料 또는 貴重資料인 경우 自筆 原稿本은 '手稿本'으로, 그 외의 原稿本은 '稿本'으로, 저자나 편자 이외의 다른 사람이 베껴 쓴 경우는 '轉寫本'으로 기술한다.

楚山日記 / 閔鎭綱(朝鮮) 著. -- 筆寫本

懲毖錄 / 柳成龍(朝鮮) 著. -- 手稿本

徵債謄錄 / 禮曹典客司(朝鮮) 編. -- 筆寫本

다만 佛經을 薦度, 功德, 修行을 위한 신앙의 차원에서 특히 정성들여 筆寫하고 變相圖를 그려 장엄하게 꾸민 경우에는 전통적인 관례에 따라 寫本 代身 '寫經'으로 기술하되, 필사에 쓰인 재료를 나타내는 어구를 앞세워 '黑寫經', '銀寫經', '金寫經' 등으로 기술한다. 더 구체적으로 기술하고자 할 경우에는 이에 寫經의 지질을 앞세워(紺紙金寫經, 橡紙銀寫經, 白紙黑寫經 等) 기술할 수 있다.

妙法蓮華經 / 鳩摩羅什(後秦) 譯. -- 黑寫經

金剛般若波羅蜜經 / 鳩摩羅什(後秦) 譯. -- 橡紙銀寫經

바) 외국에서 간사된 자료는 판종 다음에 국명이나 歷朝名을 원괄호로 묶어 '木板本(中國)', '鉛活字本(日本)' 식으로 기술한다.

教士列傳 / 李提摩太(?) 著. -- 鉛活字本(中國)

往五天竺國傳 / 彗超(新羅) 撰. -- 筆寫本(唐)

聖學十圖 / 李滉(朝鮮) 撰. -- 木板本(日本)

사) 영인본이나 복제본인 경우에는 底本의 간사수단에 의한 명칭에 '影印本' 또는 '複製本'이란 어구를 덧붙여 기술한다.

福川文獻錄 / 金永昌(朝鮮) 編. -- 石版影印本

藥圃先生文集 / 鄭琢(朝鮮) 著. -- 木板影印本

東文選. 卷23 / [徐居正(朝鮮)...等奉勅撰]. -- 金屬活字本(乙亥字)影印本

아) 寫眞植字, 오프셋인쇄 등의 방법으로 간행된 東裝本인 경우, 판종을 "寫眞版"으로 기술한다.

星州呂氏關北派世譜 / 뿌리찾기범국민계몽회 편. -- 寫眞版

6. 간사사항

기술요목과 순서는 다음과 같다.

① 발행지, 배포지

② 발행처, 배포처

③ 발행년, 배포년

④ 제작사항

가. 刊寫地

기술방법은 다음과 같다.

1) 간사지가 확인 또는 추정되지 않는 경우 한국의 고서에서는 "[刊寫地未詳]"이라 기술하고, 중국의 것은 歷朝名(예: 宋, 元, 明, 淸)을, 일본의 것은 모두 '日本'이란 어구를 각괄호로 묶어 기술한다.

[日本]

[淸]

[刊寫地未詳]

2) 간사자가 간사지명을 포함하고 있고 이를 간사자로 채택하는 경우에도 간사지는 생략하지 않고 반복하여 기술한다.

淸州 : 淸州牧

興陽 : 興陽鄕校

3) 사찰에서 간사된 佛書의 간사지는 그 사찰의 所在地名과 山名을 이어 기술하되, 지명을 모르는 경우는 산명을, 산명을 모르는 경우는 지명을 기술한다.

安東鶴駕山 : 廣興寺

天礎山 : 浮圖庵

4) 영인본인 경우에는 영인자의 소재지명을 기술한다. 영인본의 原本刊寫事項은 주기사항에 기술한다.

나. 刊寫者

간사자의 범위 기술대상자료의 출판과 배포, 공개, 발행의 책임을 진 개인이나 단체를 그 범위로 한다.

기술방법은 해당 자료에 표시되어 있는 발행처명 그대로 발행지명 다음에 기재한다. 발행처명이 약칭 또는 축약형으로 쓰인 것은 식별상 모호성이 없는 한 그대로 기재한다.

1) 鋟梓, 上梓, 刻梓, 繡梓, 鑄造, 開鑄, 開板, 鏤板, 鋟板, 刻板, 開刊, 鑄刊, 重刊, 新刊, 梓行, 印行, 活印 또는 이와 유사한 어구로 간행의 뜻을 나타낼 경우 그 刊印者나 筆寫者는 자료에 나타난 그대로 기술한다. 藏版者나 留板者 또는 이와 유사한 말로 표시된 경

우에도 刊印者로 간주하여 기술한다.

龍仁 : 廣興寺

華岳山 : 永濟菴

南原 : 歸正禪寺

全州 : 河慶龍

漢陽[서울] : 成達生

2) 土地文記, 戶籍, 所志, 咨文, 教旨, 貢物文書, 試券, 奴婢文書, 書翰 등의 古文書는 문서의 發給者를 간사자로 기술하고 "發給"이란 간사구분표시를 부기한다.

金堤郡 : 金堤郡守 發給

報恩縣 : 郭處觀 發給

金浦郡 : 李主簿宅奴貴鳳 發給

3) 각 책 또는 각 권 마다 간사자가 다른 경우에는 제1책의 간사자를 채기하고, 나머지는 주기사항에 기술한다.

4) 私家本은 개인명이나 宅名 또는 書齋名을 채기한다. 姓氏 또는 개인명의 앞이나 뒤에 齋, 堂, 館 등의 宅名이 병기되어 있는 것은 그 전체를 간사자로 보아 기술하며, '本貫과 姓氏' 또는 '地名과 姓氏' 만으로 된 경우에도 이를 간사자로 보아 기술한다.

無錫萬氏

澗畔齋

北御堂毛利田庄太郎

李氏稻香吟館

5) 기 간사된 고서를 重刊 또는 飜刻하였거나, 일부를 補修 또는 補刻한 경우에는 原

刊寫者가 아니라 重刊, 飜刻 또는 補修, 補刻한 간사자를 채기한다.

護法論 / 張商英(宋) 述. -- 木板本(飜刻). -- 智異山 : 神興寺, 中宗23(1528)
〈高麗禑王 5年 忠州 靑龍寺版을 飜刻 刊行한 것임〉

6) 간사자를 추정한 경우에는 이를 각괄호로 묶어 기술한다. 추정되는 간사자가 불확실한 경우에는 간사자 뒤에 물음표(?)를 덧붙인다.

[平安監營]
[鳳城精舍?]

간사자를 전혀 알 수 없는 경우에는 "[刊寫者未詳]"이라고 기술한다.

[刊寫者未詳]

7) 영인본인 경우에는 영인자를 간사자로 기술한다. 영인본의 原本刊寫事項은 주기사항에 기술한다.

서울 : 국립중앙도서관, 1996
주기에 → 原本刊寫事項: 晉州 : 景雲齋, 正祖 12(1788)

다. 刊寫年

간사년의 범위는 기술대상자료의 발행년(인쇄년 포함)이나 배포년을 범위로 한다. 기술방법에서 **발행년은 기술대상자료에 기재된 최신 기년을 연단위로 하여 아라비아 숫자로 기재하되, 그 기재순서는 발행년(인쇄년), 배포년순으로 한다.** 그 밖의 연도는 필요에 따라 부기할 수 있다. 이 때 서력기년이 아닌 기년도 그대로 기재하고 이 기년을 서력으로 환산한 햇수를 발행년 다음의 각괄호([ ]) 속에 기재하되, '年'이란 날짜의 단위어와 서기의 연호는 그의 기재를 생략하고 그 밖의 연호는 있는 그대로 기재한다.

, 1962

(자료에는: 西紀 一九六二年十一月十一發行)

, 檀紀4289 [1956]

(자료에는: 檀紀四二八九年二月二八日發行)

, 英祖 43 (1767)

, 4290 [1957]

(자료에는: 4290年 6月 10日 初版發行)

1) 卽位紀年의 기술에 있어 廟號名이 朝鮮朝와 高麗朝가 동일한 경우에는 高麗朝의 廟號名 앞에 歷朝名 '高麗'를 앞세워 기술한다.

高宗 1(1864)

高麗高宗 1(1214)

2) 중국 및 일본 자료의 간사년은 그 나라의 當代 年號로 기술하고, 그 서력환산기년을 원괄호(( ))로 묶어 부기한다.

海寧 : 査愼行, 康熙 6(1722)

江戶[東京] : 洛陽書林, 貞享 2(1685)

3) 木記(그림 속의 기록), 刊記(간행기록), 印記(활자 인출기록), 寫記(필사기록) 등의 간사년이 간사사실과 일치하지 않음이 분명할 경우 간사시기를 추정하여 이를 각괄호([ ])로 묶어 기술한다.

[正祖 2(1778)頃]

[英祖年間(1725-1776)]

[壬辰亂以後(1600-1660)]

4) 간지기년(干支紀年)과 고칭간지기년(古稱干支紀年)

간사년이 干支紀年이나 古稱干支紀年으로 표시된 자료의 경우 卽位紀年으로 환산하여 기술한 다음 그 서력환산기년을 원괄호(( ))로 묶어 부기한다.

〈古稱干支紀年(古甲子紀年)〉

	春		夏		四時共用		秋		冬	
	木·青·東		火·赤·南		土·黃·中		金·白·西		木·黑·北	
天干 / 典籍	甲	乙	丙	丁	戊	己	庚	辛	壬	癸
爾雅 이아	閼逢 알봉	旃蒙 전몽	柔兆 유조	强圉 강어	著雍 저옹	屠維 도유	上章 상장	重光 중광	玄黓 현익	昭陽 소양
史記 사기	焉逢 언봉	端蒙 단몽	游兆 유조	彊梧 강오	徒雄 도웅	祝犁 축리	商陽 상양	昭陽 소양	横艾 횡애	尙章 상장

地支 / 典籍	子	丑	寅	卯	辰	巳	午	未	申	酉	戌	亥
爾雅	困敦 곤돈	赤奮若 적분약	攝提格 섭제격	單閼 단알	執徐 집서	大荒落 대황락	敦牂 돈장	協洽 협흡	涒灘 군탄	作噩 작악	閹茂 엄무	大淵獻 대연헌
史記	同	同	同	同	同	同	同	同	同	同	淹茂 엄무	同
歲次	玄枵 현익	星紀 성기	析木 석목	亶安 大火 단안 대화	壽星 수성	鶉尾 순미	大鶉 律火 대순 률화	鶉首 순수	實沈 실침	大梁 대량	降婁 강루	諏訾 추자

간 사 년　　正祖 2(1778)

주기에 →　印記: 戊戌(1778)季秋芸閣活印

간 사 년　純祖 16(1816)
주기에 →　印記: 丙子(1816)孟夏敦巖活印

간 사 년　高麗高宗 38(1251)
주기에 →　刊記: 時重光大淵獻(辛亥, 1251)相月(薛愼墓誌)

간 사 년　1912
주기에 →　刊記: 玄黓困敦(壬子, 1912)瑞陽新刊

5) 간사년이 특수한 干支紀年을 비롯한 甲子紀年, 建國紀年, 宗祖誕生紀年으로 표시된 것은 이를 卽位紀年 또는 연호로 통일하여 기술한 다음 그 서력환산기년을 원괄호(( ))로 묶어 부기한다. 자료에 나타난 기타형식의 紀年들은 주기사항에 기술한다.

가) 干支의 特殊紀年

干支로 직접 표시하지 않고 五行, 五色 및 十二屬으로 바꾸어 표시한 기년은 干支紀年의 경우와 같이 기술한다.

〈干支의 五行, 五色, 十二屬 表現〉

天干	甲	乙	丙	丁	戊	己	庚	申	壬	癸
五行	木	木	火	火	土	土	金	金	水	水
五色	青	青	赤	赤	黃	黃	白	白	黑	黑

地支	子	丑	寅	卯	辰	巳	午	未	辛	酉	戌	亥
五行	水	土	木	木	土	火	火	土	金	金	土	水
五色	黑	黃	青	青	黃	赤	赤	黃	白	白	黃	黑
十二屬	鼠	牛	虎	兎	龍	蛇	馬	羊	猿	鷄	犬	豚

永樂水羊仲秋晋山重刊(春秋傳會通) → 太宗 3(1403)

〈水羊은 干支가 癸未 또는 壬未에 해당되는데, 壬未는 干支로 成立되지 않으므로 癸未가 됨. 따라서 永樂癸未仲秋를 即位紀年으로 고치면 太宗 3年(1403) 8月이 됨〉

歲白馬小春月下澣光州崔鍾應謹序(晩醒亭逸稿) → 高宗 7(1870)

나) 甲子紀年

甲子紀年의 표시방법에는 두 가지가 있다. 하나는 甲子로부터 癸亥에 이르기까지의 60주년을 1甲子로 하여 중국의 皇帝即位年甲子(2697 BC)로부터 몇 번째 甲子의 몇 해인가를 계산하여 기술하는 紀年法이 있다. 또 하나는 甲子로부터 癸亥에 이르기까지 60주년 1甲子를 一元으로 하여, 중국의 皇帝即位年甲子(2697 BC)로부터 上中下 三元甲子의 차례로 되풀이 계산하되, 마지막이 그 중 어느 元甲子 몇 해인가를 알아내서 기술하는 紀年法이다.

〈60〉

甲子 (1)	乙丑 (2)	丙寅 (3)	丁卯 (4)	戊辰 (5)	己巳 (6)	庚午 (7)	辛未 (8)	壬申 (9)	癸酉 (10)
甲戌 (11)	乙亥 (12)	丙子 (13)	丁丑 (14)	戊寅 (15)	己卯 (16)	庚辰 (17)	辛巳 (18)	壬午 (19)	癸未 (20)
甲申 (21)	乙酉 (22)	丙戌 (23)	丁亥 (24)	戊子 (25)	己丑 (26)	庚寅 (27)	辛卯 (28)	壬辰 (29)	癸巳 (30)
甲午 (31)	乙未 (32)	丙申 (33)	丁酉 (34)	戊戌 (35)	己亥 (36)	庚子 (37)	辛丑 (38)	壬寅 (39)	癸卯 (40)
甲辰 (41)	乙巳 (42)	丙午 (43)	丁未 (44)	戊申 (45)	己酉 (46)	庚戌 (47)	辛亥 (48)	壬子 (49)	癸丑 (50)
甲寅 (51)	乙卯 (52)	丙辰 (53)	丁巳 (54)	戊午 (55)	己未 (56)	庚申 (57)	辛酉 (58)	壬戌 (59)	癸亥 (60)

七十六甲子之辛酉仲夏全城後學李時敏謹序(讀孟庭訓) → 1921

上元甲子四十七統和二十七庚戌年二月一日(開心寺石塔記)→ 高麗顯宗 1(1010)

다) 建國紀年

建國紀年이란 건국한 첫해를 연도환산의 紀元으로 삼는 방법으로 檀君紀年(西紀+2333년)과 朝鮮開國紀年(西紀-1391년) 등이 있다.

開國四百八十一年壬申(華嚴寺事蹟) → 高宗 9(1872)

라) 宗祖 誕生紀年

각 宗教의 宗祖가 탄생한 해를 연도환산의 紀元으로 삼는 방법으로 佛教紀元(韓國 · 中國: 西紀+1027, 日本: 西紀+566), 孔子紀元(西紀+551), 大宗教 開天紀元(西紀+2457), 天道教 布德紀元(西紀-1857), 回教紀元(西紀-621) 등이 있다.

佛教紀元二千八百八十七年 → 哲宗 11(1860)
孔教紀元二千三百九十五年 → 憲宗 10(1844)
大倧教開天紀元四千二百十九年 → 英祖 38(1762)
天道教布德紀元二十三年 → 高宗 17(1880)
回教紀元一千百二十五年 → 英祖 22(1746)

6) 印記, 刊記, 木記 등에 간사년이 표시되어 있지 않으나 序文이나 跋文, 後記의 紀年이 간사시기와 거의 일치하는 경우, 그 紀年을 韓國年號나 卽位紀年으로 환산하여 기술한 다음 서력환산기년을 원괄호(( ))로 묶어 부기하고, 그 末尾에 '序', '跋', '識', '後記' 등 채기 정보원의 위치에 해당하는 어구를 덧붙인다.

간 사 년 肅宗 9(1683)序
주기에 → 序: 癸亥(1683)...南龍翼自序

간 사 년 光武 6(1902)跋
주기에 → 跋: 上之三十九年玄黓攝提格(壬寅, 1902)...權鳳熙跋

가) 간사년이 표시되어 있지 않거나, 落帙로 간사기록이 있는 書冊을 잃었거나, 표시되어 있다 하더라도 그 간사기록이 간사사실과 일치하지 않을 경우에는 간사년을 추정하여 이를 각괄호([ ])로 묶어 다음과 같은 방식으로 기술한다.

[明宗 4(1549)]　　　　年度가 確實하다고 判斷한 경우
[肅宗 1(1675)頃]　　　　대강 짐작되는 年度일 때
[世宗年間(1419-1450)]　世宗時로 보았을 때
[光海-仁祖年間(1609-1649)]
[壬辰倭亂以前/以後]　特定 史實을 基準으로 그 以前/以後일 것으로 推定될 때

나) 간사년의 명확한 추정이 어려운 경우에는 朝鮮前期, 朝鮮後期, 朝鮮과 같이 역조명으로 추정하며, 역조명조차 추정 할 수 없는 경우에는 "[刊寫年未詳]"이라 기술한다.

[朝鮮前期]
[刊寫年未詳]

7) 木板을 後印(刷) 또는 後榻한 고서는 原 刊刻年 다음에 반점(,)을 앞세워 그 후인(쇄)년을 부기하되, 원 간각년에는 "刊"을, 후인(쇄)년에는 "後印" 또는 "後刷"를 덧붙인다. 후인(쇄)년을 추정한 경우는 이를 각괄호([ ])로 묶어 기술하고, 추정이 어려운 경우에는 "後印" 또는 "後刷"라는 어구만 각괄호로 묶어 부기한다.

高麗大藏經. -- 木板本. -- 江華 : 大藏都監, 高麗高宗 23(1236)刊, 1965後印
高麗大藏經. -- 木板本. -- 江華 : 大藏都監分司, 高麗高宗 38(1251)刊, [日帝時代後印]
高麗大藏經. -- 木板本. -- 江華 : 大藏都監, 高麗高宗 23-38(1236-51)刊, [後印]

8) '刊印', '印出', '筆寫', '刊刻', '藏板' 등의 刊寫區分表示는 藏板者(處)가 간사자(처)와 다른 경우와 후쇄본의 경우를 제외하고는 그 기술을 생략한다.

9) 해당자료가 영인본인 경우에는 영인된 연도를 간사년으로 기술한다.

서울 : 亞細亞文化社, 1972

주기에 → 原本刊寫事項: 奎章閣, 正祖 20(1796)

라. 製作事項

제작사항의 범위는 기술대상자료가 미간행자료이거나 발행사항이 불명인 자료, 그리고 제작에 관한 정보가 중요하다고 판단되는 자료에 적용하며, 제작사항에는 제작지와 제작처, 제작년(녹화일자나 녹음일자)을 포함한다.

기술방법애서 제작표시(제작지·제작자)는 간사지 또는 간사자가 미상이거나 제작지, 제작자, 제작년이 간사지, 간사자, 간사년과 다른 경우 간사년 뒤에 원괄호로 묶어 간사지, 간사자, 간사년에 적용한 것과 동일한 구두법을 사용하여 기술할 수 있다.

[刊寫地未詳] : [刊寫者未詳], [刊寫年未詳] (서울 : 三眞印刷所, 1920)

7. 형태사항

기술요목과 순서는 다음과 같다.

① 장정형태와 면장수 또는 권책수

② 기타형태사항

③ 크기

④ 딸림자료

가. 장정형태와 면장수 또는 권책수

기술대상자료가 속한 특정자료종별과 자료의 수량(개수)을 범위로 한다. 다만 인쇄자료의 경우에는 자료의 구성단위(예: 쪽수)의 수량만을 기재한다. 자료의 종별에 따라 자료의 수량 이외에 구성단위의 수량이나 연주시간, 재생시간 등을 기재할 수 있다.

기술방법은 다음과 같다.

1) 裝訂形態는 다음과 같이 기술하되, 線裝本인 경우와 단위용어에서 裝訂形態를 짐작할 수 있는 경우에는 생략할 수 있다.

卷軸裝
折帖裝
蝴蝶裝
包背裝
線裝
簇子
摺鋪
毛裝
낱장
貝葉裝

2) 면장수 및 권책수 표시에 사용되는 모든 숫자와 단위용어 사이는 붙여쓴다. 不分卷 單冊本으로 이루어진 것은 그 면수 또는 장수를 기술하며, 多卷 單·多冊本은 그 권책수를 기술한다.

3) 면장수 및 권책수의 숫자표시는 아라비아 숫자로 통일하여 기술하며, 단위를 나타내는 용어는 漢字로 표기함을 원칙으로 한다. 사용되는 단위용어는 '段', '面', '張', '卷', '冊', '軸', '折', '帖', '鋪', '幅' 등이 있다.

5卷2冊

4) 각 張의 양쪽 面에 일련의 순차가 매겨져 있거나 이와 동등한 형식으로 된 고서는 면수로 기술한다. 다만 단면 인쇄의 경우에는 이 사실을 주기사항에 기술한다.

316面

5) 각 張을 단위로 하여 일련의 순차가 매겨져 있는 것은 장수로 기술한다.

包背裝152張

6) 면장수 표시 매김이 2개 이상 나타나 있는 경우에는, 합한 면장수를 기술한다.

365張

7) 한 면이 두 段 이상으로 되어 있고 그 순차가 면이나 장 대신 단을 단위로 매겨져 있는 것은 段數로 기술하고, 면수나 장수는 원괄호(( ))로 묶어 부기한다.

631段(316面)

8) 卷軸裝은 軸으로 기술하되, 그 면장수를 원괄호(( ))로 묶어 부기한다.

卷軸裝1軸(16張)

9) 折帖裝은 粘連된 장수와 折數를 기술하되 필요할 경우 면수를 幷記한다.

折帖裝16張32折64面

10) 蝴蝶裝인 경우 장을 단위로 기술한다.

蝴蝶裝48張

11) 地圖類와 같은 疊物의 摺鋪類는 鋪를 그 단위용어로 사용하여 기술한다.

摺鋪21鋪

12) 낱장물은 '張'을 단위로 기술한다.

낱장1張

13) 면장수표시가 없는 고서는 면장수를 세어서 그 총계를 기술한다.

250張
包背裝384張

14) 면장수 표시에 오기가 있는 것은 자료에 표시된 대로 기술한 다음 실제 면장수를 '실은'이란 말을 冠記하여 각괄호([ ])로 묶어보기 한다.

462張[실은 461張]

15) 落張이 있는 자료는 그 소장본의 면장수를 다음과 같이 기술하되, 落張의 면장수는 알 수 있는 경우 주기사항에 기술한다.

앞 부분이 缺落된 경우에는 소장본의 첫머리의 면장수와 마지막 면장수를 짧은 붙임표(-)로 연결하여 기술한다.

형태사항　蝴蝶裝4-80張
주기에 →　落張: 1-3張

중간 부분이 缺落된 경우에는 소장본의 면장수를 각각 짧은 붙임표(-)로 연결하여 기술한다.

형태사항　　包背裝1-45, 50-256張

주기에 →　　落張: 46-49張

끝 부분이 缺落된 경우에는 소장본의 마지막 면장수를 기술한 다음 '+ 張' 또는 '以後 缺落' 식으로 부기한다.

형태사항　　"包背裝230+ 張" 또는 "包背裝230張 以後 缺落"

주기에 →　　總面張數 250張

16) 본문의 면장수와 독립적으로 插畵類에 면장수가 매겨져 있을 때에는 그 순서에 따라 '插畵' 또는 '圖版' 등과 같은 어구를 앞세워 적고 그 다음에 면장수를 기술한다. 이 경우 삽화류 표시에는 그 기술을 생략한다.

159張, 圖版3張

17) 多卷單冊本과 多卷多冊本은 권책수를 기술하며, 不分卷多冊本은 그 책수를 기술한다.

2卷1冊

6卷3冊

28冊

18) 稀貴書와 같은 중요한 자료는 冊別 면장수를 보기(補記)할 수 있다. 이 경우 多卷單冊本은 그 면장수를 각괄호로 묶어 권책수 표시 뒤에 보기하고, 多冊本은 冊別 면장수를 주기사항에 기술한다.

2卷1冊(78張)

19) 多冊本의 면장수 매김이 전체가 연결되어 부여된 경우에는 권책수 다음 전체 면장수를 원괄호로 묶어 부기할 수 있다.

5卷4冊(238張)

20) 한 저작 또는 한 질의 저작이 本集, 前集, 後集, 別集, 續集, 目錄, 補遺, 拾遺, 附錄 등의 여러 集으로 분할되어 별도의 권책차가 매겨진 것은 집차순으로 권책수를 각각 반점(,)으로 구분 열거한 다음 전체 책수의 합계를 '共'을 앞세워 부기한다.

原集2卷1冊, 續集2卷1冊, 別集7卷5冊, 共7冊
7卷4冊, 續集5卷3冊, 附錄4卷3冊, 共10冊

21) 零本 또는 缺本은 소장본의 卷冊數를 기술한 다음 完帙本의 총권책수를 정확히 아는 경우 총권책수를, 그렇지 않은 경우에는 "缺帙"이라는 어구를 원괄호(( ))로 묶어 부기한다.

표제와 책임표시사항	朱文公校昌黎先生文集. 卷27 - 28
형태사항	2卷1冊(全40卷17冊)
표제와 책임표시사항	纂註分類杜詩
형태사항	11卷11冊(全25卷24冊)
표제와 책임표시사항	釋譜詳節. 第6, 9, 13, 19
형태사항	4卷4冊(缺帙)

22) 고서나 낱장류가 函, 封套, 木匣 등에 보존되어 있는 경우에는 필요에 따라 면장수 또는 권책수 다음에 한 칸 띄우고 그 수를 표시한다.

10卷4冊 1函

7卷7冊 1木匣

40張 2封套

나. 삽화류 표시

수량과 크기 이외의 형태에 관한 사항을 범위로 한다. 고서의 삽화류는 다음 조항에서 특별히 규정한 것 이외의 것은 '삽화'란 말로 이를 대표하여 기술한다.

1) 삽화류 표시

가) 版畵, 地圖, 肖像, 變相圖, 系譜, 寫眞 등 삽화류가 두 종 이상 있을 경우, 중요도의 순서에 따라 세 개까지만 기술하되, 일반 명칭인 '插畵'란 말을 우선하고 그 다음은 삽화류 명칭의 문자순으로 기술한다. 다만 특별한 종류의 삽화만 있을 경우 일반명칭인 '插畵'는 생략하고 개개의 명칭으로 기술한다.

37張 : 插畵, 世系圖

2卷1冊 : 世系圖, 肖像

나) 색채로 표시된 삽화가 있는 경우에는 '彩色'이라는 말을 앞세워 기술한다.

48張 : 彩色插畵

다) 본문의 면장수에 포함된 삽화가 여러 개 수록되어 있을 경우 필요에 따라 삽화명 다음에 그 삽화의 수를 적당한 단위어와 함께 기술할 수 있다.

260張 : 地圖10個

라) 내용의 전부 또는 대부분이 삽화로 되어 있는 경우에는 '全部' 또는 '大部分' 이라는 말을 앞세워 기술한다.

12張 : 全部插畵

마) 寫經의 變相圖는 그 명칭 다음에 변상도의 크기를 '세로 x 가로 cm' 형식으로 기술한다.

變相圖 25.4 x 17.2 cm

2) 版式表示

판식은 첫 권의 卷首題面을 기준으로 하고, 전체의 版面을 참조하여 기술한다. 다만 落帙本인 경우에는 소장본 중 권차가 가장 빠른 것의 卷首(본문) 첫 장을 기준으로 한다. 版式의 記述요소와 구두법 및 그 순서는 다음과 같으며, 삽화류 표시가 없는 경우에는 匡郭 앞의 반점 빈칸(,)은 기술하지 않는다.

, 匡郭(種類 크기)
, 界線
, 行字數
, 板口
, 魚尾

族譜의 경우 界線과 行字數 채기는 예외적으로 卷首題面이 아닌 序, 跋 등의 첫 장을 기준으로 하고, 卷首(본문)의 世別表示를 界線 다음에 부기할 수 있다.

가) 匡郭의 종류와 크기

(1) 匡郭은 판의 四周를 둘러싼 線을 말하는 것으로, 上下 左右 순으로 기술하되 四周를 모두 나타내는 것을 원칙으로 한다.

上下單邊 左右雙邊
四周雙邊

(2) 두루마리 형식의 卷軸裝, 折帖裝의 경우에는 '上下單邊' 또는 '上下雙邊'으로 기술한다.

(3) 匡郭이 혼입된 경우에는 卷首題面을 기준으로 기술하고, 혼입상황을 주기사항에 나타낸다.

형태사항 四周雙邊
주기에 → 上下雙邊 左右單邊 混入

(4) 版心이 있는 冊紙의 匡郭의 크기는 卷首(본문) 첫 張 앞면(앞半葉)의 內線 안쪽을 기준으로 세로길이(높이)와 가로길이(폭)를 센치미터 단위로 소수점 이하 한 자리까지 재어 '세로 × 가로 cm'의 형식으로 표기하되, '半郭'이란 어구를 앞세운다. 이 때 '半郭'이란 어구와 크기 사이는 빈칸으로 구분한다. 소수점 이하 첫 자리가 '0'인 경우에도 자릿수 표시로써 이를 기술한다.

上下單邊 左右雙邊 半郭 20.5 × 16.3 cm

(5) 版心이 없는 冊紙의 匡郭의 크기는 卷首(본문) 첫 張 全葉의 內線 안쪽을 기준으로 세로와 가로를 재어 위와 동일한 형식으로 기술하되, 匡郭이란 語句는 생략한다.

四周雙邊 21.0 × 33.7 cm

(6) 卷軸裝과 折帖裝은 上下邊線의 세로(높이)만을 cm 단위로 소수점 이하 한자리까지 재어 기술한다.

上下雙邊 25.2 cm

나) 界線

紙張의 각 行間을 구분하기 위하여 긋는 界線이 있는 경우에는 '有界'라는 어구를 匡郭의 크기 다음에 반점 빈칸(,)을 앞세워 기술하며, 界線이 없는 경우에도 '無界'라 기술하는 것을 원칙으로 한다. 寫本이나 寫經의 경우에는 界線이 있으면 필요에 따라 구체적으로 다음의 용어로 기술할 수 있다.

烏絲欄: 界線이 검은색인 것
朱絲欄: 界線이 주홍색인 것
藍絲欄: 界線이 남색인 것
金界: 界線을 金泥로 그은 것
銀界: 界線을 銀泥로 그은 것
白界: 界線을 채색된 종이에 흰 먹물로 그은 것

四周雙邊 半郭 19.0 x 13.0 cm, 有界
上下單邊 左右雙邊 半郭 24.2 x 19.7 cm, 藍絲欄

다) 族譜의 世別表示

족보에서 縱譜를 제외한 橫譜가 段으로 世代를 구분하고 있는 경우, 卷首題面 半葉의 段을 세어 界線 다음에 '世別'이란 표출어를 앞세워 부기할 수 있다.

有界, 世別6段, 10行23字

라) 行字數

(1) 界線의 유무와 관계없이 版心이 있는 方冊形式의 고서는 半張의 行字數를, 版心이 없는 卷子와 帖張形式의 고서와 낱장류는 全張의 行字數를 界線 다음에 반점 빈칸(,)을 앞세워 기술한다.

25行25字
10行20字

(2) 行數가 面(張)에 따라, 字數가 行에 따라 일정하지 않은 것은 최대의 것과 최소의 것을 짧은 붙임표로 연결하여 기술한다. 다만 行數나 字數 중 어 하나를 산정하기 어려운 것은 해당 위치에 '行數不定', '字數不定'으로, 둘 다 산정할 수 없을 경우에는 '行字數不定'으로 기술한다.

10-12行20字
10行20-25字
11-13行21-26字
10行字數不定
行數不定20字
行字數不定

(3) 모든 行의 머릿字가 匡郭의 위쪽 邊線에서 한 자 이상 띄우고 시작되는 경우에는 이를 "'低'빈칸의數" 形式으로 나타내고, 실제의 자수를 기술한다.

10行低1字19字
10行低2字18字

(4) 註가 본문의 字보다 小字로 2行으로 되어 있는 것은 註의 行數와 行當 字數를 '註雙行21字'식으로 기술하되, 註의 字數가 본문의 자수와 동일할 경우에는 註는 그 行數만을 기술한다.

10行18字 註雙行30字
10行18字 註雙行

(5) 본문의 글자가 中小 또는 大中小字로 혼용되어 있고, 그 문자 크기에 따라 行數나 字數가 각기 다른 것은 본문의 주가 되는 자(일반적으로 中字)를 기준으로 그 行字數를 기술한 뒤, 小字와 大字順으로 해당어구(小字, 大字)를 앞세워

그 行字數를 기술한다.

10行18字 註雙行30字 小字15行15字 大字5行12字
10行18字 註雙行 大字5行12字

마) 版口

版心의 上象鼻와 下象鼻의 中縫 위치에 검은 선이 있으면 行字數 다음에 반점 빈칸(,)을 앞세워 '黑口'라 기술한다. 黑口를 그 모양에 따라 구체적으로 표시하고자 하는 경우에는 검은 선이 굵고 거친 것을 '大黑口' 또는 '寬黑口', 가늘고 세밀한 것을 '小黑口' 또는 '細黑口', 검은 선 대신에 문자가 있으면 '花口'로 표시할 수 있으며 上下象鼻에 아무 표시가 없는 '白口'는 그 기재를 생략하는 것을 원칙으로 한다.

바) 魚尾

(1) 方冊形式의 蝴蝶裝, 包背裝, 線裝의 版心上에 있는 魚尾는 그 위치, 방향, 모양, 흑백색 등을 版口 다음에 반점 빈칸(,)을 앞세워 기술한다.

內向3葉花紋魚尾
上下下向黑魚尾

(2) 魚尾가 黑地이면 '黑魚尾', 白地이면 '白魚尾', 花紋이 있으면 '花紋魚尾'라 하고, 상단에만 있으면 '上下向黑(白 또는 花紋)魚尾', 하단에만 있으면 '下上向黑(白 또는 花紋)魚尾'와 같은 방식으로 기술한다. 상하의 魚尾가 서로 內向하고 있으면 '內向黑(花紋)魚尾', 상하의 魚尾가 다같이 下向하고 있으면 '下向黑(花紋)魚尾'라 각각 기술한다.

上下向黑魚尾
上下向白魚尾
內向黑魚尾

內向白魚尾

上下向2葉花紋魚尾

內向3葉花紋魚尾

下向3葉花紋魚尾

內向混葉花紋魚尾

(3) 魚尾가 상하에 있는 것은 위치를 나타내는 '上下'를 생략하고 기술할 수 있으며, 花紋魚尾인 경우 魚尾를 더욱 세분할 필요가 있으면 그 葉數를 아라비아 숫자로 덧붙여 구체적으로 기술할 수 있다.

上下內向黑魚尾 → 內向黑魚尾

上下下向三葉花紋魚尾 → 下向3葉花紋魚尾

上下內向二葉花紋魚尾 → 內向2葉花紋魚尾

(4) 여러 종류의 魚尾가 混入된 경우에는 卷首題面을 기준으로 기술하고, 그 외의 어미를 기술할 필요가 있는 경우에는 주기에 나타낸다.

上下向黑魚尾

주기에 → 上下向2葉花紋魚尾 混入

다. 크기

고서는 冊紙의 가로와 세로를 센치미터(cm) 단위로 소수점 이하 한자리까지 '세로 x 가로 cm' 형식으로 기술한다. 소수점 이하 첫 자리가 '0'인 경우에도 자리수 표시로써 이를 기술한다.

28.3 x 24.5 cm

25.8 x 19.0 cm

1) 卷軸裝本

卷軸裝은 全紙의 크기를 '세로 x 가로 cm' 형식으로 기술하며, 簇子 등도 이에 준하여 기술한다.

25.7 x 236.7 cm

2) 折帖裝本

折帖裝本은 全紙의 크기를 '세로 x 가로 cm' 형식으로 기술한 다음 반점 빈칸(,) 다음에 折帖의 크기를 동일한 형식으로 병기한다.

21.5 x 1235.6 cm, 折帖 21.5 x 18.8 cm

3) 낱장류

낱장류는 '세로 x 가로 cm' 형식으로 기재한다.

35.6 x 20.3 cm

4) 摺鋪類

摺鋪類로서 2중 이상으로 折疊한 것은 全紙의 크기를 '세로 x 가로 cm' 형식으로 기술한 다음, 그 접어진 크기를 '접은크기'와 같은 어구를 앞세워 '세로 x 가로 cm' 형식으로 병기한다.

26.5 x 160.2 cm, 접은크기 26.5 x 12.3 cm

5) 크기가 서로 다른 多冊本의 記述

多冊本이 크기가 서로 같지 않고, 그 차이가 2cm 이상인 경우에는 '작은 것-큰 것 cm' 형식으로 기술하고, 2cm 이하인 경우에는 큰 책의 크기만 기술한다. 多冊本이 대부분의 책의 크기는 똑같고, 일부 책만 다른 경우에는 대부분의 책의 크기를 채택하고, 일부 책의 크기는 주기사항에 기술한다.

25.3-28.6 x 22.7-25.3 cm
28.5 x 25.4 cm

라. 딸림자료

딸림자료란 모체물과 함께 사용되도록 간행된 자료로서 예컨대 교과서의 해답서나 지도책, 인쇄물에 첨부된 전자자료 등이 해당된다.

딸림자료의 형태사항을 자세히 기술할 필요가 있는 것은 자료의 유형 다음에 원괄호(( ))로 묶어 기재한다.

四周雙邊 半郭 27.4 x 19.5 cm, 有界, 10行19字 註雙行, 黑口, 下向黑魚尾 ; 30.2 x 25.4 cm + 年表 1冊

8. 총서사항

총서사항의 기술요목과 순서는 다음과 같다.

① 총서의 본서명
② 총서의 대등서명
③ 총서의 서명관련정보
④ 총서의 책임표시
⑤ 총서의 ISSN
⑥ 총서의 권호
⑦ 하위총서

가. 총서의 본표제

총서의 본표제는 당해 고서 중 본문의 언어와 일치여부, 글자의 크기, 기재위치 등을 참작하여 가장 적합한 것을 채기한다.

동일 편자나 발행처에 의해 공통의 종합표제 아래 일정기간에 걸쳐 동일한 체제로 계속 간행된 다수의 독립된(자체 표제가 있는) 저작물로서, 정보원에 표시되어 있는 총서의 표제를 그 범위로 한다. 일반적으로 상위수준의 본표제를 총서의 본표제로 한다.

(世界大音樂全集)

(韓國名著大全集)

총서명 앞이나 위에 관기(冠記)되어 있는 어구는 총서의 본표제의 일부로 간주하며, 그의 두줄쓰기, 세줄쓰기, 別行, 활자의 크기 등에 관계없이 동일한 크기의 한 줄 쓰기로 고쳐 기술한다.

나. 총서의 대등표제

총서의 본표제와 다른 언어나 문자로 된 표제를 범위로 한다. 총서의 대등표제는 총서의 본표제 다음에 기재한다.

다. 총서의 표제관련정보

총서의 본표제와 관련된 표제를 그 범위로 한다. 아울러 총서와 관련된 판표시도 포함한다.

총서의 식별상 필요한 경우에는 자료에 표시된 형식에 따라 기술한다.

(世界의 文學大全集 : 칼라版)

라. 총서의 책임표시사항

총서의 간행과 관련하여 책임을 진 인물이나 단체를 그 범위로 한다. 기술방법은 원칙적으로 총서와 관련된 책임표시는 기재하지 아니한다. 다만 그 총서표제가 고유성이 약하거나 식별상 필요할 경우에는 책임표시를 한다.

(硏究叢書 / 韓國敎會硏究所)

(文科紀要 / 東北大學敎養部, ISSN 0495-7210 ; 10集)

마. 총서의 ISSN

해당 총서에 부여된 ISSN을 그 범위로 한다. 대상자료에 총서의 국제표준연속간행물번호(ISSN)가 표시되어 있는 것은 이를 총서의 책임표시 다음에 1.8.1.2에 규정한 방식에 따라 기재한다.

바. 총서의 권호

총서 내에서 기술대상자료가 지닌 번호를 그 범위로 한다. 번호의 앞이나 뒤에 기재된 수식어구를 포함할 수도 있다. 총서권호가 매겨져 있는 것은 이상의 제요소 다음에 기재한다. 그때 총서의 권차를 표현한 단위어는 그 자료에 표시된 문자와 용어 그대로 기재하되, 가급적 약어화하며, 숫자는 문자로 표기된 것까지 포함해서 식별상 혼란이 없는 한 아라비아숫자로 통일해서 기재한다.

(圖書館學講義 ; 第3輯)

(中國圖書館學叢刊 ; 第2種)

사. 하위총서

본총서 표제의 하위 서지수준 총서표제로 자료에 본총서 표제와 함께 표시되어 있는 것을 그 범위로 한다. 기술방법: 한 총서가 수 개의 하위총서로 나뉘어져 있는 것은, 먼저 그 본총서(상위총서)에 관한 제요소를 적고, 그 다음에 하위총서에 관한 사항을 기재한다.

(國文學大系. 詩歌經典篇)

(國文學大系. 古典小說篇)

9. 주기사항

표제와 책임표시사항부터 총서사항까지의 정형적 기술부에 기술할 수 없었으나 중요하다고 생각되는 사항을 제시함으로써 정형적 기술부를 설명하거나 보완, 한정하는 기능을 지닌다.

가. 주기의 범위

자료의 성격이나 언어, 표제와 책임표시사항, 판차, 서지적 내력, 자료의 특성에 관한 사항, 발행사항, 총서, 내용, 제본, 입수가능성 등에 관한 정보를 비롯하여 정형적 기술부의 일목요연성을 위해 기술을 유보한 정보로서 중요하다고 생각되는 것이거나, 기술에 대한 설명이나 보완적인 정보 등을 그 범위로 한다.

나. 기술방법

주기는 다음과 같은 순서로 기술하되, 중요한 사항을 먼저 기술할 수 있다. 만약 두 종류의 주기를 통합하여 기술하는 것이 보다 간결하고 논리적인 것이 될 경우에는 이를 통합하여 기술한다.

다. 주기의 종류와 기재순서

1) 일반주기
2) 주기술부에 관한 주기
   가) 표제에 관한 주기
   나) 책임표시에 관한 주기
   다) 판사항에 관한 주기
   라) 간사사항에 관한 주기
   마) 형태사항에 관한 주기
   바) 총서사항에 관한 주기

3) 이용에 관한 주기

가) 대상층에 관한 주기

나) 접근제한에 관한 주기

다) 이용과 복제 제한에 관한 주기

4) 서지주기

가) 참고자료

나) 인용자료

5) 사건의 일시와 장소에 관한 주기

6) 부록 등에 관한 주기

가) 부록에 관한 주기

나) 모체본에 관한 주기

다) 기본자료에 관한 주기

7) 복제본이나 영인본의 원본에 관한 주기

가) 복제본에 관한 주기

나) 영인본의 원본에 관한 주기

다) 원본/복제본의 소장처에 관한 주기

8) 동일자료의 소재에 관한 주기

9) 이용 가능한 다른 형태자료에 관한 주기

10) 해제지에 관한 주기

11) 자료 내력에 관한 주기

12) 참조정보원에 관한 주기

13) 소장본에 관한 주기

가) 소장권책에 관한 주기

나) 낙장, 파손, 보사(補寫), 포갑(包匣)에 관한 주기

다) 인문(印文)

라) 장서기, 수증기(受贈記), 수령기(受領記), 수권기(受券記)

마) 장서기 이외의 지어(識語)나 묵서(墨書)

바) 소장 원본, 복제본의 청구기호

사) 열람용 소장본

아) 소장 관련 관리부호

14) 내용주기

가) 기술원칙

나) 입력수준

다) 내용주기의 기술

15) 합철, 합각, 합인물(合印物)에 관한 주기

16) 해제에 관한 주기

라. 일반주기

일반주기는 주기사항 중 어디에서도 규정되어 있지 않은 내용을 기술하고 자 할 때 적용한다.

1) 주기술부만으로는 그 자료의 내용 특성을 알 수 없을 경우 이를 주기한다.

표제와 책임표시사항　朱子書節要 / [朱熹(宋) 著] ; 李滉(朝鮮) 編

주기에 →　上欄外에 小字頭註

2) 주기술부의 내용으로는 본문의 문자나 서체를 짐작하기 어렵거나 懸吐, 飜譯, 註解 등의 사실 여부를 알 수 없을 경우 이에 관하여 주기한다. 다만 한자의 서체는 해서(楷書) 이외의 것만 주기한다.

한글本임

卷3은 國漢文混用임

한글懸吐本임

口訣略號懸吐本임

口訣正字懸吐本임

草書임

諺解本임

마. 주기술부에 관한 주기

1) 표제에 관한 주기

가) 卷首題面이나 표제면 이외의 表題, 裏題, 目錄題, 序題, 跋題, 外題面, 版權記題, 版心題, 書背題, 進箋題 등에서 본표제를 채기하였을 경우 그 출처를 주기한다.

표제: 版心題임

표제: 序題임

나) 표제로 채기된 것과 目錄題, 序題, 跋題, 表題(題簽題), 版權記題, 版心題, 書根題, 書背題, 進箋題나 통용 명칭으로 불리는 略標題 등이 다르고, 그 식별상 필요하다고 판단되는 경우 적당한 표출어를 앞세워 각각 주기한다.

표제와 책임표시사항　佛頂心陀羅尼經
주기에 →　版心題: 佛頂

표제와 책임표시사항　朝鮮文獻堂號譜 / 李肯洙(朝鮮) 編
주기에 →　版心題: 文獻堂號譜

版心題: 栗谷集

表題: 晩窩集

序題: 朴氏七賢擧義錄

다) 多卷帙本에서 본표제로 채기된 첫째 권 또는 첫 책의 卷首題面이나 표제면의 표제와 그 외 권책의 卷首題面이나 표제면의 표제가 서로 다른 경우, 이를 권책과 함께 주기한다.

第5卷의 卷首題: 正音通釋

라) 기술대상자료의 다른 표제 또는 改題書의 舊書名을 알 수 있는 경우나 별도로 표제를 만들어 사용한 경우, 이에 관한 사항을 주기한다.

異書名: 邦禮草本

舊書名: 松都志

書名: 文獻通考에 의해 補記함

마) 특정 자료가 다른 자료를 대체하여 刊寫된 경우 후속저록에는 대체전 표제를, 선행저록에는 대체후 표제를 각각 주기한다.

변경후 고서의 주기 → 유향. 別錄의 代替

변경전 고서의 주기 → 유흠. 七略으로 代替

바) 특정 자료가 다른 자료의 일부를 대체하여 간사된 경우, 후속저록에는 그 母體가 되는 자료의 표제를, 선행저록에는 일부 대체된 자료의 표제를 각각 주기한다.

사) 표제와 책임표시사항에 기술되지 않은 대등표제는 '對等標題'라는 표출어를 앞세워 주기한다.

(1) 복수의 대등표제가 있는 경우 두 번째 이하 대등표제

(2) 대등표제가 길어서 표제와 책임표시사항에 기술되지 못한 경우

(3) 본문이 한글인 자료에서 서로 달리 발음되지 않는 한글서명과 한자서명이 함께 있는 경우의 한자서명은 대등표제로 기술하지 않고 '漢字書名'이라는 도입어구를 앞세워 주기한다.

아) 번역서나 대역자료의 원본의 표제는 '原標題'라는 표출어를 앞세워 주기한다.

자) 표제와 책임표시사항에 기술되지 않은 표제관련정보는 '표제관련정보'라는 표출어를 앞세워 주기한다.

2) 책임표시에 관한 주기

가) 표제와 책임표시사항에 기술되지 않은 저자 또는 그 저작과 관련된 중요한 개인이나 단체는 필요할 경우 이를 적절한 표출어를 앞세워 주기한다.

(1) 저자가 4인 이상 이어서 첫 저자만 기술한 경우의 생략된 저자
(2) 번역물이나 대역물의 원본의 저자명
(3) 외국인의 原名과 한국형 이름이 함께 기재되어 있는 경우의 한국형 이름
(4) 被傳者, 懸吐者, 校正者 등 표제와 책임표시사항에 기술하지 못한 그 저작과 관련된 중요한 개인이나 단체

표제와 책임표시사항	陶丘先生實記 / 李泰植(朝鮮) 編
주기에 →	被傳者: 李濟臣(1536-1583)
	奉教勅撰者:
	懸吐者:
	校正者: 洪直弼

나) 책임표시와 관련된 개인의 전기적 정보나 단체의 역사적 정보를 주기한다.

1533(中宗37)-1609(光海君1). 朝鮮의 書畫家. 字는 季獻, 號는 玉山, 本貫은 德水栗谷의 아우. 1567年(明宗22) 進士에 合格, 軍資監正까지 지냄

3) 판사항에 관한 주기

가) 再版, 異版, 言語가 다른 판 등 다른 저작과의 관계 또는 동일저작의 다른 판들과의 관계를 나타낼 필요가 있는 경우, 이에 관한 내용을 주기한다.

서명저자사항　古今歷代標題註釋十九史略通攷 / 曾先之(元) 編
판사항　木板本
주기에 →　金屬活字本(丁酉字)도 있음

나) 多卷帙本에서 각 책 또는 각 권마다 판이 다른 경우 권책별 판사항을 주기한다.

版種: 卷1-2, 木板本 -- 卷3-4, 金屬活字本(丁酉字)

4) 刊寫事項에 관한 註記

가) 기년이 年號나 卽位紀年, 干支紀年, 甲子紀年, 建國紀年, 宗祖誕生紀年(佛教紀元, 孔子紀元, 大倧教開天紀元, 天道教布德紀元, 回教紀元 등)일 경우에는 연도를 나타내는 마지막 어구 다음에 해당 서력기년을 원괄호(( ))로 묶어 부기한다.

나) 紀年이 古稱干支紀年이거나 特殊干支紀年일 경우에는 일반 干支紀年으로 고친 紀年과 해당 西曆紀年을 반점 빈칸(,)으로 구분하여 원괄호(( ))로 묶어 부기한다.

다) 紀年이 '上之00年', '聖上00年', '予踐祚之00年', '今上之00年'式으로 표기된 것은 해당 왕의 廟號名을 冠記한 기년과 해당 西曆紀年을 반점, 빈칸(,)으로 구분하여 원괄호(( ))로 묶어 부기한다.

라) 자료에 기재된 木記, 刊記, 印記, 寫記 등의 刊寫記錄은 '刊記', '印記', '寫記', '木記' 등 그 내용을 나타내는 적절한 표출어를 앞세워 있는 그대로 주기하되, 부차적인 내용이 포함되어 있는 경우 생략부호(...)를 사용하여 축약할 수 있다.

刊記: 小紅葉樓編...戊辰(1868)刊行
印記: 當宁乙丑(1805)活印

마) 刊寫記錄이 그 책의 간사사실과 일치하지 않는 경우 '刊記', '印記', '寫記', '木記' 등의 어구 다음에 '실은 舊刊記', '실은 舊印記', '실은 舊寫記', '실은 舊木記' 등의 어구를

각괄호([ ])로 묶어 보기한 것을 표출어로 삼아 일치하지 않는 부분을 기술하고, 그 뒤에 바로잡은 연도나 干支, 卽位紀年을 '실은' 이란 어구를 앞세워 각괄호([ ])로 묶어 보기 한다.

> 刊記[실은 舊刊記]: 癸酉孟秋(1813)[실은 癸卯(1843)]
> 木記[실은 舊木記]:
> 寫記[실은 舊寫記]:

바) 서문이나 발문에 기재된 序尾記, 跋尾記 등의 저작 날짜는 그 명칭을 나타내는 적절한 표출어를 앞세워 있는 그대로 주기한다. 다만 序尾記나 跋尾記에 날짜나 저자에 관한 기록 이외에 品階나 官職名 등 부수적인 내용이 있을 경우, 생략부호(...)를 사용하여 축약할 수 있다.

> 序: 崇禎紀元後五丙午(1906)仲冬...宋秉珣序
> 序: 檀紀四二九九年丙午(1966)暮春節...[金]秉殷撰
> 手書刻序: 赤虎(丙寅, 1926)季春上浣...金世洛謹序
> 跋: 上之三十六年(英祖 36, 1760)六月日...[鄭]玉謹識
> 舊後敍: 聖上九年(正祖 9, 1785)二月庚寅春分日...前行世孫翊衛司翊贊黃胤錫敬書
> 鑄字跋:
> 重刊序:
> 重刊跋:
> 舊跋:
> 續集序:

사) 內賜記, 賜給記, 賞給記는 그 내용을 '內賜記', '賜給記', '賞給記'라는 표출어를 앞세워 주기하고, 內賜記의 경우 手決表示는 '手決'이란 어구를 각괄호([ ])로 묶어 표시한다. 다만 이들의 내용이 길어 생략할 필요가 있을 경우에는 서명과 받는 사람의 官職名

순으로 생략부호(...)를 사용하여 축약할 수 있다.

內賜記: 乾隆二十年(1755)四月日內賜執義 金履萬...右承旨臣李[手決]

賞給記: 旬題賦人格儒生金燦鶴 奎章全韻一卷賞給者辛酉(1861?)8月日

아) 進箋文, 進書表가 있는 자료인 경우 '進箋文', '進書表'란 표출어를 앞세워 주기하되, 그 자료를 撰修하게 된 來歷이나 撰修官의 職位, 姓名 등의 부차적인 내용은 생략부호(...)를 사용하여 축약할 수 있다.

進箋文: 乾隆五十年(1785)月日...金致仁等 謹上箋

進書表: 永樂十三年(1415)九月十五日...胡廣等 進上表

자) 다권질본에서 각 권책 마다 간사자가 달라 가장 주가 되거나 첫 번째 간사자를 간사사항의 간사자로 채기한 경우, 나머지 간사자를 주기할 수 있다.

차) 저작의 간사와 관련된 개인이나 단체로서 간사사항에 기술되지 않은 書寫者와 刻手者 등은 적절한 표출어를 앞세워 주기할 수 있다.

書寫者: 申命衍

刻手者: 叙堅, 貴朴

카) 영인본의 원본에 관한 간사사항을 주기한다.

5) 형태사항에 관한 주기

가) 裝訂의 紋樣, 色彩, 綴의 재료 등에 관한 것을 "裝訂"이란 표출어를 앞세워 주기한다.

裝訂: 正字後黃色厚楮表紙白絲綴

裝訂: 卍字紋바탕菊花紋玉色厚楮表紙紅色絲綴

나) 사용된 용지와 글씨의 墨色은 그 명칭으로 기술하되, 墨色이 黑色인 것은 기술하지 않는다. 용지와 墨色을 동시에 기술할 경우 가능하면 한덩어리의 말로 복합시켜 기술한다.

楮紙
竹紙
藁精紙
綿紙
麻紙朱色寫本
綿紙藍色印本

다) 단면 인쇄이면서 양면에 면수가 표시되어 있는 경우, 이 사실을 주기한다.
단면 인쇄에 面數가 兩面에 부여되어 있음

라) 형태사항에 권책수만으로 기재된 다책본인 경우, 그 책별 면장수를 주기할 수 있다.

面張數: 冊1(34面), 冊2(43面), 冊3(30面)

마) 광곽의 종류가 혼입되어 있고, 형태사항에 권수제면을 기준으로 광곽의 종류를 기술한 경우 그 혼입상황을 주기한다.

형태사항　四周雙邊
주기사항　上下雙邊 左右單邊 混入

바) 어미의 종류가 혼입되어 있고, 형태사항에 권수제면을 기준으로 어미를 기술한 경우 그 혼입상황을 주기한다.

형태사항　上下向黑魚尾
주기사항　上下向2葉花紋魚尾 混入

사) 다책본 중 일부 책의 크기가 달라 대부분에 해당하는 책의 크기를 형태사항에 기술한 경우, 일부 책의 크기를 주기한다.

크기: 冊3, 25.0 x 21.3 cm. -- 冊8, 23.4 x 20.6 cm

6) 총서사항에 관한 주기

가) 총서의 대등서명이 너무 길어 총서사항에 기술하지 못한 경우에는 "對等叢書名"이란 표출어를 앞세워 주기한다.

나) 총서의 표제관련정보가 식별상 필요한 경우에는 "叢書標題關聯情報"라는 표출어를 앞세워 주기한다.

바. 이용에 관한 주기

1) 자료의 이용 대상층 또는 자료의 지적수준을 가리키는 어구가 해당 자료상에 명시되어 있을 경우 이를 주기한다.

初步者 基礎漢字 學習用

2) 자료에 접근하는데 제한이 있는 경우, 그 접근제한에 관한 정보를 주기한다.

職員만 利用可能

制限: 使用許可書 必要

3) 자료를 이용하거나 복제하는데 제한이 따르는 경우 이에 관한 정보를 주기한다. 제한의 범주에는 複製, 展示, 이용과 관련된 사항이 포함된다.

비영리 목적으로만 복제할 수 있음

도서관 내에서만 이용가능

사. 서지주기

1) 참고자료

해당자료에 참고자료나 인용자료가 수록되어 있는 경우 이를 기술한다.

> 書誌와 索引이 包含되어 있음
>
> 參考文獻: 110-112面

2) 인용자료

해당자료가 다른 자료를 인용하여 제작된 것일 경우, 그 인용된 자료에 관하여 기술한다.

> 引用: 東國文獻備考, 1770

아. 사건의 일시와 장소에 관한 주기

해당자료 관련 사건의 발생 일시와 장소에 관한 사항을 주기한다.

> 1966年 10月 13日 慶州 佛國寺 釋迦塔에서 發掘

자. 부록 등에 관한 주기

1) 부록에 관한 주기

부록이 독립된 표제를 지니고 있는 경우에는 "附錄"이라는 표출어를 앞세워 부록의 표제와 책임표시 등 서지사항을 주기한다.

표제와 책임표시사항	御製自省編 / 英祖(朝鮮) 著 ; 文政殿(朝鮮) 編
주기에 →	附錄: 御製心鑑
표제와 책임표시사항	寄翁集 / 南漢紀(朝鮮) 著 ; 南有容(朝鮮) 編
주기에 →	附錄: 省齋零藁 / 南公輔 著 ; 南有容 編

독립된 저작의 성격을 가지고 해당 자료와는 별도로 저록되는 별책부록이 있는 경우 "別冊附錄"이라는 표출어를 앞세워 부록의 표제와 책임사항 등 서지사항을 주기한다.

표제와 책임표시사항	靈光金氏世譜 / 靈光金氏世譜所(朝鮮) 編
주기에 →	別冊附錄: 靈光金氏誌狀錄

2) 母體本에 관한 주기

해당 자료가 다른 자료의 별책부록일 경우 "母體本"이라는 표출어를 앞세워 모체본의 표제와 책임표시 등 서지사항을 주기한다.

표제와 책임표시사항	靈光金氏誌狀錄 / 韓用龜(朝鮮)...等撰
주기에 →	母體本: 영광김씨세보소. 靈光金氏世譜

3) 기본자료에 관한 주기

기술대상자료가 다른 자료의 구성요소로 수록된 경우에는 "收錄處"라는 표출어를 앞세워 수록되었던 자료의 표제와 책임표시, 발행자 등 서지사항을 주기한다.

표제와 책임표시사항	耕隱逸稿 / 李孟專(朝鮮) 著
주기에 →	收錄處: 조기영. 生六臣先生集

차. 복제본이나 영인본의 원본에 관한 주기

1) 영인본의 원본에 관한 주기

기술대상자료가 영인, 복사, 마이크로형태 등에 의한 복제물인 경우, "原本刊寫事項", "原本" 등 적절한 표출어를 앞세워 원본에 관한 사항을 주기한다.

原本刊寫事項: 奎章閣, 正祖 20(1796)

原本版事項: 木板本

2) 원본/복제본의 소장처에 관한 주기

원본이나 복제본이 타기관에 소장되어 있는 경우, 그 소장기관명을 주기한다. 원본이나 복제본 소장기관의 청구기호를 나타낼 필요가 있는 경우 소장기관명 다음에 원괄호로 묶어 기술한다.

原本 所藏機關: 日本大阪府立中之島圖書館(韓6-39)

複製本 所藏機關: 韓國精神文化研究院

카. 동일자료의 소재에 관한 주기

동일자료 또는 그 일부가 다른 기관에 소장되어 있는 경우 기술대상자료와 관련된 자료의 표제 및 보관자의 이름과 주소, 관계 등을 주기한다.

渼湖集 ; 大阪府立圖書館特別集書目錄 ; 함께 所藏 ; 大阪府立圖書館

小學諸家集註 ; 卷首, 卷1 所藏 ; 奎章閣

錦溪先生文集 ; 함께 所藏 ; 國史編纂委員會

타. 이용 가능한 다른 형태의 자료에 관한 주기

기술대상자료가 이용 가능한 다른 형태물(마이크로형태자료나 전자파일 등)로 제작, 유통되고 있는 경우 이를 주기한다. 이용 가능한 다른 형태자료가 별도로 목록이 작성되는 경우에는 "이용 가능한 다른 형태자료"라는 표출어를 앞세워 주기하고, 별도로 목록이 작성되지 않는 경우에는 이용 가능한 다른 형태자료가 있다는 사실만 주기한다.

마이크로필름(奎章閣, 1970) 利用 可能

파. 수록해제지 등에 관한 주기

기술대상자료가 해제지나 초록지, 색인지에 수록되어 있는 경우, "收錄解題收" 등 적절한 表出語를 앞세워 수록된 해제지, 초록지, 색인지의 서명을 기술한다.

收錄解題誌: 국립중앙도서관 고문서해제 I

하. 자료의 내력에 관한 주기

기술대상자료가 제작되어 입수될 때까지의 내력이나 자료의 出典에 관한 사항을 주기한다. 여기에는 해당자료를 입수했을 당시의 소유자와 그의 주소, 해당자료가 파손되었을 때 그 마지막 소유자에 관한 사항 등의 정보가 포함된다.

1966年 5月 28日 日本政府로부터 返還文化財로 인수함

까. 참조정보원에 관한 주기

해당자료를 분석, 연구, 이용하는데 필요한 참조정보원에 대한 내용을 적절한 표출어를 사용하여 주기한다.

研究: "大學衍義가 朝鮮朝 統治理念書 편찬에 미친 영향 / 송정숙",
書誌學研究. 第12輯. p. 171-200

따. 소장본에 관한 주기

1) 소장권책에 관한 주기

전질 중 缺卷이 많아 권차를 표제와 책임표시사항의 권차표시에 기술하기가 번잡하여 생략한 경우, 그 상세한 소장 권차를 주기하되, 필요한 경우 해당 책차를 권차 뒤 원괄호 속에 부기할 수 있다.

所藏本: 卷5-8, 13-16, 27, 31-32, 37-39, 41, 43
所藏本: 卷1-3(冊1), 卷4-7(冊2), 卷8-11(冊3), 卷20-24(冊6)

2) 落張, 破損, 褙接, 補寫, 包匣에 관한 주기

자료가 刊印(筆寫)된 이후 소장 과정 중에 나타난 落張, 破損, 褙接, 補寫, 包匣 등이 있는 경우 그 사실을 다음과 같이 주기한다.

가) 낙장, 파손: 낙장이 있는 부분과 파손된 부분을 구체적으로 기술한다.

落張: 10, 23-27, 39, 44-48張

落張많음

卷末 破張本임

卷四 훼손 심함

나) 褙接: 표지를 두텁게 하거나 훼손이 심한 면을 褙接한 것은 배접사실을 기술하되 중요하다고 판단되는 정보가 있다면 이를 아울러 주기한다.

褙接: 1998年5月 卷上을 褙接

다) 補寫: 자료중 일부가 落張 또는 破損으로 인하여 補寫物이나 내용이 같은 다른 인쇄물로 補綴하였을 경우 이를 주기한다.

內容一部와 序文 跋文을 補寫하였음

第6冊은 補寫本임

卷十의 第1-2張 補寫

卷一의 第36張은 木板本으로 補綴

라) 包匣: 자료의 보관을 위하여 包匣하였을 경우 이를 주기한다.

包匣

3) 印文

가) 所藏, 下賜, 贈呈이나 각종 證據의 목적으로 자료에 찍힌 印은 그 印影을 '印'이라는 표출어를 冠記하여 그 전문을 기술한다. 동일 장서자의 印文이 둘 이상 있는 경우에는 印 사이를 반점 빈칸(,)으로 구분하며, 성질을 달리하는 두 개 이상의 印이 있을 경우에는 그 사이를 빈칸 반쌍점 빈칸(;)으로 구분하여 기술한다.

印: 安陵後印, 李壽益

印: 宣賜之記 ; 奎章之寶

나) 일부 印影(문자)이 판독하기 불가능할 경우에는 해당 위치에 물음표(?)를 각괄호([ ])로 묶어 기재하며, 전부가 판독 불가능할 경우에는 '印影判讀難' 식으로 기술한다.

印: 歷[?]古今訥山干黙徹上, 訥谷謹封

4) 藏書記, 受贈記, 受領記. 受券記

자료가 刊印(筆寫)된 이후에 책을 증정하는 사람이나 소장자에 의하여 가해진 受贈記나 藏書記, 受領記, 受券記 등이 있을 경우 그 전문을 적절한 표출어를 앞세워 주기한다.

受贈記: 嘉靖丙寅(1566)秋 密陽府使李光生正慮印贈

藏書記: 建隆四十年乙未(1775)正月初十日買得主安仁宅

受領者: 判書 鄭太和

受券者: 萬戶 李時獻

5) 藏書記 以外의 識語나 墨書

藏書記나 受贈記 이외에 藏書者에 의하여 추가로 표시된 懸吐, 頭註, 각 종 識語나 墨書 등이 있는 경우 그 전문을 적절한 표출어를 앞세워 주기한다.

墨書: 本文에 日記記事를 墨書함

6) 閱覽用 所藏本

해당기관이 원본과 복제본을 함께 소장하고 이들을 하나의 저록으로 작성한 경우, 이용자에게 열람용으로 제공되는 자료가 복제본으로 제한되어 있다면 이를 주기한다.

閱覽用은 複寫本임

빠. 내용주기

1) 복수의 저작이 수록된 자료의 본표제로 종합서명이나 대표서명, 총서명, 첫 번째 개별서명 중 하나가 기술되었을 경우, 본표제로 기술되지 않은 각각의 개별표제와 책임표시 등을 기술한다.

2) 입력수준

가) 完帙로 입력되는 경우에는 "內容"이란 표출어를 앞세워 기술한다.

나) 完帙로 입수되지 않아 일부만 입력되는 경우에는 "不完全內容"이란 표출어를 앞세워 기술한다.

다) 完帙로 입수되었음에도 필요에 의해 나누어 입력되는 경우에는 "部分內容"이란 표출어를 앞세워 기술한다.

3) 내용주기의 기술

가) 不分卷單冊本

동일 저자의 복수의 저작인 경우는 합집된 모든 저작을 온점 빈칸 붙임표 빈칸(. --)으로 구분하여 책임표시 없이 한 문단으로 기술한다.

內容: 兩班傳. -- 虎叱. -- 許生傳. -- 廣文者傳. -- 閔翁傳. -- 穢德先生傳

여러 저작이 수록되어 있고, 저작별로 각각의 책이표시가 있는 경우에는 해당 표제와 책임표시를 빈칸 빗금 빈칸(/)으로 짝지워 기술하되, 짝을 이루는 각 단위마다 온점 빈칸 붙임표 빈칸(. --)으로 구분한다.

內容: 閱古閣叢稿 / 鮑康. -- 海東金石苑 / 劉喜海 撰

여러 저작이 수록되어 있고, 저작별로 동일한 책임표시가 있는 경우에는 동일 저자의 표제와 표제 사이는 빈칸 반쌍점 빈칸(;)으로, 한 저작의 표제/책임표시와 다른 저작의 표제/책임표시 사이는 온점 빈칸 붙임표 빈칸(. --)으로 구분하여 기술한다.

內容: 閱古閣叢稿 ; 閱古閣泉說 / 鮑康. -- 海東金石苑 / 劉喜海 撰

나) 多卷單冊本, 多卷多冊本, 不分卷多冊本

다권본(또는 다책본)은 각 권(책) 마다 권차, 표제, 책임표시를 하나의 단위로 기술한다. 권차는 반점 빈칸(,)으로 표제와 구분하되, 권차와 책차가 함께 기술되는 경우에는 책차를 권차 뒤에 원괄호로 묶어 기술하며, 각 단위는 온점 빈칸 붙임표 빈칸(. --)으로 구분하여 기술한다.

內容: 卷1-5, 訥齋稿 / 李泰淵. -- 卷6, 正郎公稿 / 李亨稷. -- 卷7, 聽波軒稿 / 李秀蕃

內容: 卷1-2(冊1), 午谷遺集 / 李德圭 著. -- 卷3(冊2), 遠浦遺集 / 李在憲 著. -- 卷4-7(冊3-4), 恩窩遺集 / 李麟至 著

싸. 합철, 합각, 合印物에 관한 주기

복수의 저작이 종합표제나 대표표제 없이 각각 그 卷頭題面이나 標題面을 가지고 있는 合綴, 合刻, 合印書인 경우, 두 번째 이하 자료의 표제와 책임표시를 "合綴", "合刻", "合印"이라는 표출어를 앞세워 기술한다. 두 번째 이하 자료의 서지사항이 주기술부에 기술된 것과 다른 경우에는 표제와 책임표시사항부터 총서사항까지를 규정된 구두법을 사용하여 기술한다.

표제와 책임표시사항	智堂實紀
주기에 →	合綴: 仁竹聯芳實紀 / 朴世雲, 朴世爀

표제와 책임표시사항	天地冥陽水陸齋儀 / 竹庵猷師(?) 編
주기에 →	合刻: 天地冥陽水陸雜文 / [編著者未詳]. -- 木板本

짜. 해제에 관한 주기

자료에 대한 해제나 자료의 범위 등을 나타내고자 하는 경우, "解題"라는 표출어를 앞세워 주기한다.

解題: 本書는 正祖16年壬子(1784)正月-純祖17年(1817) 4年間 官吏敍用에 關한 銓衡 經緯를 年次別로 記載한 것인데 當時 吏曹保管文書

10. 표준번호 및 입수조건사항

일반적으로 고서에는 표준번호가 적용되지 않는다. 다만 ISBN이나 ISSN 등의 표준번호나 이와 대등한 번호를 포함한 영인본의 경우, 이를 기재할 수 있다.

기술요목과 순서는 다음과 같다. 다만 고서에서는 등록표제를 기술하지 않는다.

① 표준번호

② 등록표제

③ 입수조건표시

가. 표준번호

국제표준번호(ISBN, ISSN, ISMN, CODEN 등), 국가표준번호 등의 표준번호를 그 범위로 한다. 'ISBN', 'ISSN', 'ISMN', 'CODEN' 등 번호의 내용을 나타내는 어구를 기재한 다음 해당 자료에 표시된 표준번호를 기재한다. 특정 국가의 고유한 국가표준번호가 표시되어 있는 것은 적절한 도입어구를 앞세워 이를 기술할 수 있다.

나. 등록표제

고서에는 적용하지 않는다.

다. 입수조건표시

기술대상자료에 표시되어 있는 정가 또는 입수와 관련된 어구나 숫자를 그 범위로 한다. 가격, 비매품, 회원배포, 관내자료 등의 정보가 기재되어 있는 경우 ISBN이나 ISSN(혹은 등록표제) 다음에 이를 기술한다.

ISSN 1011-2073 = Dosegwan : 비매품

제7장 한국문헌자동화목록형식(KORMARC) 통합서지용(KS X 6006-0)[27]의 이해

이 장에서는 MARC 작성 시 고서의 서지정보를 컴퓨터에 축적하고 검색하는데 필요한 레코드의 구조와 데이터의 내용식별, 표현, 배열법 등 그 세부 사항을 고찰하고자 한다. 아래 기술한 내용은 한국문헌자동화목록형식(KORMARC) 통합서지용 가운데 고서의 서지 레코드 작성과 관련이 있는 중요한 부분만을 발췌하여 수록하였다.

1. 설계원칙

통합서지용 한국문헌자동화목록형식(KORMARC)은 각종 자료에 대한 서지정보의 교환을 목적으로 도서관시스템 간의 레코드 교환에 필요한 명세(specification)를 제공한다.

27) 국립중앙도서관 편, 한국문헌자동화목록형식:통합서지용, 서울 : 2014. 5. 8 개정판.

2. 형식의 범위

통합서지용 KORMARC 형식은 인쇄 또는 필사된 도서, 계속자료, 전자자료, 지도자료, 녹음자료, 시청각자료, 고서, 복합자료의 서지정보를 담을 수 있도록 설계되었다. 서지데이터에는 공통으로 자료의 표제, 저자명, 판사항, 발행사항, 형태사항, 주제, 주기에 대한 정보를 포함하고 있다. 자료의 형태에 따른 적용 서지형식은 다음과 같다.

가. 도서(BK)
나. 계속자료(CR)
다. 전자자료(ER)
라. 지도자료(MP)
마. 음악/녹음자료(MU)
바. 시청각자료(VM)
사. 고서(RB) – 대한제국(1910) 이전에 간인(刊印), 필사(筆寫)된 동장본(東裝本)을 말한다.
아. 복합자료(MX)

3. 서지레코드의 구성요소

KORMARC 서지레코드는 리더, 디렉토리, 가변길이필드 등 세 개의 주요 구성요소로 되어 있으며, 서지레코드의 구조는 다음과 같다.

리더	디렉토리	가변길이필드												
		제어필드1 FT	2	3	4	...	nFT		데이터필드1 FT	2	3	4	...	FT RT

모든 레코드는 레코드의 처리에 필요한 정보를 갖고 있는 고정길이필드인 리더로 시작된다. 리더 다음에는 레코드 내에 있는 가변길이필드의 위치를 지시해 주는 디렉토

리가 나온다. 그 다음으로 제어필드와 일반데이터를 갖고 있는 데이터필드들이 나온다. 리더를 제외한 모든 필드의 끝에 필드종단기호(FT=ASCII 1E16")를 기술하며, 이 문헌에서는 KS X 1001(전 KS C 5601)에서 지원하는 해당 문자 형태(▲)를 사용하였다. 마지막 데이터 필드의 끝에는 필드종단기호 다음에 레코드 종단기호(RT=ASCII 1D16")를 기술한다.

가. 리더(Leader)

리더는 레코드의 첫 번째 필드로서, 24자(00~23)로 편성된 고정길이 필드로 레코드 처리를 위한 정보를 제공하는 데이터요소이다. 이 데이터요소는 레코드의 처리에 필요한 매개변수(parameter)를 정의하는 부호값으로 숫자와 영문소문자를 사용한다. 리더는 표시기호, 지시기호, 식별기호를 기술하지 않으며, 각자의 위치에 의해 성격이 결정된다. 리더는 24개의 자리로 고정되어 있으며 그 구조는 다음과 같다.

레코드 길 이	레코드 상 태	레코드 유 형	서지수준	제어유형	문자부호화 체 계	지시기호 자리수	식별기호 자리수	데이터 기본번지
00-04	05	06	07	08	09	10	11	12-16

입력수준	목록기술 형 식	다권본 자원의 레코드 수준	엔트리 맵
17	18	19	20-23

나. 디렉토리(Directory)

디렉터리는 리더 뒤에 나오는 것으로 어떤 필드가 어느 위치에 있으며 길이가 얼마인가를 지시해 주는 데이터가 기재되며 한 레코드에서 각 가변길이 필드의 표시기호, 필드길이, 필드 시작위치를 나타내는 일련의 항목이다. 디렉토리는 해당 레코드의 25번째 자수위치부터 시작된다. 디렉토리는 레코드 내에 있는 가변길이필드 마다 하나씩 배정된 '디렉토리 항목'이라는 고정길이 필드로 구성된다. 디렉터리 항목은 12자리를 한 단위로 하며, 한 레코드에서 디렉터리 항목의 수는 입력된 표시기호 수와 동일하다.

가변길이제어필드에 대한 디렉토리 항목은 첫 번째로 나타나며 표시기호 순에 의해 순차대로 배열된다. 가변길이데이터필드에 대한 항목은 표시기호에 의해 순차대로 배열된다. 디렉터리는 시스템이 자동 생성하는데, 자신의 표시기호, 지시기호, 식별기호를 갖지 않으며 끝에는 필드종단기호(ASCII 1E16)로 끝나며 그 구조는 다음과 같다.

<table>
<tr><td colspan="3">디렉토리 항목 1</td><td colspan="3">디렉토리 항목 2</td><td>…</td><td rowspan="2">필드종단기호
(FT)</td></tr>
<tr><td>표시기호</td><td>필드길이</td><td>필드시작위치</td><td>표시기호</td><td>필드길이</td><td>필드시작위치</td><td>…</td></tr>
</table>

00-02　03-06　07-11

다. 가변길이필드(Variable fields)

가변길이필드는 제어필드와 데이터필드로 구성되며 각각의 필드를 유형별 또는 기능별로 표시하는 표시기호가 부여된다. 제어필드는 00X 표시기호가 부여되며 지시기호와 식별기호 없이 데이터와 필드종단기호만으로 구성된다. 데이터필드는 00X 이외의 표시기호가 부여되며 지시기호와 식별기호, 데이터 및 필드종단기호로 구성된다. 표시기호는 디렉토리를 작성할 때 디렉토리로 옮겨지므로 가변길이필드에는 해당 필드의 지시기호부터 나오게 되며 그 구조는 다음과 같다.

<table>
<tr><td colspan="2">지시기호</td><td colspan="2">식별기호 1</td><td rowspan="2">데이터내용 1</td><td rowspan="2">…</td><td colspan="2">식별기호 n</td><td rowspan="2">데이터내용 n</td><td rowspan="2">필드종
단기호
(FT)</td></tr>
<tr><td>제1
지시기호</td><td>제2
지시기호</td><td>구분기호</td><td>데이터
식별기호</td><td>구분기호</td><td>데이터
식별기호</td></tr>
</table>

가변길이필드에는 가변길이제어필드와 가변길이데이터필드가 있다.

가변길이제어필드(Variable control fields)란 00X 필드를 말한다. 이 필드는 디렉토리의 필드 표시기호로 식별이 가능하지만 지시기호나 식별기호를 갖지는 않는다. 가변길이제어필드는 가변길이데이터필드와 구조적으로 다르다. 즉 단일 데이터요소이거나 각각의 상대위치에 따라 성격이 결정되는 고정길이데이터요소로 구성된다.

가변길이데이터필드(Variable data fields)란 가변길이제어필드 이외의 가변길이 필드를 말한다. 이 필드는 디렉토리의 필드 표시기호로 식별되며, 각 필드의 시작위치에 2자리의 지시기호를 가지며, 그 필드 내에서는 데이터요소마다 2자리의 식별기호를 갖는다.

가변길이필드는 표시기호의 첫 번째 숫자에 따라 0~9까지의 블록으로 나누어지며 표시기호에 의해 레코드 내의 기능을 식별할 수 있다. 필드에서 정보의 유형은 표시기호의 첫 번째 문자를 제외한 나머지 숫자에 의해 구분되는데 그 내용은 다음과 같다.

0XX 제어정보, 식별정보, 분류기호 등

1XX 기본표목

2XX 표제와 책임표시사항(표제, 판사항, 발행사항)

3XX 형태사항

4XX 총서사항

5XX 주기사항

6XX 주제명부출표목

7XX 주제명이나 총서명 이외의 부출표목, 연관저록필드

8XX 총서명부출표목, 소장정보 등

9XX 로컬필드

1XX, 4XX, 6XX, 7XX, 8XX 블록 내에서 표시기호의 뒷부분 2자리의 숫자에는 일반적으로 다음과 같은 의미가 있다.

X00 개인명 X40 표제명

X10 단체명 X50 주제명

X11 회의명 X51 지명

X30 통일표제

가변길이데이터필드에는 지시기호와 식별기호 두 종류의 기호를 적용한다.

1) 지시기호(Indicator positions)

지시기호는 표시기호가 나타내는 정보 이외의 정보를 추가하여 나타내고자 사용하는 기호로서 그 필드의 첫 번째 2자리에 위치한다. 가변길이데이터필드에서 처음 2자리 문자위치에 기술되며 지시기호의 2자리 값은 2자리가 함께 의미를 갖는 것이 아니라 각각 독립적인 의미를 가진다.

지시기호는 숫자 혹은 빈칸(ASCII Space)을 사용한다. 이 문헌에서는 빈칸 표시로 "b/"을 사용하였으며 빈칸은 지시기호가 정의되지 않은 것을 의미하거나 정의되어 있는 지시기호에서는 빈칸이 어떤 의미를 가질 수도 있고 관련정보가 없음을 나타내기도 한다.

2) 식별기호(Subfield codes)

식별기호는 가변길이필드내의 각 데이터요소를 식별하기 위하여 사용되는 부호로서, 각 데이터요소에 대하여 2자리로 나타내며, 구분기호(ASCII 1F16") 1자리와 ASCII 영문소문자나 숫자 1자리를 사용한 데이터 식별기호로 구성되어 있다. 이 문헌에서는 KS X 1001(전 KS C 5601)에서 지원하는 해당 문자(▾)를 사용하였다.

식별기호는 데이터요소 식별을 위해 정의된 것으로, 배열과는 무관하다. 식별기호의 순서는 일반적으로 목록규칙과 같은 기준을 따른다.

4. 표시기호의 적용수준

해당 표시기호의 적용수준은 "필수", "해당시필수", "재량"으로 표시하였다. 필수(Mandatory)는 해당되는 내용의 유무에 관계없이 반드시 적용해야 하는 표시기호이고 해당 시 필수(Mandatory if applicable)는 해당되는 내용이 있는 경우 반드시 적용해야 하는 표시기호이며 재량(Optional)은 해당되는 내용이 있는 경우에도 적용여부를 재량으로 정할 수 있는 표시기호이다.

5. 00X 제어필드

표시기호 001부터 009까지 해당되며, 제어번호와 최종처리일시, 형태기술필드, 부호화정보필드가 포함된다. 제어필드에는 지시기호와 식별기호를 사용하지 않는다.

제어필드에는 기계가 읽을 수 있는 서지레코드의 처리에 필요한 제어번호와 다른 종류의 제어 및 부호화된 정보를 기술한다.

009 필드는 각 기관의 목적으로 사용할 수 있도록 지정되어 있으며 이 문헌에서는 기술하지 않는다. 이 필드의 내용은 001 제어번호, 003 제어번호 식별기호, 005 최종처리일시, 006 부호화정보필드-부가적 자료특성, 007 형태기술필드, 008 부호화정보필드가 있다.

가. 001 제어번호(Control Number)

반복불가	필수

이 필드는 레코드를 작성, 사용, 또는 배포하는 기관에 의해 부여된 제어번호를 기술한다. 교환을 목적으로 할 때에는 교환을 주도하는 기관에서 제어번호의 구조와 입력규칙에 관한 설명서를 상대기관에 제공해야 한다.

001 필드에 나타나는 시스템 제어번호가 어느 기관의 것인지 구별하기 위해 003(제어번호식별기호) 필드에 해당 부호를 기술한다. 레코드를 받는 기관은 001 필드에 기록된 제어번호(003필드의 제어번호 확인부호와 함께)를 010(미국국회도서관 제어번호), 012(국립중앙도서관 제어번호), 035(협력기관 제어번호) 중 해당필드로 옮기고 자관의 제어번호를 이 필드에 입력할 수 있다.

제어번호는 그 레코드에 대한 으뜸키로서의 역할을 하며, 이 필드에서는 지시기호나 식별기호를 사용하지 않는다. 001 필드는 일반적으로 시스템에서 생성된다.

예) 001KMO199200234b/b/
003011001

001DM199154245100

003101113

012KDM199154245b/b/

나. 003 제어번호 식별기호(Control Number Identifier)

반복불가	필수

이 필드는 001(제어번호) 필드에서 제시된 시스템 제어번호를 부여한 기관의 부호를 기술 한다. 국내도서관의 경우에는 "부속서 7. 한국도서관부호표"의 해당부호를 기술하고 서지유틸리티를 포함한 외국의 도서관의 경우에는 그 기관명 부호를 "MARC Code List for Organizations (www.loc.gov/marc/organizations/)"에 의거하여 기술한다.

001 필드의 기호들이 바뀔 때마다 기관들은 003 필드의 도서관부호가 001 필드의 번호로 적용되었는지 반드시 확인해야 하며, 이 필드에서는 지시기호나 식별기호를 사용하지 않는다.

예) 001b/880524405b/b/

003DLC

다. 005 최종처리일시(Date and Time of Latest Transaction)

반복불가	필수

이 필드는 일반적으로 시스템에서 생성된다.

라. 006 부호화정보필드 – 부가적 자료 특성(Fixed-Length Data Elements-Additional Material Characteristics)

반복	재량

이 필드는 14자리(00-13)로 구성되며, 008(부호화정보필드) 필드에서 부호화되지 못하는 자료의 특정 정보를 부호화하기 위해 사용된다. 이는 자료의 형식이 다양할 때

이에 관한 정보를 기술하기 위하여 사용된다. 예로 인쇄자료에 연속적으로 발행되는 지도나 카세트테이프가 함께 있는 경우, 008 필드는 반복 사용할 수 없으므로 주된 자료의 유형을 008 필드에 적용하고 부가되어 있는 자료에 대한 형식은 006 필드에 적용한다.

이 필드에서는 00 자리만 기술한다. 다른 자수위치들은 다음의 008 필드(고정길이 데이터 요소)에 기술되어 있다. 006 필드의 자수위치 01-13에 기술되는 내용은 008 필드의 자수위치 18-25, 29-31, 33-34와 관련되어 있다. 006/00(자료형태) 부호와 008 필드의 상대적인 배치는 다음과 같다. 006 필드와 008 필드는 한 저작에 관한 서지적 정보를 기술하는 것인 반면에 007 필드는 해당자료의 물리적 특성에 관한 정보를 기술하는 것인 점에 유의하여야 한다.

006 필드는 주로 연속간행물이나 멀티미디어에 사용된다.

마. 007 형태기술필드(Physical Description Fixed Field)

반복	재량

이 필드는 해당자료의 물리적 특성에 관한 상세 정보를 부호형태로 기술한다. 정보에는 딸림자료 같은, 자료의 일부분이나 전체가 나타날 수도 있다. 물리적 특성은 한 레코드 내의 다른 부문에 있는 정보 특히, 300(형태사항) 필드나 5XX(주기사항) 필드와 관련이 있다.

007 필드는 일반적인 나무 구조를 가지고 있으므로 007/00(자료범주)에서 부여된 부호는 그 다음 입력해야 할 각 자리 값의 데이터 요소를 결정한다.

007 필드의 데이터요소는 위치로서 결정되고, 007/00에 기술되는 부호에 따라 007 필드의 하위의 데이터요소 값이 결정된다. 00의 자리는 자료 범주를 식별하는 부호를 기술한다.

고서의 경우는 다음과 같다.

1) ／00 자료범주표시

유형에는 1자리 부호로 나타낸다. 이 자리에는 채움문자(|)를 적용할 수 없으

며, 사용되는 부호는 다음과 같다.

o - 고서

2) /01 특정자료종별

특정자료종별은 1자리로 나타낸다. 채움문자(|)는 이 자리에 부호를 사용하지 않기로 결정한 경우 적용하며, 사용되는 부호는 다음과 같다.

a - 권축장(卷軸裝, 卷子本)

b - 절첩장(折帖裝)

c - 호접장(蝴蝶裝)

d - 포배장(包背裝)

e - 선장(線裝)

f - 족자(簇子)

g - 접포(摺鋪. 첩물:疊物)

h - 모장(毛裝, 가철본:仮綴本)

i - 낱장

u - 특정화하지 않음

z - 기타(其他)

| - 부호화하지 않음

바. 008 부호화 정보필드(Fixed-Length Data Elements)

반복불가	필수

부호화정보필드는 40자리로 고정된 필드로서 레코드 전반과 서지적인 특성에 대한 정보를 데이터관리와 검색에 편리하도록 부호화하여 기재된다.

지시기호, 식별기호는 사용하지 않으며 00-17, 26-28, 32, 35-39의 자리는 모든 형태의 자료에 동일하게 적용되고 18-25, 29-31, 33-34 자리는 각 자료의 특성에 따라 상이하게 정의된다(도서:BK, 전자자료:ER, 지도자료:MP, 음악/녹음자료:MU, 계속자료:CR, 시청각자료:VM, **고서:RB**, 복합자료:MX. **다만, 고서의 26-27, 38-39의 자리는 별도로 정의한다**).

고서자료는 리더의 06(레코드 유형) 자리가 w(고서)일 경우, 008/18-25, 29-31, 33-34 자리에 해당부호를 적용한다. 008 필드의 00-17, 26-28, 32, 35-37 자릿수에는 008 필드의 모든 유형에서 공통적으로 정의되며, 관련 내용은 008-공통에 기술되어 있다. 다만 고서에서는 다른 자료와 달리 008/26-27(한국대학부호), 008/38-39 (한국정부기관부호)는 미정의(b/)를 적용한다.

008/18-25, 29-31, 33-34 자리는 006/00의 부호가 w(고서)일 때 정의된 006/01-13의 데이터 요소들을 같이 사용한다. 고서를 위해 006 필드와 008 필드에서 사용되는 자리위치에 대한 상세한 설명은 008-고서의 '적용지침'에 설명되어 있으며 고서의 자수위치는 다음과 같다.

1) /18 삽화표시(006/01)

삽화표시는 1자리로 표시하며, 해당자료에 나타나 있는 삽화의 유형부호를 기술한다. 이 자리를 사용하지 않기로 한 경우 채움문자(|)를 적용하며, 사용되는 부호는 다음과 같다.

b/ - 해당없음

해당자료에 삽화가 수록되어 있지 않는 경우이다. 008/18에 빈칸(b/)이 적용되는 경우, 008/19-21 자리도 항상 빈칸(b/)으로 기술한다.

a - 삽화

해당자료에 삽화가 수록되어 있는 경우이다. 삽화의 유형에 적합한 부호가 없는 경우, 부호 a를 적용한다.

b - 지도

해당자료에 지도가 수록되어 있는 경우이다. 300 필드에는 '지도'로 기술한다.

c - 초상화(또는 인물사진)

해당자료에 초상화가 수록되어 있는 경우이다. 300 필드에는 '초상화'로 기술한다.

d - 표

해당자료에 그래프나 표가 수록되어 있는 경우이다. 300 필드에는 '도표'로 기술한다.

e - 설계도

해당자료에 설계도가 수록되어 있는 경우이다. 300 필드에는 '설계도'로 기술한다.

f - 도판

해당자료에 도판이 수록되어 있는 경우이다. 300 필드에는 '도판'으로 기술한다.

g - 악보

해당자료에 악보가 수록되어 있는 경우이다. 300 필드에는 '악보'로 기술한다.

h - 영인물

해당자료에 영인물이 수록되어 있는 경우이다. 300 필드에는 '영인물'로 기술한다.

i - 문장(紋章)

해당자료에 문장(紋章)이 수록되어 있는 경우이다. 300 필드에는 '문장'으로 기술한다.

j - 계보

해당자료에 연대표, 연표, 가계도가 수록되어 있는 경우이다. 300 필드에는 '계보'로 기술한다.

k - 서식 및 양식

해당자료에 서식이나 양식이 수록되어 있는 경우이다. 300 필드에는 '서식'으로 기술한다.

l - 견본(실물견본)

해당자료에 견본이 수록되어 있는 경우이다. 300 필드에는 '견본'으로 기술한다.

o - 사진

p - 채색장식(彩色裝飾)

해당자료에 빛깔이나 무늬를 넣거나 장식이 된 글자가 포함되어 있는 경우에 적용한다.

s - 변상도(變相圖)

해당자료에 불교에 관한 여러 가지 내용을 시각적으로 조형화한 그림이 있는 경우에 적용한다. 불경에 있어서 권두의 변상도(變相圖)는 당해 서적의 내용을 압축하여 나타내고 있다.

t - 산도(山圖), 묘도(墓圖)

산도 또는 묘도는 풍수적 사고가 반영된 지도로서 족보에 수록되는 경우가 많았으며, 집 또는 마을 지도에도 적용된다.

| - 부호화하지 않음

2) /19 광곽(006/02)

광곽(匡郭)은 1자리로 표시하며, 판의 사주를 둘러싼 선의 종류를 나타낸다. 이 자리를 사용하지 않기로 한 경우 채움문자(|)를 적용하며, 사용되는 부호는 다음과 같다.

b/ - 적용 안함

광곽의 유형을 세분하지 않는 경우에 적용한다.

a - 사주단변(四周單邊)

해당자료에서 서엽(書葉)의 네 테두리 광곽(匡郭)이 한 개의 선으로 되어 있는 것. 사주단란(四周單欄)이라고도 한다.

b - 사주쌍변(四周雙邊)

해당자료에서 서엽의 네 테두리 광곽(匡廓)이 두 개의 선으로 되어 있는 것. 사주쌍란(四周雙欄) 또는 자모쌍변(子母雙邊), 자모쌍선(子母雙線)이라고도 한다.

c - 상하단변(上下單邊) 좌우쌍변(左右雙邊)

해당자료에서 판(版)의 네 테두리 가운데 좌우만 검은 쌍선(雙線)을 그은 것일 경우에 적용한다.

d - 상하쌍변(上下雙邊) 좌우단변(左右單邊)

해당자료에서 판(版)의 네 테두리 가운데 좌우만 검은 단선(單線)을 그은 것일 경우에 적용한다.

e - 상하단변(上下單邊)

두루마리 형식의 卷軸裝, 折帖裝에서 상하의 테두리가 한 개의 선으로 되어 있는 경우에 적용한다.

f - 상하쌍변(上下雙邊)

두루마리 형식의 卷軸裝, 折帖裝에서 상하의 테두리가 두 개의 선으로 되어 있는 경우에 적용한다.

g - 사주무변(四周無邊)

해당자료에서 서엽(書葉)의 네 테두리 광곽(匡郭)이 없는 경우에 적용한다.

| - 부호화하지 않음

3) /20 사경 및 사본의 계선(006/03)

사경(寫經) 및 사본(寫本)의 계선(界線)은 1자리로 표시하며, 지장(紙張)의 각 행간(行間)을 구분하기 위하여 긋는 선을 나타낸다. 이 자리를 사용하지 않기로 한 경우 채움문자(|를 적용하며, 사용되는 부호는 다음과 같다.

b/ - 적용안함

계선의 유형을 세분하지 않을 경우에 적용한다.

a - 오사란(烏絲欄)

광곽과 계선(界線)을 검은색으로 그리거나 인쇄한 경우에 적용한다.

b - 주사란(朱絲欄)

광곽과 계선(界線)이 주홍색인 경우에 적용한다.

c - 남사란(藍絲欄)

광곽과 계선(界線)을 남색(藍色)으로 그은 경우에 적용한다.

d - 금계(金界)

광곽과 계선(界線)을 금니(金泥)로 그은 경우에 적용한다.

e - 은계(銀界)

광곽과 계선(界線)을 은니(銀泥)로 그은 경우에 적용한다.

f - 백계(白界)

광곽(匡郭)이 갖추어진 서엽(書葉)에 계선(界線)이 없는 것을 말한다. 무계(無界)로 더 많이 쓰이고 있다.

g - 기타

부여할 적합한 부호가 없는 경우에 적용한다.

| - 부호화하지 않음

4) ／21 판구(006/04)

판구(板口)는 1자리로 표시하며, 판심(版心)의 상상비(上象鼻)와 하상비(下象鼻)의 중봉(中縫) 위치에 나타나는 선이나 문자를 표시한다. 이 자리를 사용하지 않기로 한 경우 채움문자(|)를 적용하며, 사용되는 부호는 다음과 같다.

b/ - 적용안함

판구(版口)를 세분하여 사용하지 않는 경우에 적용한다.

a - 대흑구(大黑口)

흑구의 모양이 굵고 거친 경우에 적용한다. 이는 관흑구(寬黑口)라고도 부른다.

b - 소흑구(小黑口)

흑구의 모양이 가늘고 세밀한 경우에 적용한다. 이는 세흑구(細黑口)라고도 부른다.

c - 백구(白口)

판심(版心)의 상하상비(上下象鼻)에 아무 표시가 없는 경우에 적용한다.

d - 화구(花口)

판심(版心)의 상하상비(上下象鼻)에 검은선(墨線) 대신 문자가 있는 경우에 적용한다.

e - 기타

해당하는 부호가 없는 경우에 적용한다.

| - 부호화하지 않음

5) /22 어미(006/05)

어미(魚尾)는 1자리로 표시하며, 판심(版心)의 중봉(中縫) 양쪽에 대조적으로 물고기의 꼬리 모양으로 표시된 것을 말한다. 이 자리를 사용하지 않기로 한 경우 채움문자(|)를 적용하며, 사용되는 부호는 다음과 같다.

b/ - 적용안함

판심(版心)에 있는 어미(魚尾)의 유형을 세분하지 않는 경우에 적용한다.

a - 上 또는 下 흑어미(黑魚尾)

판심(版心)에 있는 어미(魚尾)가 흑지(黑紙)이며 상단 또는 하단에 있는 경우 적용한다.

b - 上 또는 下 백어미(白魚尾)

판심(版心)에 있는 어미(魚尾)가 백지(白紙)이며 상단 또는 하단에 있는 경우 적용한다.

c - 上 또는 下 2엽화문어미(2葉花紋魚尾)

판심(版心)에 있는 어미(魚尾)가 2葉花紋이며 상단 또는 하단에 있는 경우 적용한다.

d - 上 또는 下 3엽화문어미(3葉花紋魚尾)

판심(版心)에 있는 어미(魚尾)가 3葉花紋이며 상단 또는 하단에 있는 경우 적용 한다.

e - 상하흑어미(上下黑魚尾)

판심(版心)에 있는 어미(魚尾)가 흑지(黑紙)이며 상단과 하단에 있는 경우 적용한다.

f - 상하백어미(上下白魚尾)

판심(版心)에 있는 어미(魚尾)가 백지(白紙)이며 상단과 하단에 있는 경우 적용한다.

g - 상하2엽화문어미(上下2葉花紋魚尾)

판심(版心)에 있는 어미(魚尾)가 2葉花紋이며 상단과 하단에 있는 경우 적용한다.

h - 상하3엽화문어미(上下3葉花紋魚尾)

판심(版心)에 있는 어미(魚尾)가 3葉花紋이며 상단과 하단에 있는 경우 적용한다.

i - 혼엽화문어미(混葉花紋魚尾)

판심(版心)에 있는 어미(魚尾)가 혼엽화문(混葉花紋)일 경우 적용한다.

j - 흑혼입화문어미(黑混入花紋魚尾)

판심(版心)에 흑어미(黑魚尾)와 화문어미(花紋魚尾)가 혼입되어 있는 경우 적용한다.

k - 기타

판심(版心)에 있는 어미(魚尾)에 적합한 부호가 없는 경우에 적용한다.

| - 부호화하지 않음

6) /23 개별자료 형태(006/06)

자료의 판독과 관련한 자료형태는 1자리로 나타낸다. 이 자리를 사용하지 않기로 한 경우 채움문자(|)를 적용하며 사용되는 부호는 다음과 같다.

b/ 해당없음

a 마이크로필름(Microfilm)

b 마이크로피시(Microfiche)

c 마이크로오패크(Microopaque)

d 큰활자인쇄자료(Large print)

o 온라인 전자자료

q 직접 접근 전자자료 (Direct electronic)

직접적으로 접근이 가능한 유형(有形)의 기록 매체, 예를 들어 디스크, 테이프, 플레이어웨이 장치(playaway device), 플래시드라이브, 휴대용 하드 드라이브 등과 같은 저장 매체에 적용한다. 전자 자료 유형의 구별이 필요하지 않으면, 부호 s가 모든 형식의 전자자료에 포괄적 부호로 적용될 수 있다.

r 복제자료(Regular print reproduction)

s 전자자료

컴퓨터에 의해 구동되는 자료에 적용한다. 이 자료는 직접 또는 원격으로 접근되는 용기 내에 존재할 수도 있고 때로는 컴퓨터에 딸린 주변장치의 이용이 필요한 경우도 있다(예, CD-ROM 플레이어). 이 부호는 음악용 컴팩트디스크, 비디오디스크 등과 같이 컴퓨터의 이용이 필요하지 않은 자료에는 적용하지 않는다. 부호 s는 모든 형식의 전자자료에 포괄적 부호로 적용될 수 있다. 해당자료가 온라인으로 접근해야하는 지 직접 접근이 가능한지를 구분할 필요가 있으면 부호 o와 q를 사용한다.

| - 부호화하지 않음

7) /24-25 내용형식(006/07-08)

내용형식은 2자리로 표시하며, 자료의 전체 또는 주요부분이 내용형식부호에 해당하는 경우에 한하여 나타낸다. 만일 내용형식부호가 2자리에 미치지 못할 경우에는 좌측으로 맞추고 나머지는 빈칸으로 채운다.

내용형식부호가 2개 이상일 경우에는 중요한 내용형식부호 2개만을 선정하여 알파벳순에 의해 기술한다. 이 자리를 사용하지 않기로 한 경우 2자리 채움문자(||)를 적용하며, 사용되는 부호는 다음과 같다.

b/ - 해당 없음

해당자료가 세부적으로 구분될 수 있는 내용상의 특성을 지니고 있지 않음을 의미한다.

b - 서지

해당자료의 전체가 서지로 되어 있거나 부분적으로 서지를 수록하고 있음을 의미한다. 이 부호는 서지레코드에서 서지에 대한 사항을 충분히 기술한 경우에만 부여한다.

d - 운서(韻書)

한자를 운에 따라 분류한 한자음 사전인 경우에 적용한다.

e - 법전(法典)

어떤 종류의 법규를 체계적으로 정리하여 엮은 책인 경우에 적용한다.

g - 서화(書畵)

서예와 그림이 합쳐진 자료인 경우에 적용한다.

h - 금석문(金石文)

쇠붙이나 돌에 새긴 글씨 또는 그림인 경우에 적용한다.

i - 방목(榜目), 관안(官案)

과거급제자에 대한 합격자 명단인 경우에 적용한다.

j - 족보(族譜)

족보자료에는 계보(系譜), 세보(世譜)도 포함하여 적용한다.

m - 불전(佛典)

불경이나 불전인 경우에 적용한다.

o - 주석(註釋), 평주(評註), 해제

주석이나 평주 또는 해제 자료인 경우에 적용한다.

p - 조약집(條約集), 외교문서

조약집이나 외교문서인 경우에 적용한다.

s - 통계

통계자료인 경우에 적용한다.

t - 경전(經典)

성인(聖人)의 가르침이나 행실, 또는 종교의 교리를 적은 자료인 경우에 적용한다.

v - 지지(地誌)

어떤 지역의 지리적 현상을 조사하고 연구하여 그 특색을 적은 자료인 경우에 적용한다.

w - 지도(地圖)

지도자료인 경우에 적용한다.

x - 고문서(古文書)

고문서인 경우에 적용한다.

|| - 부호화하지 않음

8) /29 - 31 판종(版種) (006/09-11)

판종표시는 3자리로 표시하며, 첫 번째 자리는 판종의 유형을 영문대문자부호로 기술하 고, 두 번째와 세 번째 자리에는 판종의 유형별로 세분된 판종 내용부호를 기술한다. 이 자리를 사용하지 않기로 한 경우 3자리의 채움문자(|||)를 적용하며, 사용되는 부호는 다음과 같다.

版種類型	版種類型符號	版種內容符號			
金屬活字本	A	00 未詳 01 書籍院字 11 錄券字 12 東國正韻字 13 洪武正韻字 14 倣洪武正韻大字 15 乙酉字體	31 甲寅字體訓鍊都監字 32 庚午字體訓鍊都監字 33 乙亥字體訓鍊都監字 34 甲辰字體訓	52 仁祖實錄字 53 孝宗實錄字 61 內醫院字 62 文繼朴字 63 羅州字 65 校書館筆書體字 66 校書館筆書	74 春秋綱字 75 成川字 81 지겟다리획印書體字 82 張混字 83 金陵聚珍字 84 訓蒙三字經字

		16 印經字 21 錦城字 22 湖陰字 23 秋香堂字 24 孝經大字 30 訓鍊都監字	鍊都監字 35 丙子字體訓鍊都監字 41 功臣都監字 50 實錄字 51 宣祖實錄字	體字(I) 67 校書館筆書體字(II) 71 經書正音字 72 生生字 73 箕營筆書體字	85 寶光社字 86 學部印書體字 87 耶蘇三字經字 99 其他
木活字本	B	00 未詳 01 書籍院字 11 錄券字 12 東國正韻字 13 洪武正韻字 14 倣洪武正韻大字 15 乙酉字體 16 印經字 21 錦城字 22 湖陰字 23 秋香堂字 24 孝經大字 30 訓鍊都監字	31 甲寅字體訓鍊都監字 32 庚午字體訓鍊都監字 33 乙亥字體訓鍊都監字 34 甲辰字體訓鍊都監字 35 丙子字體訓鍊都監字 41 功臣都監字 50 實錄字 51 宣祖實錄字	52 仁祖實錄字 53 孝宗實錄字 61 內醫院字 62 文繼朴字 63 羅州字 65 校書館筆書體字 66 校書館筆書體字(I) 67 校書館筆書體字(II) 71 經書正音字 72 生生字 73 箕營筆書體字	74 春秋綱字 75 成川字 81 지겟다리획印書體字 82 張混字 83 金陵聚珍字 84 訓蒙三字經字 85 寶光社字 86 學部印書體字 87 耶蘇三字經字 99 其他
木版本	C	00 未詳 01 初刊	11 重刊 21 覆刻	31 後刷	99 其他
筆寫本	D	00 未詳 01 原稿本	11 轉寫本	21 寫經	99 其他
陶活字本	E	01 陶活字			
匏活字本	F	01 匏活字			
新鉛活字本	G	01 新鉛活字			
石版本	H	01 石印			
拓本	I	01 拓印			
海印本	J	01 海印(謄寫)			
影印本	K	01 影印(電子複寫 등)			

寫眞版本	L	01 寫眞版			
未詳	U	00 未詳			
其他	Z	01 鈐印本	11 銅版本	99 其他 ...	
적용안함	b/	b/b/ 적용안함			

※ 판종구분은 "천혜봉 저,「한국금속활자본」과「한국목활자본」(서울 : 범우사, 1993)"을 참고하였다.

예) 金屬活字本(癸未字) → A11 木活字本(宣祖實錄字) → B51 拓本 → I01

9) /33 문학형식(006/12)

문학형식은 1자리로 표시하며, 해당자료가 문학작품인 경우에 그 형식을 나타낸다. 이 자리를 사용하지 않기로 한 경우 채움문자(|)를 적용하며, 사용되는 부호는 다음과 같다.

b/ - 해당 없음

해당자료가 문학작품이 아닌 경우에 적용한다.

e - 文(산문, 수필, 잡문)

산문, 수필, 잡문인 경우에 적용한다.

f - 소설

i - 서간

m - 일기, 기행

v - 문집(文集)

개인 또는 여러 사람의 글을 모아 엮은 자료인 경우에 적용한다.

w - 향가, 시조, 가사, 구비문학

시집을 포함하여 적용한다.

| - 부호화하지 않음

10) /34 전기 (006/13)

전기는 1자리로 표시하며 해당 자료가 전기, 행록(行錄), 실기(實紀), 지장(誌狀)인 경우에 그 전기물의 성격을 나타낸다. 이 자리를 사용하지 않기로 한 경우 채움문자(|)를 적용하며, 사용되는 부호는 다음과 같다.

b/ - 해당없음
  해당자료가 전기자료가 아닌 경우에 적용한다.
a - 자서전
b - 개인전기서
c - 전기물의 합저서
d - 전기적 정보가 포함된 자료
  전기 정보를 수록한 자료에 적용한다.
| - 부호화하지 않음

6. 01X-09X 숫자와 부호필드 - 개요

표시기호 01X-09X는 각종 숫자와 부호로 구성되는 정보를 나타내며, 지시기호와 식별기호를 사용한다.

이 필드에는 010 미국국회도서관 제어번호, **012 국립중앙도서관 제어번호**, 013 특허제어정보, 015 국가서지번호, 016 국가서지기관 제어번호, 017 저작권 등록번호, 018 저작권료부호, **020 국제표준도서번호**, **022 국제표준연속간행물번호**, **023 출판예정도서목록제어번호**, 024 기타 표준부호, 027 표준기술보고서번호, 028 녹음, 녹화, 음악관련 발행처번호, 030 코덴부호(CODEN Designation), 032 우편물등기번호, 033 사건 일시와 장소, 034 지도제작의 수치데이터 부호, 035 협력기관 제어번호, 036 컴퓨터 데이터 파일의 원연구번호, 037 입수처, **040 목록작성기관**, 041 언어부호, 042 검증부호, 043 지역부호, 044 발행/제작국명 부호, 045 연대부호, 046 특별한 연도 부호, 047 작곡형식부호, 048 악기나 성악부호, 049 소장사항, 050 미국국회도서관 청구기호, 051 미국국회도서관 복사본, 발행호, 발췌 인쇄물, **052 국립중앙도서관 청구기호**, 055 지리분류기호, **056 한국십진분류기호**, 060 미국국립의학도서관 청구기호, 066 사용문자세트, 070 미국국립농학도서관 청구기호, 072 주제범주부호(Subject Category Code), 074 정부간행물번호, 080 국제십진분류기호, 082 듀이십진분류기호, **085 기타 분류기호**, 086 정부문서분류기호, 088 보고서번호, **090 자관 청구기호**가 있다. 다음에 몇 가지 필드를 상술한다.

가. 012 국립중앙도서관 제어번호(National Library of Korea Control Number)

반복불가	해당시필수

국립중앙도서관이 서지레코드에 부여한 제어번호를 기술한다. 국립중앙도서관에서 배포한 서지레코드를 사용하는 기관은 001 필드의 국립중앙도서관 제어번호를 012 필드로 옮기고 자관의 제어번호를 001 필드에 기술한다.

1) 지시기호

가) 제1지시기호

b/ 미정의

나) 제2지시기호

b/ 미정의

2) 식별기호

▾a 국립중앙도서관 제어번호 [반복불가]

▾z 취소/사용하지 않는 국립중앙도서관 제어번호 [반복]

예) 012 b/b/ ▾aKOL199911155b/b/ (한국자료 - 고서)

3) 자료구분부호(고서)

자료구분부호는 3자리 로마자 대문자를 사용하며, 지역구분은 발행지를 중심으로 정한다.

예) 고서 KOL(한국), WOL(서양), EOL(일본), EOL(중국)

나. 020 국제표준도서번호 (International Standard Book Number)

반복	해당시필수

국제표준도서번호(ISBN), 입수조건, 부가기호 및 취소/사용하지 않는 국제표준도서번호를 기술한다. 한 저작의 이판(하드바운드와 페이퍼백 등)에 각각의 ISBN이 부여되었거나, 다권 본 또는 총서의 각 권과 전체에 대하여 각각의 ISBN이 부여된 경우 이 필드를 반복하여 사용한다.

1) 지시기호

가) 제1지시기호

b/ 낱권 번호

1 세트 번호

나) 제2지시기호

b/ 미정의

2) 식별기호

▾a 국제표준도서번호 [반복불가]

이용 가능한 ISBN을 기술한다. 발행처/배포처, 제본형태, 권호 등과 같은 한정정보는 별도의 식별기호 없이 ▾a 뒤 원괄호에 넣어 기술한다.

예) 020 b/b/ ▾a9788971803417 ▾g03470: ▾c₩15000

020 b/b/ ▾a9788924005745 (상) ▾g04810: ▾c₩7300

020 1b/ ▾a9788936435949 (전2권) ▾g04810

▾c 입수조건 [반복불가]

입수조건은 가격이나 입수와 관련된 간략한 정보를 기술하며, 필요한 경우 설명문 어귀를 원괄호로 묶어 부기할 수 있다. 020필드는 국제표준도서번호(▾a) 없이 입수조건(▾c)만으로도 구성될 수 있다.

예) 020 b/b/ ▾a9788971803400 (2) ▾g93420: ▾c₩9000

020 b/b/ ▾a0802142176 (pbk): ▾c$1.95

020 b/b/ ▾c$8.95

▾g 부가기호 [반복불가]

우리나라에서 부여한 ISBN에만 해당되는 기호로, 총 5자리(독자대상기호 1자리, 발행형식기호 1자리, 내용분류기호 3자리)의 숫자로 구성된다.

예) 020 b/b/ ▾a9788971803196 ▾g93450: ▾c₩16000

▾z 취소/사용하지 않는 국제표준도서번호 [반복]

다. 040 목록작성기관(Cataloging Source)

반복불가	필수

최초로 목록을 작성하였거나 MARC 데이터로 입력하였거나 또는 기존의 레코드를 수정한 기관 의 부호를 기술한다. 여러 기관에서 수정한 경우 식별기호를 반복하여 사용한다. 다만, 동일기관에 의해 연속적으로 수정된 경우에는 한 번만 기술한다. 또한 리더의 18번째 자리에서 명확히 언급되지 않은 목록기술 규칙을 사용했을 경우 그 규칙의 명칭을 식별기호 ▾e에 기술한다. 기관명은 국내 도서관인 경우에는 "부속서 7. 한국도서관부호표"를 적용하고, 외국의 도서관인 경우에는 MARC21의 "MARC Code List for Organization"에 의거하여 기술한다.

1) 지시기호

가) 제1지시기호

b/ 미정의

나) 제2지시기호

b/ 미정의

2) 식별기호

▾a 최초 목록작성기관 [반복불가]

▾b 목록언어 [반복불가]

▾c 입력기관 [반복불가]

▾d 수정기관 [반복]

▾e 기술규칙 [반복불가]

라. 056 한국십진분류기호 (Korean Decimal Classification Number)

반복	해당시필수

한국십진분류기호(KDC)를 기술한다. 분류기호 검색을 위하여 청구기호(090필드)의 분류기호 (식별기호 ▾a)로 KDC를 사용하는 경우에도, 청구기호에 기술되는 분류기호를 포함하여 부출되는 KDC 분류기호를 모두 이 필드에 기술한다.

1) 지시기호

가) 제1지시기호

b/ 미정의

나) 제2지시기호

b/ 미정의

2) 식별기호

▾a 한국십진분류기호 [반복]

KDC 분류기호를 기술한다. 복수주제를 다룬 자료로서 분류기호가 2개 이상 부여되는 경우에는 식별기호 ▾a를 반복하여 기술한다.

예) 056 b/b/ ▾a332.1105 ▾25

056 b/b/ ▾a911.9505 ▾a359.1195 ▾25

▾b 도서기호 [반복불가]

청구기호 중 도서기호를 기술한다. 이 식별기호에는 자료(또는 세트) 기호를 기술할 수도 있다.

▾2 판표시 [반북불가]

분류에 적용한 KDC분류표의 판을 분류기호 뒤에 기술한다. 적용된 분류표의 판이 달라 발생 하는 2개 이상의 분류기호의 경우에는 056 필드를 반복하여 기술한다.

예) 056 b/b/ ▾a076 ▾24

056 b/b/ ▾a005.13 ▾25

마. 085 기타 분류기호 (Other Classification Number)

반복	해당시필수

다른 필드에 별도로 규정되지 않은 분류기호를 기술한다. 분류기호 검색을 위하여 청구기호(090필드)의 분류기호(식별기호 ▾a)로 기술된 경우에도, 청구기호에 기술된 분류기호를 포함하여 중출되는 기타 분류기호를 모두 이 필드에 기술한다. 제1지시기호가 (그 외의 분류표)인 경우에는 식별기호 ▾2에 분류표를 반드시 기술해야 한다.

1) 지시기호

가) 제1지시기호 - 적용 분류표

b/ 그 외의 분류표

제1지시기호로 전개된 분류표 이외의 분류표를 적용하는 경우 사용한다. DDC, KDC 등 다른 필드에서 규정된 분류표의 특정주제를 로컬에서 세분하여 적용하는 경우에도 해당된다.

예) 085 b/b/ ▾aB530L118 ▾2SC 3

0 KDCP(한국십진분류법-박봉석)

KDCP(한국십진분류법-박봉석)를 적용하는 경우 사용한다.

예) 085 0b/ ▾a9782

1 NDC(일본십진분류법)

2 조선총독부 신서부분류표

3 조선총독부 양서부분류표

4 조선총독부 고서부분류표

5 사부분류

사부분류에 의하여 분류를 기술하는 경우 사용한다.

예) 085 5b/ ▾a史部 正史類

085 5b/ ▾a史部 ; 政書類 ; 通制·一般 ▾2漢籍分類法

나) 제2지시기호 b/ 미정의

2) 식별기호

▾ a 분류기호 [반복]

▾ b 도서기호 [반복불가]

▾ q 부여기관 [반복불가]

▾ 2 분류기호의 정보원 [반복불가]

바. 090 자관 청구기호(Local Call Number)

반복	해당시필수

국립중앙도서관(052 필드)과 미국국회도서관(050 필드)을 제외한 각 도서관의 자관 청구기호를 기술한다. 도서관에 따라 소장사항은 049 필드나 090 필드가 아닌 다른 로컬필드(092, 093 필드 등) 또는 소장 MARC의 필드(852 필드 등)를 사용할 수 있다.

1) 지시기호

가) 제1지시기호

b/ 미정의

나) 제2지시기호

b/ 미정의

2) 식별기호

▾ a 분류기호 [반복불가]

▾ b 도서기호 [반복불가]

▾ c 권 · 연차기호 [반복불가]

7. X00 – X30 표목 필드 – 공통사항 (Heading Fields – General Information Sections)

기본표목으로 채택되거나 부출되는 개인명, 단체명, 회의명, 통일표제 필드에서 공통적으로 적용되는 내용을 기술한다.

X00과 X10, X11, X30은 1XX(기본표목), 6XX(주제명 접근), 7XX(부출표목), 8XX(총서명 부출표목) 필드의 사용에 대한 데이터요소에 관하여 정의한 개요를 기술한다. 통합서지용 KORMARC에서 필드의 데이터요소에 대한 정의는 조기성을 가지고 있어 다른 그룹(예, X10 필드) 내의 다른 필드에도 적용된다. 특별히 이는 접근점의 표목으로 사용되는 이름에 해당하는 필드와 통일서명에서 그러하다.

각각의 개요는 필드, 지시기호, 식별기호를 정의한 내용표시기호 내역과 공유되는 내용표시기호의 사용지침, 그룹 내 필드에 대한 입력지침을 기술한다. 그룹 내의 모든 필드에 공통으로 적용되지 않는 부분은 각 해당 부분에서 기술한다.

이 필드에는 X00 개인명, X10 단체명, X11 회의명, X30 통일표제 등이 있다.

8. 1XX 기본표목 – 개요(Main Entries–General Information)

이 필드에는 기본표목으로 채택된 개인명, 단체명, 회의명, 통일표제를 기술한다. 각 필드의 제1 지시기호와 식별기호에 대한 사용지침은 표목공통사항의 해당필드(X00, X10, X11, X30)에 기술 되어 있으며, 제2지시기호는 해당 필드에 각각 기술하였다.

복합자료의 기본표목은 저자성이 대체로 명료하지 않다. 기본표목은 자료를 만드는 데 책임을 지 는 개인명, 가계명(family name) 등을 기술하나, 대안으로 집서를 수집한 사람의 이름 또는 집서 에 붙여진 이름을 기술할 수도 있다.

1XX 기본표목은 저자주기입 방식의 목록규칙(KCR2, AACR2)에서 사용하되 서명주기입 방식의 목록규칙(ISBD, KCR3, KCR4, KORMARC기술규칙)에서는 원칙적으로 사용하지 않는다.

이 필드에는 100 기본표목 - 개인명, 110 기본표목 - 단체명, 111 기본표목 - 회의명,

130 기본표목 - 통일표제가 있다.

가. 100 기본표목 - 개인명(Main Entry - Personal Name)

KCR3 이상, KORMARC기술규칙은 서명주기입 방식의 기술규칙이므로 원칙적으로 이 필드를 적용하지 않는다.

1) 지시기호

가) 제1지시기호 - 개인명의 유형

0 성으로 시작하지 않는 이름(forename)

1 성으로 시작하는 이름(surname)

3 가계명(家系名, family name)

나) 제2지시기호

b / 미정의

2) 식별기호

▾a 개인명(성과 이름) [반복불가]

▾b 이름(名)에 포함되어 세계(世系)를 칭하는 숫자 [반복불가]

▾c 이름과 관련 정보 (직위, 칭호 및 기타 명칭, 역조(歷朝), 국명(國名), 한국 및 중국 의 세계(世系)) [반복]

▾d 생몰년 [반복불가]

▾e 역할어 [반복]

▾n 책 · 권차, 편차 [반복]

▾p 저작의 편제 [반복]

예) 100 1b / ▾a허균 ▾f(조선), ▾d1563-1589

100 0b / ▾a세조, ▾c조선 7대왕, ▾d1417-1468

나. 110 기본표목 – 단체명(Main Entry – Corporate Name)

반복불가	해당시필수

KCR3 이상, KORMARC 기술규칙은 서명주기입방식의 기술규칙이므로 원칙적으로 이 필드를 적용하지 않는다.

1) 지시기호

가) 제1지시기호

b/ 미정의

나) 제2지시기호

b/ 미정의

2) 식별기호

▾a 기본요소 [반복불가]

▾b 하위기관 [반복]

▾c 회의장소 [반복불가]

▾d 회의일자나 조약체결일자 [반복]

▾e 역할어 [반복]

▾f 저작 연도 [반복불가]

▾k 형식부표목 [반복]

▾n 분과 및 부회 회의 회차 [반복]

예) 110 b/b/ ▾a국립중앙도서관

110 b/b/ ▾a성균관대학교. ▾b경영학과

110 b/b/ ▾a한국. ▾b대통령 (1963-1979 : 박정희)

110 b/b/ ▾a한국. ▾b안전행정부. ▾k부령

110 b/b/ ▾a도서관운동연구회. ▾b회원수련회 ▾d(1999 : ▾c대천)

110 b/b/ ▾a한국도서관협회. ▾b총회 ▾n(제63차 : ▾d2012 : ▾c국립중앙도서관)

다. 111 기본표목 – 회의명 (Main Entry – Meeting Name)

반복불가	해당시필수

회의명이나 집회명이 기본표목으로 채택된 경우에 사용한다. 회의명 기본표목은 목록규칙에 따라 적용되며 회의록, 보고서와 같은 저작에 부여된다.

단체명 다음에 오는 회의명은 110(기본표목-단체명) 필드에 기술한다.

KCR3 이상, KORMARC 기술규칙은 서명주기입방식의 기술규칙이므로 원칙적으로 이 필드를 적용하지 않는다.

1) 지시기호

가) 제1지시기호

b/ 미정의

나) 제2지시기호

b/ 미정의

2) 식별기호

▾a 회의명 [반복불가]

▾c 회의장소 [반복불가]

▾d 회의일자 [반복불가]

▾e 하위단위 [반복]

▾n 분과 및 부회 회의 회차 [반복]

▾p 회차표제 [반복]

▾q 관할 구역명 다음에 오는 회의명 [반복불가]

예) 111 b/b/ ▾a기초건강연구회의 ▾d(1983 : ▾c경주)

111 b/b/ ▾a철학과 철학사에 관한 회의 ▾d(1983 : ▾c연세대학교)

111 b/b/ ▾a아시안게임 ▾n(제10차 : ▾d1986 : ▾c서울). ▾e특별조직위원회

111 b/b/ ▾a해사안전국제회의 ▾d(1988 : ▾c영국 런던, 국제해사기구 본부)

111 b/b/ ▾a전국도서관대회 ▾n(제41회 : ▾d2003 : ▾c제주도). ▾e공공도서관분과

라. 130 기본표목 - 통일표제(Main Entry - Uniform Title)

반복불가	해당시필수

통일표제가 기본표목으로 채택된 경우에 사용한다. 통일표제 기본표목은 무저자명 저작의 경우 특정 저작의 여러 판이나 번역서 등이 여러 가지 다른 표제로 나타날 때 하나의 표제를 기본표목으로 선정, 이 저작의 레코드를 한 자리에 모으기 위하여 사용한다. 해당 자료에 나타나는 표제는 245 필드에 기술한다.

130 필드가 기술되면 100, 110, 111 필드는 기술될 수 없다.

KCR3 이상, KORMARC 기술규칙은 서명주기입방식의 기술규칙이므로 원칙적으로 이 필드를 적용하지 않는다.

1) 지시기호

가) 제1지시기호

b/ 미정의

나) 제2지시기호 - 관제 및 관사 출력형태

0 그대로 인쇄

1 원괄호를 제외하고 인쇄

2) 식별기호

▾a 통일표제 [반복불가]

▾d 조약체결일자 [반복]

▾f 저작 연도 [반복불가]

▾h 자료유형표시 [반복불가]

▾n 권차 [반복]

▾p 권차표제 [반복]

▾s 판 [반복불가]

▾t 저작의 표제 [반복불가]

예) 130 b /0 ▾a춘향전

130 b /0 ▾a성서. ▾p신약. ▾p빌립보서. ▾s개정표준판. ▾f1980

130 b /0 ▾a불전. ▾l한국어

130 b /0 ▾a족보. ▾p진주강씨. ▾p사직공파

9. 20X-24X 표제와 표제관련필드-개요(Title and Title-Related Fields-General Information)

이 필드에는 레코드에 기술되는 개별자료의 표제와 그 개별자료에 해당하는 다른 형태의 표제 및 이전 표제를 기술한다.

245(표제와 책임표시사항) 필드는 목록작성지침에 따라 개별자료의 주정보원에 나타나는 표제를 기술한다. 통일표제는 복수의 표제로 나타나는 개별자료에 대하여 집중하는 주된 표제이며, 등록표제는 계속자료의 특별히 유일성을 나타내는 표제를 말한다. 이들 필드는 접근점(access points)을 생성하기 위해 사용되며 다양한 표제에 대한 주기를 표시(display)하는 데 사용될 수도 있다.

이 필드에는 210 축약표제, 222 등록표제, 240 통일표제, 242 목록작성기관에서 번역한 표제, 243 종합통일표제, 245 표제와 책임표시사항, 246 여러 형태의 표제, 247 변경전 표제나 표제변동이 있다. 다음에 몇 가지 필드를 상술한다.

가, 240 통일표제(Uniform Title)

반복불가	해당시필수

이 필드는 서지레코드에 100(개인명 기본표목) 필드, 110(단체명 기본표목) 필드, 111(회의명 기본표목) 필드가 있더라도 저작에 대한 통일표제를 기술하는 경우 사용된다. 통일표제는 한 저작의 여러 판 등이 여러 가지 다른 표제로 나타나 있는 그 모든 저록을 한 자리에 모으기 위하여 특정 표제를 통일표제로 삼아 그 저작을 식별하기 위

하여 기술된다. 통일표제의 적용은 목록 규칙에 의거하여 작성되며 통일표제에 추가 또는 삭제할 부분이 있는 경우도 목록규칙에 의거하여 적용한다. 저작에 나타나 있는 표제는 245(표제와 책임표시사항) 필드에 기술된다.

한 레코드 내에서는 130 필드와 240 필드를 함께 사용할 수 없다.

240 필드는 약자, 두문자, 일자로 끝나는 데이터 이외에는 필드의 끝에 구두점을 기술하지 않는다. 또한 구두점 정보에 대한 "X30 통일표제-개요"의 식별기호 기술부분을 참고한다.

1) 지시기호

가) 제1지시기호 - 표제의 출력

0 표제를 출력하지 않음

1 표제를 출력함

나) 제2지시기호 - 관제 및 관사 출력형태

0 그대로 인쇄

1 원괄호를 제외하고 인쇄

2) 식별기호

▾a 통일표제 [반복불가]

▾d 조약체결일자 [반복]

▾h 자료유형표시 [반복불가]

▾k 형식부표목 [반복]

▾n 권차 [반복]

▾p 권차표제 [반복]

▾s 판 [반복불가]

240 필드의 모든 식별기호는 X30 통일표제-개요 부분에 기술된 내용을 따른다.

예) 100 1b/ ▾a김만중, ▾d1637-1692

240 10 ▾a사씨남정기

245 10 ▾a南征記 / ▾d金萬重 著

나. 245 표제와 책임표시사항(Title Statement)

반복불가	필수

서지레코드의 표제와 책임표시사항을 기술한다. 이 필드는 본표제를 구성하며 또한 자료유형표시, 표제의 나머지 부분, 기타 표제 관련 정보, 표제지 상의 나머지 부분 전기(轉記)/책임표시로 구성된다. 표제에는 별표제, 편차/권차, 권제/편제가 포함된다.

1) 지시기호

가) 제1지시기호 - 표제의 부출

0 표제를 부출하지 않음

1 표제를 부출함

2 관제를 포함해서 표제를 부출함

나) 제2지시기호 - 관제 및 관사 출력형태

0 그대로 인쇄

1 원괄호를 제외하고 인쇄

2) 식별기호

▾a 본표제 [반복]

권차 또는 권차명 표시를 제외한 본표제, 별표제 또는 관제를 포함하는 본표제를 기술한다. 본표제가 반복되는 경우에는 식별기호(▾a)를 반복한다. 두 번째 이하의 식별기호(▾a)는 245 필드에서 직접 부출 되지 않고 740 필드에 자동생성을 위한 용도로 사용된다. 또한 이 식별기호에는 종합 표제가 없는 집서의 경우, 독립된 저작의 첫 번째 표제(동일하거나 다른 저자/작곡가)를 기술한다.

ISBD 원칙에 따라 작성되는 레코드에서 식별기호 ▾a는 ISBD 구두점 등호표시(=), 쌍점 (:), 쌍반점(;), 빗금(/)과 매체표시(예, [마이크로형태자료]) 중 첫 번째로 나오는 부호를 포함하여 기술한다.

본표제를 소정의 으뜸정보원이 아닌 다른 정보원에서 채기한 경우 본표제의 출처가 된 정보원을 500 필드에 주기한다.

예) 245 10 ▾ a增補文獻備考

245 00 ▾ a아라비안나이트, [일명], 千一夜話[별표제가 있는 경우]

245 00 ▾ a完營鶴峯[先]生祠堂記

245 00 ▾ a東國歲時記 / ▾ d洪錫謨 [著] ; ▾ e李錫浩 譯. [外]

505 00 ▾ t東國歲時記 / ▾ d洪錫謨 [著] ; ▾ e李錫浩 譯 -- ▾ t洌陽歲時記 / ▾ d金邁淳 [著] ; ▾ e李錫浩 譯 -- ▾ t京都雜誌 / ▾ d柳得恭 [著] ; ▾ e李錫浩 譯 -- ▾ t東京雜記 / ▾ d閔周冕 [著] ; ▾ e李錫浩 譯

▾ b 표제 관련 정보 [반복]

표제 관련 정보는 표제를 한정하고 설명하는 어구로 표제를 보완하거나 설명하는 정보를 기술한다. 표제에는 본표제, 별표제, 대등표제, 권제 또는 편제를 포함한다.

예) 245 00 ▾ a續 神과 악마의 童話 : ▾ b칼라판 Star story

245 00 ▾ a華麗한 地獄, 一名, 카인의 市場 : ▾ b長篇小說

245 00 ▾ a정다운 사람들 : ▾ b李鳳順에세이

245 00 ▾ a天地序 : ▾ b柳玲第二詩集

▾ d 첫 번째 책임표시 [반복]

해당 저작에 대한 책임을 지는 첫 번째 저작자를 기술한다.

예) 245 00 ▾ a癸丑日記 / ▾ d仁穆大妃內人 著

245 00 ▾ a胎教新記 / ▾ d李氏[柳漢奎夫人] 著

245 00 ▾ a陸律分韻 / ▾ d陸游 著 ; ▾ e正祖(朝鮮) 命編

▾ e 두 번째 이하의 책임표시 [반복]

저작의 역할이 같은 경우 저자 사이는 쉼표(,)와 함께 식별기호 ▾ e를 기술하고, 저작의 역할이 다른 경우, 저작자 사이를 쌍반점(;)과 함께 기술한다. 해당 자료에 둘 이상의 저작이 수록되어 있고 이들의 저자가 각각 다른 경우에는 저작별로 표제와 저자를 묶어 기술하되, 저작별로 첫 번째 저자 앞에는 식별기호 ▾d를 기술한다.

예) 245 00 ▾a春香傳比較硏究/ ▾d金東旭, ▾e金泰俊, ▾e薛盛璟共著

245 00 ▾a[土地文記] / ▾d朴氏宗中受給; ▾e任元敬發給

▾h 자료유형표시 [반복불가]

인쇄자료 이외의 각종 형태자료의 자료종별성격을 나타내는 매체 표시를 기술한다. ISBD 원 칙에 따라 매체표시는 항상 각괄호([ ])로 묶어 기술한다. 종합표제 대신 개별저작의 표제를 기술할 경우에는 첫 번째 표제 다음에 기재한다. 식별기호 ▾a가 반복될 경우에는 첫 번째 식별기호 ▾a 다음에 기술한다.

자료유형표시(매체)는 표제(▾a, ▾n, ▾p) 다음에 위치하고, 표제관련정보(▾b), 종합표제가 없는 경우 두 번째 표제(▾a), 책임표시(▾d) 앞에 위치한다.

예) 245 10 ▾a본표제. ▾n권차, ▾p권차표제 ▾h[자료유형표시] / ▾d책임표시

245 10 ▾a본표제 ▾h[자료유형표시] : ▾b표제관련정보 / ▾d책임표시

245 10 ▾a본표제 ▾h[자료유형표시] = ▾x대등표제 / ▾d책임표시

245 10 ▾a첫 번째 표제 ▾h[자료유형표시] ; ▾a두 번째 표제 ; ▾a세 번째 표제 / ▾d 책임표시

245 10 ▾a첫 번째 표제 ▾h[자료유형표시] / ▾d책임표시. ▾a두 번째 표제 / ▾d책임표시

245 10 ▾a표제, 또는 별표제 ▾h[자료유형표시] / ▾d책임표시

▾n 권차 또는 편차 [반복]

본표제의 편차나 권차를 기술한다. 편차는 하나의 간행물이 공통표제 아래 편, 계, 보유 등으로 나뉘어 간행되고, 그 편, 계, 보유의 순차가 있는 경우 이를 나타내며, 권차는 다권본 또는 단행본적 성격을 띤 연속간행물의 권차, 회차, 연차를 나타낸다.

편차 또는 권차 표시는 순서를 나타내는 것(예: 1, 제1편, Part 1, Supplement A 등)이라면 어떤 형식이라도 사용한다.

예) 245 00 ▾ a李箱文學賞受賞作品集. ▾ n제2회(1978)

245 00 ▾ a眞西山讀書記乙集上大學衍義
300 b/b/ ▾ a24卷6冊(全43卷12冊)
980 b/b/ ▾ a卷1-3(冊1), 卷4-7(冊2), 卷8-11(冊3), 卷20-24(冊6), 卷25-28(冊7), 卷29-32(冊8)
[전질(全帙)중 일부가 결권 되어 있는 경우]

245 00 ▾ a景德傳燈錄 / ▾ d釋道原(宋) 編
[245 00 ▾ a景德傳燈錄. ▾ n卷1-30 으로 기술하지 않는다]
245 00 ▾ a註解 月印千江之曲. ▾ n上
245 00 ▾ a杜詩諺解. ▾ n卷之1
245 00 ▾ a禪門拈頌集說話. ▾ n冊1 / ▾ d慧諶 集 ; ▾ e覺雲 撰

▾ p 권제 또는 편제 [반복]

본표제에 따른 권의 표제 또는 편의 표제를 기술한다.

ISBD원칙에 따라 식별기호 ▾ a를 앞세운 ▾ p 앞에는 구두점으로 온점(.)을 기술하고, 식별 기호 ▾ n을 앞세운 경우에는 ▾ p 앞에 반점(,)을 기술한다.

예) 245 10 ▾ a萬家叢玉. ▾ n卷1, ▾ p天道門 / ▾ d[著者未詳]
245 10 ▾ a現代韓國語. ▾ n上, ▾ p재미있는 한국어 / ▾ d孟柱億 編著

10. 250-28X 판차, 발행 등 필드 - 개요(Edition, Imprint, Etc. Fields - General Information)

이 필드에는 표제관련 데이터 이외 서지레코드에 기술되는 자료에 관한 정보를 기술한다. 기술되는 데이터에는 판사항, 발행사항, 기타 발행정보, 주소, 자료의 특정형태를 기술하는 데이터자료를 포함한다.

이 필드에는 250 판사항, 254 악보의 표현형식, 255 지도제작의 수치데이터, 256 컴퓨터파일특성, 257 제작국명, 260 발행, 배포, 간사사항, 263 발행예정일자, 264 생산, 발행, 배포, 제작, 저작권표시, 270 자료관련 주소가 있다. 다음에 몇 가지 필드를 상술한다.

가. 250 판사항(Edition Statement)

반복불가	해당시필수

1) 지시기호

가) 제1지시기호

b/ 미정의

나)제2지시기호

b/ 미정의

2) 식별기호

▾a 판표시 [반복불가]

판표시에는 일반적으로 숫자나 문자 그리고 이에 따르는 어구나 축약어가 기술된다. 만약 판표시가 하나 이상의 언어로 나타나 있는 경우에는 가장 주된 판표시를 식별기호 ▾a에 기술한다.

ISBD 원칙에 따라 식별기호 ▾a는 첫 번째 등호표시(=)나 빗금(/)을 포함한 것까지의 모든 데이터를 기술한다.

예) 250 b /b / ▾a깁고고침[판]

250 b /b / ▾a깁고수정[판]

250 b /b / ▾ a改正[版]

250 b /b / ▾ a增補改譯[版]

250 b /b / ▾ a影印[版]

250 b /b / ▾ a飜刻[版]

250 b /b / ▾ a木板本(增訂)

250 b /b / ▾ a手稿本

250 b /b / ▾ a[訂正版]

250 b /b / ▾ a飜刻[版]

250 b /b / ▾ a金屬活字本(癸未字)

250 b /b / ▾ a木活字本(甲寅字體訓鍊都監字)

250 b /b / ▾ a木活字本(印經字)

250 b /b / ▾ a5판[실은 5쇄]

250 b /b / ▾ a대활자판

250 b /b / ▾ a축쇄판

250 b /b / ▾ a대구판

▾b 해당 판의 저작자 표시 등 [반복불가]

해당 판에 대한 책임을 가진 개인이나 단체명을 기술한다. 저작자가 해당 판에만 관련되었는지의 여부가 명확하지 않은 경우에는 245(표제와 책임 표시사항) 필드에 기술한다. 해당판의 첫 번째 저작자는 "/"을 앞세워 기술한다.

ISBD 원칙에 따라 식별기호 ▾b에는 첫 번째 등호표시(=)나 빗금(/) 다음에 오는 포함한 것까지의 모든 데이터를 기술한다. 일단 식별기호 ▾b가 기술되면 250 필드에 더 이상 식별기호를 기술할 수 없다.

예) 250 b /b / ▾ a제3판 개정증보 / ▾ b김성남

나. 260 발행, 배포, 간사 사항 (Publication, Distribution, etc.(Imprint))

반복	해당시필수

이 필드에는 저작의 발행, 인쇄, 배포, 이슈(issue), 발표(release), 제작 등과 관련된 정보를 기술한다.

출판되지 않은 형태의 자료들이 집서로 취급될 경우, 이 필드를 사용하지 않거나, 사용할 경우에는 식별기호 ▾c(발행년, 배포년)만 적용한다. 260 필드의 정보는 264(생산, 발행, 배포, 제작, 저작권 표시) 필드의 정보와 비슷하다. 260 필드는 내용 표준(content standard) 또는 기관 규칙 (institutional policies)으로 기능상의 차이점을 구분하고 있지 않은 경우에 사용한다.

1) 지시기호

가) 제1지시기호 - 발행사항의 순차

b / 적용 불가/해당정보 없음/최초 발행처

2 중간발행처(Intervening publisher)

3 현행/최근 발행처(current/latest publisher)

나) 제2지시기호

b / 미정의

2) 식별기호

▾a 발행지, 배포지 등 [반복]

발행지와 배포지에 부가되는 주소 및 잘못된 정보를 수정하거나 추정 발행지를 각괄호로 묶어 정보를 기술한다. 발행지를 알 수 없는 경우에는 [발행지불명] 또는 [S.l.]로 기술한다.

예) 260 b /b / ▾a漢城 : ▾b承政院, ▾c英祖 43[1767]

260 b /b / ▾a安東鶴駕山 : ▾b廣興寺, ▾c明宗17[1562]

260 b/b/ ▾a[淸] : ▾b[발행처불명], ▾c[1874]

[발행지는 알 수 없으나 그보다 상위단위의 도명이나 국명을 추정할 수 있는 경우]

260 b/b/ ▾ a[S.l.: ▾ bs.n., ▾ c15--?]

[발행지의 도나 주, 국명 또는 발행처를 추정하기 어려운 경우]

▾ b 발행처, 배포처 등 [반복]

발행처 또는 배포처명과 이에 대한 잘못된 정보를 수정하거나, 발행 역할([배포])을 나타내는 한정어를 기술한다.

발행처를 알 수 없는 경우에는 [발행처불명] 또는 [s.n.]이라 기술한다.

예) 260 b/b/ ▾ a大坂 : ▾ b北御堂毛利田庄太郎, ▾ c享保15[1730]

[사가본(私家本)의 기술 예시]

▾ c 발행년, 배포년 등 [반복]

발행년을 기술한다. 발행년을 대신한 인쇄년과 제작연도도 식별기호 ▾ c에 기술한다. 출판되지 않은 자료의 경우 생성일이 기술된다.

발행년과 판권연도와 같이 둘 이상의 발행년 관련 연도가 나타나 있는 경우에도 하나의 식별기호 ▾ c에 기술한다.

예) 260 b/b/ ▾ a漢城 : ▾ b承政院, ▾ c英祖 43[1767]

260 b/b/ ▾ a海寧 : ▾ b查愼行, ▾ c康熙 6[1722]

260 b/b/ ▾ a江戶[東京] : ▾ b洛陽書林, ▾ c貞享 2[1685]

▾ e 제작지 또는 인쇄지 [반복]

제작지 또는 인쇄지와 제작지 또는 인쇄지에 부가되는 정보를 기술한다.

식별기호 ▾ e는 일반적으로 식별기호 ▾ f와 함께 적용된다.

예) 260 b/b/ ▾ a[發行地不明 : ▾ b發行處不明], ▾ c[朝鮮中期] ▾ e(서울 : ▾ f三眞印刷所, ▾ g1920)

11. 3XX 형태사항 등 - 개요(Physical Description, Etc. Fields - General Information)

이 필드에는 물리적 특성, 영상재현, 발행 빈도, 물리적 배열, 보안정보 등을 기술한다. 전자자료 의 경우 이 필드는 참조와 좌표 정보의 기술에 사용된다.

이 필드에는 300 형태사항, 306 재생/연주시간, 307 이용시간, 310 현재 간행빈도, 321 이전 간행빈도, 336 내용유형, 337 매체유형, 338 수록매체 유형, 340 물리적 매체 유형, 342 지리공간참조정보, 343 평면 좌표 정보, 344 사운드 특성, 345 영상자원의 영사 특성, 346 비디오 특성, 347 디지털파일 특성, 351 자료의 구조와 배열, 352 디지털 그래픽 표현, 355 보안분류 통제, 357 원작자의 배포 제어, 362 권·연차, 연월차 사항, 377 관련 언어, 380 저작의 형식, 381 저작 또는 표현형의 기타 구별 특성, 382 연주 매체, 383 음악저작번호 표시, 384 음조가 있다. 다음에 몇 가지 필드를 상술한다.

가. 300 형태사항(Physical Description)

반복	필수

1) 지시기호

가) 제1지시기호

b/ 미정의

나) 제2지시기호

b/ 미정의

2) 식별기호

▾a 특정자료종별과 수량 [반복]

자료의 유형에 따라 면수, 권책수 등을 특정자료종별과 함께 기술한다. 다권본이나 연속간행물은 권책수를 기술한다.

예) 300 b/b/ ▾a包背裝152張 ; ▾c26 cm

300 b/b/ ▾a包背裝1-45, 50-256張 ; ▾c26 cm

500 b/b/ ▾a落張: 46-49張

[중간 부분이 결락(缺落)된 경우]

245 00 ▾a朱文公校昌黎先生文集. ▾n卷27-28

300 b /b / ▾a2卷1冊 (全40卷17冊) ; ▾c26 cm

▾b 기타 물리적 특성 [반복불가]

삽화 등과 같은 자료의 물리적 특성을 기술한다.

예) 300 b/b/ ▾a37張 : ▾b插畵, 世系圖 ; ▾c26 cm

300 b/b/ ▾a2卷1冊 : ▾b世系圖, 肖像 ; ▾c26 cm

300 b/b/ ▾a30張 : ▾b四周雙邊 半郭 27.4 × 19.5 cm, 有界, 10行 19字, 黑口, 下向 黑魚尾 ; ▾c30.2 × 25.4 cm + ▾e年表 1冊

▾c 크기 [반복]

자료의 크기 단위는 일반적으로 센티미터(cm), 밀리미터(mm), 인치(in.)로 기술한다.

예) 300 b/b/ ▾a10 p. 1첩 (첩장) ; ▾c21 cm

▾e 딸림자료 [반복불가]

딸림자료에 관한 내용을 기술한다. 딸림자료의 형태에 관한 내용은 딸림자료의 성격이나 형태를 나타내는 어구 뒤에 원괄호로 묶어 기술한다.

예) 300 b/b/ ▾a30張 : ▾b四周雙邊 半郭 27.4 × 19.5 cm, 有界, 10行 19字, 黑口, 下向 黑魚尾 ; ▾c30.2 × 25.4 cm + ▾e年表 1冊

12. 4XX 총서사항 - 개요(Series Statements - General Information)

이 필드에는 자료에 나타나 있는 총서사항을 기술한다. 한 자료에 여러 개의 총서표제가 있는 경우 각 총서표제를 독립된 총서표제로 간주하여 4XX 필드를 반복 기술한다. 이 필드에는 440 총서사항/부출표목 - 표제, 490 총서사항이 있다.

440 총서사항 / 부출표목 - 표제는 한국문헌자동화목록형식-통합서지용, 개정판(2014)을 적용 시에는 사용하지 않는다.

490 총서사항(Series Statement) [반복] [해당시필수]

총서 표제를 위한 총서사항을 기술한다.

490 필드는 총서사항을 기술하지만 총서부출표목의 역할을 하지 않는다. 총서부출표목이 필요할 경우, 제1지시기호 1(총서를 부출함)을 적용한 후 총서사항(490 필드)과 대응되는 총서부출표목필드(800-830 필드)를 같이 기술해준다.

1) 지시기호

가) 제1지시기호 - 총서 부출 식별

총서표제가 부출 되지 않는 총서표제인지 총서부출표목필드(800-830 필드)에 부출되는 총서표제인지를 나타낸다.

0 - 총서를 부출하지 않음

1 - 총서를 부출함

총서사항을 총서부출표목필드(800-830 필드)로 부출하는 경우 사용한다.

예) 490 10 ▾a연구보고서 ; ▾vv. 5

830 b/0 ▾a연구보고서(한국원자력연구소) ; ▾vv. 5

490 10 ▾a실용생활백과 ; ▾v9. ▾a명리총서 ; ▾v2

830 b/0 ▾a실용생활백과 ; ▾v9

830 b/0 ▾a실용생활백과. ▾p명리총서 ; ▾v2

나) 제2지시기호 - 관제 및 관사 출력형태

총서표제의 시작이 로마 알파벳문자로 된 정관사나 부정관사(예: The, A, An, Le)와 같이 배열이나 색인 등의 처리에서 제외되어야 할 문자가 있는 경우 이의 출력형태를 나타낸다.

0 - 그대로 인쇄

총서표제의 시작이 제외 문자가 아닌 경우 사용한다.

1 - 원괄호를 제외하고 인쇄

총서표제의 시작이 로마 알파벳문자의 정관사나 부정관사와 같은 제외 문자인 경우 사용한다.

예) 490 00 ▾ a研究叢書 / 韓國敎會硏究所

490 00 ▾ a文科紀要 / 東北大學敎養部, ▾ x0495-7210 ; ▾ v10集

2) 식별기호

▾a 총서사항 [반복]

▾v 총서번호 [반복]

* 490 총서사항과 관련 있는 필드는 다음과 같다.

800 총서부출표목 - 개인명

810 총서부출표목 - 단체명

811 총서부출표목 - 회의명

830 총서부출표목 - 통일표제

13. 5XX 주기사항 - 개요(Notes - General Information)

이 필드에는 서지적 주기를 기술한다. 5XX 필드는 각각 독립되어 있다. 특정한 주기는 해당 주기필드(501-59X필드)에 기술하며 이에 해당하는 적절한 필드가 없는 경우에는 500 (일반주기) 필드에 기술한다.

이 필드에는 500 일반주기, 501 합철주기, 504 서지 등 주기, 505 내용주기, 506 이용제한주기, 510 인용/참고 주기[, 520 요약 등 주기, 521 이용대상자주기, 524 인용한 자료에 관한 주기, 530 이용 가능한 다른 형태자료 주기, 533 복제주기, 534 원본주기, 535 원본/복제본 소재 주기, 540 이용과 복제 제한에 관한 주기, 541 입수처 주기, 545 전기적 또는 역사적 데이터, 546 언어주기, 561 소유권 및 소장내력 주기, 562 사본/판본식별 주기, 563 제본정보 주기, 580 연관저록 설명 주기, 581 참조정보원 주기, 590 소장본 주기가 있다. 다음에 몇 가지 필드를 상술한다.

가. 500 일반주기(General Note)

반복	재량

필드 501부터 59X 주기 필드 중 특정 주기 필드에 해당되지 않는 일반 정보를 기술한다. 필드 501부터 59X에 관련 주기 필드가 있는 경우에는 해당 주기 필드에 우선 기술한다.

1) 지시기호

가) 제1지시기호

b/ 미정의

나) 제2지시기호

b/ 미정의

2) 식별기호

▾a 일반주기 [반복불가]

이 식별기호는 다른 필드에 해당되지 않는 내용을 주기하는 경우에 사용한다. 이 식별기호에 기술되는 내용은 이 필드에서 직접 부출 되지 않는다. 이 필드를 반복 사용하는 경우, 기술부에 해당하는 245 - 4XX 필드 순서에 따라 입력한다.

예) 500 b/b/ ▾a중요무형문화재 제91호(製瓦匠), 보유자 한형준

500 b/b/ ▾a草書体임

나. 501 합철주기(With Note)

반복	재량

자료가 출판, 공표, 발행, 제작될 때 물리적으로는 하나의 형태로 해당자료에 수록된 이들 저작은 대체로 구별되는 표제를 가지고 있지만 자료 전체를 포괄하는 종합표제는 없다.

고서 중 둘 이상의 저작이 종합서명이나 대표서명 없이 각각 그 권수제면이나 표제면을 가지고 있는 경우, 그 내용에 따라 합철(合綴) · 합각(合刻) · 합인서(合印書)의 두 번째 이하 저작의 서 명, 저자명, 판사항 등을 기술하고 이에 대한 독립된 레코드를 작성할 수 있다.

1) 지시기호

가) 제1지시기호

b/ 미정의

나) 제2지시기호

b/ 미정의

2) 식별기호

▾a - 합철주기 [반복불가]

합철에 관련된 표출어 형식의 설명어구로 합철: 합각: 합인: 또는 문장형의 설명어구 등을 포함하여 기술한다.

▾c - 표제 [반복]

합철된 자료의 표제를 기술한다.

예) 501 b/b/ ▾a합철: ▾c쌍성봉효록

▾d - 첫 번째 책임표시 [반복]

합철된 자료의 첫 번째 저자를 기술한다.

예) 501 b/b/ ▾a합철: ▾c인간의 마음 / ▾d이문희 저. -- ▾p서울 : 현대사, 1966

▾e - 두 번째 이하 책임표시 [반복]

합철된 자료의 두 번째 이하의 저자를 기술한다.

예) 501 b/b/ ▾a合綴: ▾c仁竹聯芳實紀 / ▾d朴世雲, ▾e朴世爀

[智堂實紀와 합철물임]

▾g - 기타 정보 [반복]

표제, 책임사항, 판사항, 발행사항, 대등표제 등 이외의 기타 정보 들을 기술한다. 권차, 날짜, 재생/연주시간 등과 같은 다른 확장 정보 등을 포함할 수 있다.

▾n - 판사항 [반복]

합철된 자료의 판사항을 기술한다.

예) 501 b/b/ ▾a合刻: ▾c天地冥陽水陸雜文 / ▾d[編著者未詳]. -- ▾n木板本

[天地冥陽水陸齋儀 와 합각본임]

▾p - 발행사항 [반복]

합철된 자료의 발행사항을 기술한다.

▾q - 형태사항 [반복]

합철된 자료의 형태사항을 기술한다.

예) 501 b/b/ ▾a합철: ▾c韓國音樂小史 / ▾d咸和鎭 著. -- ▾n[축소영인판]. -- ▾q124 p.

[새 표제면과 해제가 붙은 梁德壽 著 '梁琴 新譜' 축소영인본의 합철물]

▾t - 총서사항 [반복]

합철된 자료의 총서사항을 기술한다.

▾x - 대등표제 [반복]

합철된 자료의 표제와 상이한 언어나 문자로 기재된 표제를 기술한다.

다. 504 서지 등 주기(Bibliography, Etc. Note)

반복	재량

해당자료에 참고자료나 인용자료가 수록되어 있는 경우, 그 사항을 기술한다.

1) 지시기호
  가) 제1지시기호
    b/ 미정의
  나) 제2지시기호
    b/ 미정의
2) 식별기호
  ▾a 서지 등 주기 [반복불가]
  ▾b 참고문헌의 수 [반복불가]
    예) 504 b /b / ▾a目錄年表: p. 259-276
      504 b /b / ▾a참고문헌(p. 238-239)과 색인수록
      504 b /b / ▾a서지와 색인이 포함되어 있음
      504 b /b / ▾a "홍대용연보", "홍대용관계연구서목" 및 색인수록

라. 505 내용주기(Formatted Contents Note)

반복	재량

종합서명 또는 대표서명 아래 두 개 이상의 저작이 수록된 경우 그 수록된 저작들의 내용을 기술한다.

이 필드에는 형식화된 내용주기를 기술한다. 내용에 대한 정보는 기본 또는 확장 두 수준 중에 선택하여 기술한다. 내용주기는 대개 개별 저작들이나 자료 일부분의 표제들, 저작이나 자료일부와 관련한 책임사항 등을 포함한다. 또한 권호(Volume Numbers)와 일련 표시들도 내용주기에 포함될 수 있다. 하지만 장 번호(Chapter Numbers)는 생략된다. 어떤 자료들은 다른 주기나 다른 기술 영역에 속한 데이터들

이 기술되기도 한다(예, 면장수, 프레임수).

복합자료와 기록물로 취급되는 자료의 경우, 이 필드에 검색도구(finding aid)의 목차를 기술할 수 있다.

형식화되지 않은 내용주기는 500(일반주기) 필드에 기술한다.

내용주기 필드는 기술해야 할 내용이 한 필드의 정해진 길이를 초과한 경우에만 반복 사용한다. 표출어는 제1지시기호에 의해 내용 출력 시 시스템에서 자동 생성한다.

1) 지시기호

가) 제1지시기호 - 표출어제어

0 완전한 내용주기

저작물의 완전한 내용을 나타내는 내용주기를 의미한다. 표출어 '내용: '을 자동 생성한다. 전집이나 총서가 완질로 입력되는 경우나 단권본에서 모든 내용을 기술하는 경우에 해당한다.

예) 245 00 ▾a韓國現代文化史大系 / ▾d高麗大學校 民族文化硏究所 編

505 0b/ ▾a1. 文學 · 藝術史 -- 2-3. 學術 · 思想 · 宗敎史(上, 下) -- 4-5. 科學技術史(上, 下) -- 6. 政治 · 經濟史 -- 7-8. 文化運動 · 民族抗爭史(上, 下)

505 0b / ▾a卷1-5. 訥齋稿 / 李泰淵 -- 卷6. 正郎公稿 / 李亨稷 -- 卷7. 聽波 軒稿 / 李秀蕃

1 불완전한 내용주기

전집이나 총서 중에서 일부분이 입력되는 경우에 기술한다. 다권본의 각 권이 분할되어 있더라도 모두 갖추어지지 않은 경우, 출판이 완결되지 않아 계속 출판될 경우, 또는 목록작성기관에서 아직 수집하지 못한 경우 저작물이 불완전하다는 것을 나타낸다. 표출어는 '불완전 내용: '으로 자동 생성한다.

예) 505 1b/ ▾a1. 사랑 / 이광수 저 -- 2. 운현궁의 봄 / 김동인 저 — 6.

삼대 / 염상섭 저

[중간에 빠진 부분을 표시하기 위해 빈칸이 사용되었다.]

2 - 부분 내용주기

전집이나 총서가 완질을 갖추고 있더라도 저작물의 선택된 일 부분만 기술하는 경우에 사용한다.

예) 245 00 ▾a國學硏究論巧 / ▾d梁柱東 著

505 2b/ ▾a新羅歌謠의 文學的 優秀性 -- 古歌今釋2篇 -- 鄕歌의 解讀 특히 '願往生歌'에 就하여 -- 古歌箋箚疑 -- 國史古語彙考 -- 古語硏究 抄 -- 鄕歌硏究의 回憶

나) 제2지시기호 - 내용표시의 수준

내용주기에 기술되는 서명이나 저자명에 대한 기술수준을 나타낸다.

b/ 기본형

식별기호 ▾a에 모든 정보를 기술하는 형태를 가리킨다.

예) 245 00 ▾a이호철 문학 선집 / ▾d이호철 지음

505 0b/ ▾a1. 심천도 -- 소시민 -- 2. 문 -- 물은 흘러서 강 -- 3. 남녁사람 북녁사람 -- 4월과 5월 -- 4. 중, 단편소설 -- 5. 단편소설 — 이호철 소설의 일반론 및 작품론

0 확장형

식별기호 ▾a를 제외한 여러 가지 식별기호를 반복 사용하여 형식화 된 내용주기를 자세한 부분에까지 기술하는 경우에 사용한다. 이 경우에는 505 필드에서 서명, 저자명 색인파일을 직접 생성할 수도 있다.정확한 색인파일 작성을 위하여 7XX 필드에 부출표목 을 생성하여 저자명의 도치나 서명의 첫머리에 오는 문자를 제외할 수도 있다.

예) 505 00 ▾t閱古閣叢稿 / ▾d鮑康 -- ▾t海東金石苑 / ▾d劉喜海 撰

505 00 ▾t나의노래 -- ▾t이등병의 편지 -- ▾t사랑이라는 이유로 -- ▾t사랑했지만 -- ▾t그날들 -- ▾t너에게 -- ▾t슬픈노래 -- ▾t거리에서 -- ▾t말하지 못한 내사랑 -- ▾t그루터기 --

▾t기다려줘 -- ▾t흐린 가을 하늘에 편지를 써 -- ▾t그대 웃음소리

2) 식별기호

▾a - 형식화된 내용주기 [반복불가]

내용주기는 서명, 책임표시, 권호, 순차 표시, 시간(녹음자료의 경우)을 목록규칙에 의거하여 기술한다.

▾d - 첫 번째 책임표시 [반복]

제2지시기호가 '0'일 경우 사용되며 내용주기 중 해당 표제의 첫 번째 책임표시를 기술한다.

제2지시기호가 '0'일 경우 기사(article)나 분책의 책임표시를 기술한다.

제2지시기호가 '0'일 경우 사용되며 내용주기 중 해당 표제의 두 번째 이하의 책임 ▾e - 두 번째 이하 책임표시 [반복]

표시를 기술한다.

예) 245 00 ▾a世界文學全集

505 00 ▾n1. ▾t젊은 獅子들 / ▾d어어윈 쇼 作 ; ▾e金聲翰 譯 -- ▾n2. ▾t忿怒는 葡萄처럼 / ▾d죤 쉬타인벡 作 ; ▾e康鳳植 譯 [예문이 길어지므로 중간 부분은 생략] ▾n100. ▾t獨逸民族說話集 / ▾d그림형제 편 ; ▾e金昌浩 譯

▾n - 권차 [반복]

제2지시기호가 '0'일 경우 사용되며 해당 권차를 기술한다.

예) 505 10 ▾n1. ▾t어떤 나들이 -- ▾n2. ▾t조그만 체험기 -- ▾n3. ▾t아저씨의 훈장 -- ▾n4. ▾t해산바가지 -- ▾n5. ▾t가는비, 이슬비

▾t - 표제 [반복]

제2지시기호가 '0'일 경우 사용되며 표제를 기술한다.

예) 505 10 ▾n1. ▾t심천도 -- ▾t소시민 -- ▾n2. ▾t문 -- ▾t물은 흘러서 강 -- ▾n3. ▾t남녘사람 북녘사람 -- ▾t4월과 5월 -- ▾

n4. ▾t중. 단편소설 -- ▾n5. ▾t단편소설 -- ▾t이호철 소설의 일반론 및 작품론

▾g - 기타 정보 [반복]

식별기호 ▾g는 제2지시기호가 0일 때 사용되며, 표제나 책임사항, 권차 이외의 기타 정보들을 기술한다. 쪽 수, 날짜, 재생/연주시간 등과 같은 다른 확장 정보 등을 포함할 수 있다.

* 필드 505와 관련 있는 필드는 다음과 같다.

700 부출표목 - 개인명

710 부출표목 - 단체명

711 부출표목 - 회의명

730 부출표목 - 통일표제

마. 506 이용제한주기(Restrictions on Access Note)

자료를 이용하는데 제한이 있는 경우, 그 접근제한에 관한 내용을 기술한다. 출판된 저작의 경우, 이 필드에 배포 제한사항에 대한 정보를 기술한다. 출판물에 접근하는 것을 제한한다는 의미가 아니라 출판물이 특정 이용자층을 대상으로 만들어졌을 경우, 이는 521(이용대상자 주기) 필드에 기술한다. 자료를 접근한 이후 자료를 이용하거나 복제하는 데 대한 제한 내용은 540(이용과 복제 제한에 관한 주기) 필드에 기술한다.

1) 지시기호

가) 제1지시기호

b/ 해당정보 없음

0 제한 없음

1 제한 있음

나) 제2지시기호

b/ 미정의

2) 식별기호

▾a - 이용제한사항 [반복불가] [재량]

자료를 이용하기 원하는 이용자에게 부과된 법적, 물리적, 절차상 제한들을 기술한다.

예) 506 1b/ ▾a제한: 이용허가서 필요

506 1b/ ▾a직원만 이용가능

506 1b/ ▾a한국 내에서는 이용을 목적으로 배포하지 못함

506 1b/ ▾a대외비 2000. 6. 30일로부터 20년간

506 1b/ ▾a관내 이용자료임

506 1b/ ▾a대외비자료임

506 1b/ ▾a학술연구용으로 제한

▾b - 법적 제한 [반복]

접근제한 사항을 부여하고 강제권한이 있는 기관 내의 인명, 부서명, 지위명 등 사법적인 제한에 관한 내용을 기술한다.

▾c - 물리적 접근에 필요한 규정 [반복]

물리적 접근에 필요한 승낙요청 조건을 상세하게 기술한다.(시간에 따라 변할 수 있음)

예) 506 1b/ ▾c저작권자의 허락을 받은 연구자에 한하여 이용할 수 있음

▾d - 이용권한이 있는 이용자 [반복]

식별기호 ▾a의 제한이 적용되지 않는 이용자층이나 특정 개인을 의미한다.

예) 506 1b/ ▾a30년간 이용불가; ▾d알 필요가 있는 정부기관 공무원

▾e - 근거 [반복]

제한의 근거를 기술한다.

예) 506 1b/ ▾a국가안전을 위해 이용 제한; ▾b국가정보원; ▾e국가보안법 제40조

바. 520 요약 등 주기(Summary, Etc.)

반복	재량

자료의 범위와 일반적인 내용을 정해진 형식 없이 주기한다. 요약, 초록, 주석, 평론, 또는 자료를 설명하는 구절 등을 기술한다. 요약의 상세함 수준은 이용 대상자 수준에 따라 다양하게 적용할 수 있다. 상세함에 대한 수준 구분이 필요하다면, 간단한 요약은 식별기호 ▾a에 기술하고, 더 자세한 주석은 식별기호 ▾b에 기술한다. 표출어는 제1지시기호에 따라 생성된다. 4 - 해제 표출어 "해제: "를 자동 생성한다.

1) 지시기호

가) 제1지시기호 - 표출어 제어

b/요약

0 주제

1 평론

2 범위와 내용

3 초록

4 해제

8 표출어를 생성하지 않음

나) 제2지시기호

b/ 미정의

2) 식별기호

▾a 요약 등 주기 [반복불가]

▾b 추가요약정보 [반복불가]

▾c 출처 [반복불가]

예) 500 b/b/ ▾a해제수록

520 4b/ ▾a本書는 正祖16年壬子(1784)正月-純祖17年(1817) 4年間 官吏敍用에 關한 銓衡 經緯를 年次別로 記載한 것인데 當時 吏曺保管文書

사. 533 복제주기(Reproduction Note)

반복	해당시필수

해당자료가 영인, 복사, 마이크로형태 등에 의한 복제물이고 그 원본을 중심으로 서지정보를 기 술한 경우, 복제에 관한 사항을 기술한다.

이 필드에는 원본이 복제된 사항을 기술한다. 서지 레코드를 원본을 중심으로 기술하고 복제와 관련된 정보는 533 필드에 주기로 기술한다.

1) 지시기호

가) 제1지시기호

b/ 미정의

나) 제2지시기호

b/ 미정의

2) 식별기호

▾a - 복제형식 [반복불가]

기술된 복제물의 유형을 식별하는 어구를 기술한다.

예) 533 b/b/ ▾a마이크로필름. ▾b서울 : ▾c국립중앙도서관, ▾d1998. ▾e마이크로필름 릴 25개 ; 35 mm

▾b - 복제장소 [반복]

복제물이 만들어진 장소의 명칭을 기술한다. 복제장소가 한 곳 이상일 때에는 반복하여 기술 할 수 있다.

예) 533 b/b/ ▾a영인본. ▾b서울 : ▾c아세아문화사, ▾d1989. ▾e350 p. ; 23 cm

533 b/b/ ▾a影印本. ▾b서울 : ▾c文化財管理局, ▾d1984. ▾e2卷1冊 ; 25.0x16.0 cm

▾c - 복제기관 [반복]

복제기관을 기술한다. 만약에 동일한 복제물에 대하여 복제기관이 하나 이상일 경우 반복하여 기술할 수 있다.

예) 533 b/b/ ▾a마이크로필름. ▾m1920-1945. ▾b서울 : ▾c동아일보사, ▾d1990. ▾e마이크로필름 릴 25개

▾d - 복제일자 [반복불가]

복제물이 만들어진 일자를 기술한다. 연속간행물일 경우 시작일과 종료일을 기술한다.

예) 533 b/b/ ▾a영인본. ▾b서울 : ▾c아세아문화사, ▾d1989. ▾e350 p. ; 23 cm

▾e - 복제 형태사항 [반복불가]

복제물의 형태사항을 기술한다. 보통 복제물의 면장수와 크기를 기술한다. 네가티브일 경우 극성을 기록한다. 연속간행물일 경우에는 마이크로폼의 형태의 세트가 완전복제경우에 한해서만 마이크로피쉬, 마이크로필름 릴의 총수를 기록한다.

예) 533 b/b/ ▾a마이크로필름. ▾b서울 : ▾c국립중앙도서관, ▾d1998. ▾e마이크로 필름 릴 25개 ; 35 mm

▾m - 복제한 원본의 발행기간 [반복]

아. 534 원본주기(Original Version Note)

반복	해당시필수

해당자료가 영인, 복사, 마이크로형태 등에 의한 복제물이고 복제본을 중심으로 서지정보를 기술한 경우, 그 원본에 관한 사항을 기술한다.

1) 지시기호

가) 제1지시기호

b/ 미정의

나) 제2지시기호

b/ 미정의

2) 식별기호

▾a 원본의 기본표목 [반복불가]

▾b 원본 판사항 [반복불가]

▾c 원본 발행사항 [반복불가]

▾e 원본 형태사항 [반복불가]

▾f 원본 총서사항 [반복]

▾n 원본관련 주기 [반복]

▾p 원본관련 설명 어구 [반복불가]

원본의 인용을 소개하는 문구를 기술한다. 이 식별기호는 반드시 기술되어야 한다.

예) 534 b/b/ ▾p原本版事項: ▾b石版本

534 b/b/ ▾p原本의 刊記: ▾c崇禎5年壬申(1632)九月日京畿朔水淸龍腹[寺] 開板

500 b/b/ ▾a축소영인본임

534 b/b/ ▾p대본의 刊記: ▾c崇禎五年壬申[1631]九月 日京畿朔水淸山 龍腹[寺] 開板

500 b/b/ ▾a"中宗壬申[1512]刊本(世稱 正德本)을 縮小影印하여 校勘한 것" -- 범례

534 b /b / ▾p대본의 발행사항: ▾c京城 : 朝鮮語學硏究會, 昭和10[1935]

자. 535 원본/복제본 소재 주기 (Location of Originals/Duplicates Note)

반복	재량

기술대상 자료의 원본이나 복제본이 타 기관에 소장되어 있는 경우, 그 원본이나 복제본의 소장처를 기술한다. 이 필드는 원본이나 복제본이 기술된 자료와 다른 곳에 있

을 경우에만 기술한다.

1) 지시기호

가) 제1지시기호 - 소장기관 관련 추가 정보

1 원본 소장기관

2 복제본 소장기관

나) 제2지시기호

b/ 미정의

2) 식별기호

▾a 소장기관명 [반복불가]

이 필드는 소장기관명이 있는 경우 기술한다.

예) 535 1b/ ▾a국립중앙도서관(古253-24); ▾b서울 서초구 반포대로 201; ▾d(02)535-4142

차. 540 이용과 복제 제한에 관한 주기 (Terms Governing Use and Reproduction Note)

반복	재량

이 필드에는 자료에 접근한 후에 그 자료를 이용하거나 복제하는데 따른 제한이 있는 경우 이에 관한 정보를 기술한다.

해당자료의 접근에 관한 제한사항은 506(이용제한주기) 필드에 기술한다.

1) 지시기호

가) 제1지시기호

b/ 미정의

나) 제2지시기호

b/ 미정의

2) 식별기호

▾a 이용과 복제에 관한 주기 [반복불가]

이용과 복제에 관한 사항을 기술한다. 이 사항은 법적인 효력을 가지고 있거나 공식적인 제한규정을 의미하는 것이다.

예) 540 b/b/ ▾ a비영리 기관에서만 복제할 수 있음

540 b/b/ ▾ a비영리 목적으로만 복제할 수 있음

540 b/b/ ▾ a도서관 내에서만 이용가능

▾ b 소관부서 등 [반복불가]

▾ c 근거 [반복불가]

▾ d 이용권한이 있는 이용자 [반복불가]

카. 541 입수처 주기(Immediate Source of Acquisition Note)

반복	재량

이 필드에는 해당자료의 직접적인 입수원에 관한 정보를 기술하고 주로 원본, 역사적인 자료, 또 는 기록물 컬렉션에 사용한다. 입수자료의 원소장처는 561(소유권 및 소장내력 주기) 필드에 기술한다. 컬렉션에 추가되는 자료를 기술할 때는 541 필드를 반복한다. 추가되는 자료가 있을 때 마다 541 필드를 반복해서 기술한다.

1) 지시기호

가) 제1지시기호 - 비공개 여부

b/ 해당정보 없음

0 비공개

1 비공개 아님

나) 제2지시기호

b/ 미정의

2) 식별기호

▾ a 입수처 [반복불가]

▾ b 주소 [반복불가]

▾ a에 기술된 입수처의 주소를 기술한다.

예) 541 b/b/ ▾ c구입; ▾ a好古堂; ▾ b서울시 종로구 인사동 167번지; ▾ d1998.4; ▾ h₩1,500,000

▾ c 입수방법(구입, 수증, 교환, 대여, 기탁 등) [반복불가]

▾ d 입수일자 [반복불가]

▾ e 등록번호 [반복불가]

▾ f 소유권자 [반복불가]

▾ h 구입가 [반복불가]

타. 545 전기적 또는 역사적 데이터 (Biographical or Historical Data)

반복	재량

기술대상 자료의 저자명 표목으로 채택된 개인의 전기적 정보나 단체 또는 사건에 대한 역사적인 정보를 기술한다.

1) 지시기호

가) 제1지시기호 - 데이터유형

b/ 해당정보 없음

0 전기

1 일반적인 역사

나) 제2지시기호

b/ 미정의

2) 식별기호

▾ a 전기 또는 역사 관련 주기 [반복불가]

▾ b 부연설명 [반복불가]

예) 545 0b/ ▾ a1533(中宗37)~1609(光海君1). 朝鮮의 書畵家. 字는 季獻, 號는 玉山, 本貫은 德水, 栗谷의 아우. 1567年(明宗22) 進士에 合格, 軍資監正까지 지냄

파. 561 소유권 및 소장 내력 주기 (Ownership and Custodial History)

반복	재량

해당자료가 제작되어 입수될 때까지의 소유권과 소장내력을 기술한다. 또한 개개의 자료나 일련의 자료들이 현재의 위치에 처음으로 배치되었을 때의 시점도 포함한다. 입수처에 관한 주기는 541(입수처주기) 필드에 기록한다.

1) 지시기호

가) 제1지시기호 - 비공개 여부

b/ 해당정보 없음

0 비공개

1 비공개 아님

나) 제2지시기호

b/ 미정의

2) 식별기호

▾a 소유권 및 소장내력 주기 [반복불가]

예) 561 b/b/ ▾a1966년 5월 28일 日本政府로부터 返還文化財로 인수함

하. 562 사본/판본 식별 주기 (Copy and Version Identification Note)

반복	재량

이 필드에는 하나 이상의 사본(寫本)이나 판본(版本)이 있거나 있을 수 있는 경우, 문서보존소 또는 사본(寫本)보존소에 소장된 여러 사본 또는 판본을 식별할 수 있는 정보를 기술한다.

주의: 단행자료 또는 다권자료에 판이 둘 이상 있는 경우,
사본의 판에 관련된 사항은 250(판 사항) 필드에서 기술한다.

1) 지시기호

가) 제1지시기호

b/ 미정의

나) 제2지시기호

b/ 미정의

2) 식별기호

▾a 식별 표시(Identifying markings) [반복]

해당자료에 비치는 무늬(watermarks), 주석, 해설과 같이 여러 사본을 구별하는 데 사용될 수 있는 삽입된 표시에 대한 정보를 기술한다.

▾b 사본 식별(Copy identification) [반복]

다른 사본과 해당자료의 사본을 구별하는 데 사용되는 이름, 부호, 숫자 또는 설명과 같은 정보를 기술한다.

▾c 판본 식별(Version identification) [반복]

내용이 다른 판이라는 것을 식별하는 데 사용되는 이름, 부호 또는 설명과 같은 정보를 기술한다.

▾d 발표 형식(Presentation format) [반복]

현재 매체와 상관없이, 기술되는 자료가 처음에 목적으로 했던 발표 형식을 기술한다.(예, TV 방영용 필름, 구두 성명용 원고)

▾e 사본 수 [반복]

다른 식별기호의 정보가 적용하고 있는 사본 수를 기술한다.

거. 580 연관저록 설명 주기(Linking Entry Complexity Note)

반복	해당시필수

다른 레코드와의 복합적인 관계를 자유스런 서술형으로 기술하는 주기로서, 연관저록필드의 표출어로 생성될 수 없는 복잡한 관계를 표현하기 위해 사용된다. 따라서 연관저록필드(760-787)에 기술된 필드가 있는 경우에만 기술한다.

1) 지시기호

가) 제1지시기호

b/ 미정의

나) 제2지시기호

b/ 미정의

2) 식별기호

▾a 연관저록 설명주기 [반복불가]

너. 590 소장본 주기(Holding Item Note)

반복	재량

해당기관 소장본의 낙장(落張), 배접(背接), 보사(補寫), 인문(印文), 장서기(藏書記), 지어(識語), 묵서(墨書)나 열람용 복제본 여부, 소장 원본 · 복제본의 청구기호 등 소장본 관련 로컬정보를 기술한다.

1) 지시기호

가) 제1지시기호

b/ 미정의

나) 제2지시기호

b/ 미정의

2) 식별기호

▾a 낙장(落張), 파손(破損), 배접(背接), 보사(補寫), 포갑(包匣) [반복불가]

예) 590 b/b/ ▾a소장본은 179쪽 이후 낙장

590 b/b/ ▾a전50권 30책 중 제5권 결

590 b/b/ ▾a전50권본 중의 영본임590 b/b/ ▾a소장본은 저자 署名기증본임

590 b/b/ ▾a落張많음

590 b/b/ ▾a背接: 1998年5月卷上을 背接

590 b/b/ ▾ a補寫: 內容一部와 序文跋文을 補寫하였음

590 b/b/ ▾ a소장: 제1, 3-5, 7권

▾ b 인문(印文) [반복불가]

예) 590 b/b/ ▾ b寫記: 歲道光戊戌(1838)初夏雲樹筵主人書

590 b/b/ ▾ b印文: 帝室圖書之章

▾ c 장서기(藏書記), 수증기(受贈記), 수령기(受領記), 수권기(受券記) [반복불가]

예) 590 b/b/ ▾ c藏書記: 乾隆四十年乙未(1775)正月初十日買得主安仁宅

590 b/b/ ▾ c受贈記: 嘉靖丙寅(1566)秋密陽府使李光生正廬印贈

590 b/b/ ▾ c受領記: 判書鄭太和

590 b/b/ ▾ c受券記: 萬戶李時獻

▾ d 지어(識語), 묵서(墨書) [반복불가]

예) 590 b/b/ ▾ d墨書: 本文에 日記記事를 墨書함

590 b/b/ ▾ d墨書: 欄外에 日記

▾ w 소장 원본, 복제본의 청구기호 [반복불가]

예) 590 b/b/ ▾ w所藏原本請求記號: 古221-33

590 b/b/ ▾ w所藏複製本請求記號: 古3648-10-395

▾ x 소장 원본, 복제본의 형태사항 [반복불가]

▾ y 열람용 소장본 [반복불가]

예) 590 b/b/ ▾ y閱覽用은 複寫本임

▾ z 소장 관련 관리부호 [반복불가]

예) 590 b/b/ ▾ z貴重本番號: 貴352

제8장 MARC 데이터 입력 연습

이 장에서는 제5장과 제6장에서 공부한 내용을 바탕으로 고문헌을 어떻게 MARC 포멧에 입력하고 검색되는지 제시한 10종의 고서 및 고문서의 서지정보를 참고하여 가변길이필드작성을 직접 연습해 보도록 하였다.

입력 연습은 국립중앙도서관이 제공하는 고문헌분야의 통합목록서비스인 한국고문헌종합목록시스템(KORCIS, Korean Old and Rare Collection Information System)에서 자료를 검색하여 입력하도록 한다.

한국고문헌종합목록은 국내 공공・대학도서관, 박물관, 사찰, 문중, 개인 등 민간소장 고문헌을 발굴 조사하여 연간 서지 및 원문 DB 3,000건 이상을 구축하고 있으며, 2022년 현재 기준 국내 83개 기관, 국외 49개 총 132개 기관의 목록 DB 40만여 건과 원문 DB 5만여 건을 서비스하고 있다.

한국고문헌종합목록은 국내외의 한국 고문헌 소장 기관 및 담당자가 데이터에 접근하기 쉽고 표준화된 목록 DB 구축을 가능하게 하도록 개발되었으며, 표준화된 고서 목록 DB를 제공하여 한국학 등 여러 학문 분야 연구에 이바지하고 있다.

1. 내훈(內訓)

:미국 하와이대학교 도서관(University of Hawai'i at Mānoa Library)

이 도서는 성종 6년(1475) 의 어머니인 소혜왕후가 아녀자들의 교육을 위하여 편찬한 것이다. 하와이대학교 소장본은 효종 7년(1656)에 금속활자인 을해자본을 번각(飜刻)하여 발간한 목판본으로 내사본이다.

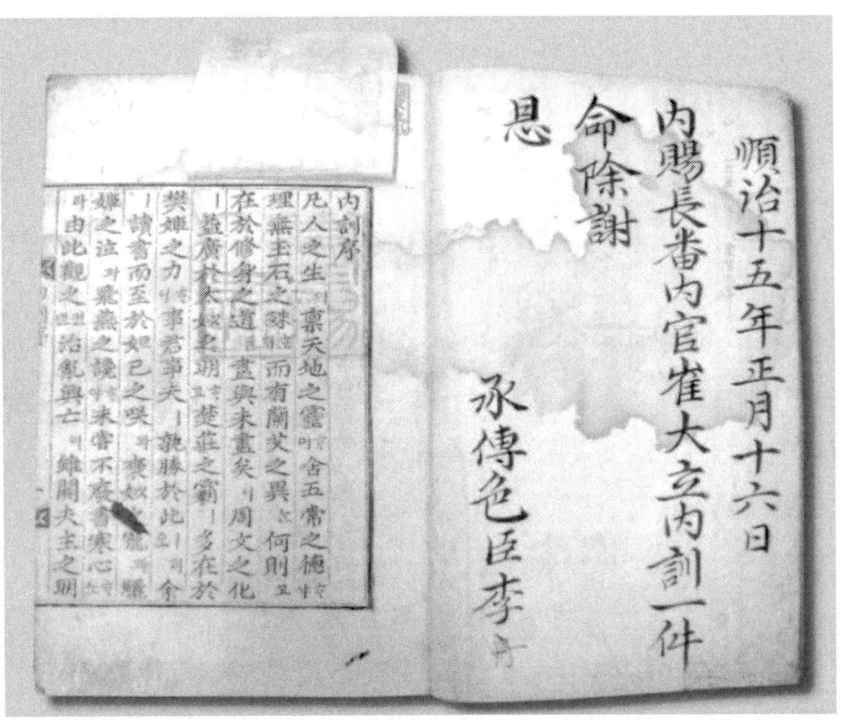

서지정보

표제/ 책임표시사항	內訓/ 昭惠王后 撰
판 사 항	木板本(甲寅字飜刻)
발행사항	[發行地不明] : [發行處不明], 孝宗 9(1658)

형태사항	3卷3冊 : 四周雙邊 半郭 21.7 × 14.6 cm, 有界, 10行17字 註 雙行, 內向3葉花紋魚尾 ; 33.8 × 20.9 cm
주기사항	內賜記: 順治十五年(1658)正月十六日內賜長番內官崔大立內訓 一件命除謝恩 承傳色臣 李手決

가변길이필드[28] 입력

TAG	IND	내 용
001		OUB2020000429
005		20230131151725
007		oe
245	00	▼a內訓/▼d昭惠王后 撰
250		▼a木板本(甲寅字飜刻)
260		▼a[發行地不明:▼b發行處不明],▼c孝宗 9[1658]
300		▼a3卷3冊:▼b四周雙邊 半郭 21.7 × 14.6 cm, 有界, 10行17字 註 雙行, 內向3葉花紋魚尾;▼c33.8 × 20.9 cm
500		▼a內賜記: 順治十五年(1658)正月十六日內賜長番內官崔大立內訓一件命除謝恩 承傳色臣 李手決
700		▼a소혜왕후

28) 가변길이필드(Variable fields)는 제어필드와 데이터필드로 구성되며 각각의 필드를 유형별 또는 기능별로 표시하는 표시기호가 부여된다. 제어필드는 00X 표시기호가 부여되며 지시기호와 식별기호 없이 데이터와 필드종단기호만으로 구성된다. 데이터필드는 00X 이외의 표시기호가 부여되며 지시기호와 식별기호, 데이터 및 필드종단기호로 구성된다.

2. 규장각지(奎章閣志)

:미국 예일대학교 도서관(Yale University Library)

이 도서는 1776(영조 52)년 신설된 규장각의 제도·의식 등을 기록한 책이다. 정조의 명을 받아 서명응(徐命膺)·채제공(蔡濟恭)·황경원(黃景源)·이복원(李福源) 등이 초본(草本)을 만들었고, 1784년(정조 8)에 정유자(丁酉字)로 간행하였다. 책 앞에 어제서문(御製序文)이 있고, 끝에 이복원·이징지(李徵之)·황경원·서명응·김종수(金鍾秀) 등 5인의 발문이 있다.

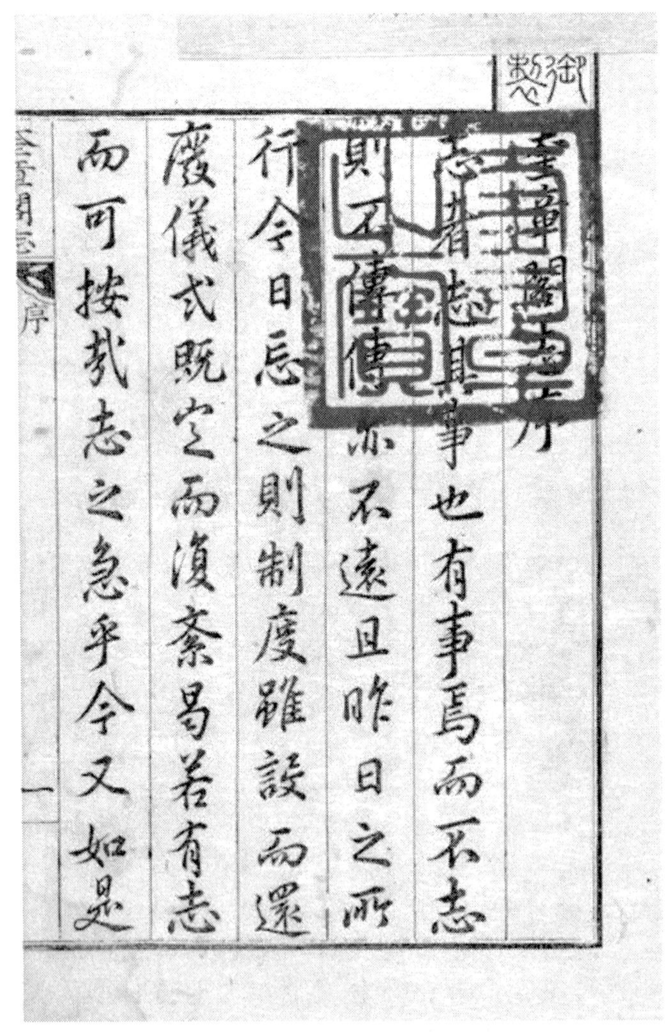
御製

奎章閣志序

志者誌其事也有事焉而不志則不傳傳亦不遠且昨日之所行今日忘之則制度雖設而還廢儀式旣定而復紊曷若有志而可按哉志之急乎今又如是

서지정보

표제/ 책임표시사항	奎章閣志 / 奎章閣(朝鮮) 奉命編
판 사 항	金屬活字本(丁酉字)
발행사항	漢陽[서울] : 內閣, 正祖 8[(1784)
형태사항	2卷1冊 : 四周單邊 半郭 25.0 x 17.0 cm, 有界, 10行18字 註雙行, 上2葉花紋魚尾 ; 36.4 x 23.6 cm
주기사항	標題: 甲辰(1784)新編 內閣活印 御製序 : 予踐阼之八年甲辰(1784)仲夏下澣[正祖]

가변길이필드 입력

TAG	IND	내 용

3. 신증동국여지승람(新增東國輿地勝覽)

:미국 클레어몬트대학 도서관(Claremont Colleges Library)

본서는 안정복 수택본으로 동사강목 편찬에 앞서 고증을 거친 흔적이 곳곳에 남아 있는 귀중한 고서로 일제 강점기 무렵 외국으로 유출된 문화재이다.

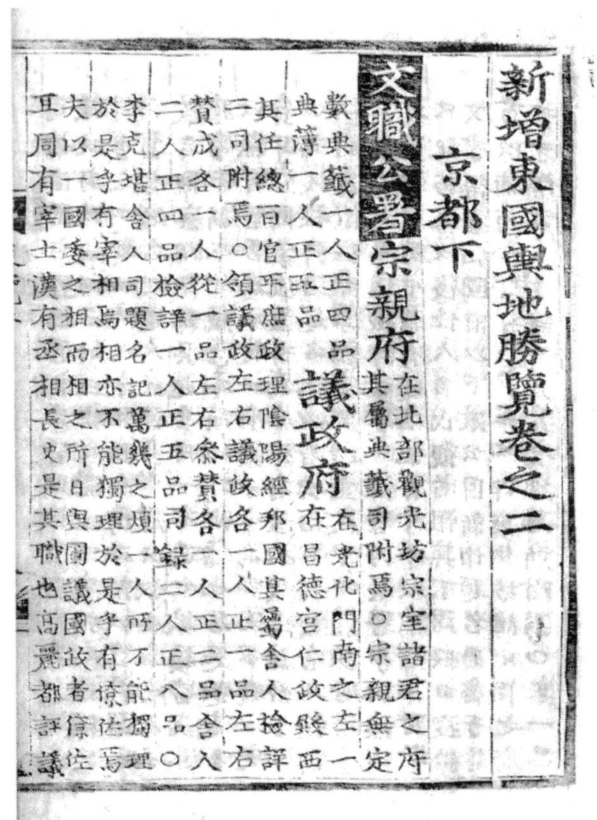
新增東國輿地勝覽卷之二
京都下
文職公署 宗親府 在北部觀光坊宗室諸君之府
其屬典籤司附焉○宗親無定
數典一人正四品 議政府 在光化門南之左一
典簿一人正五品 在昌德宮仁政殿西
其任總百官平庶政理陰陽經邦國其屬舍人檢詳
二司附焉○領議政左右議政各一人正一品左右
贊成各一人從一品左右參贊各一人正二品舍人
二人正四品檢詳一人正五品司錄二人正八品○
李克堪舍人司題名記萬幾之煩一人所不能獨理
於是乎有宰相焉相亦不能獨理於是乎有僚佐焉
夫以一國委之相而相之所日與圖議國政者僚佐
且周有宰士漢有丞相長史是其職也高麗都評議

서지정보

표제/ 책임표시사항	新增東國輿地勝覽 / 盧思愼(1427~1498) 等受命編
판 사 항	木板本
발행사항	[發行地不明] : [發行處不明], 17th(初版1530)

형태사항	55卷21冊 : 四周雙邊 半郭 25.0 x 16.7 cm, 有界, 8行16字 註雙行, 內向混葉花紋魚尾 ; 34.0 x 21.0 cm
주기사항	表題: 輿地勝覽 안정복(1712~1791)수택본 序: 成化十七年(1481)...徐居正 新增序: 嘉靖九年庚寅(1530)...李荇 跋: 弘治十二年(1499)...任士洪 跋: 金宗直 跋: 嘉靖十年(1531)...洪彦弼 印文: 安鼎福印

가변길이필드 입력

TAG	IND	내 용

4. 뎡니의궤

:프랑스 국립도서관(Bibliotheque Nationale de France)

금속활자본 〈화성성역의궤〉를 한글로 필사한 것으로 프랑스 동양언어문화학교 자료와 한 질을 이루고 있다. 정리의궤는 조선 정조대의 주요 사업인 '현륭원(顯隆園) 행행(行行)'과 화성 성역과 관련한 도설을 채색화한 것으로 유일본이다.

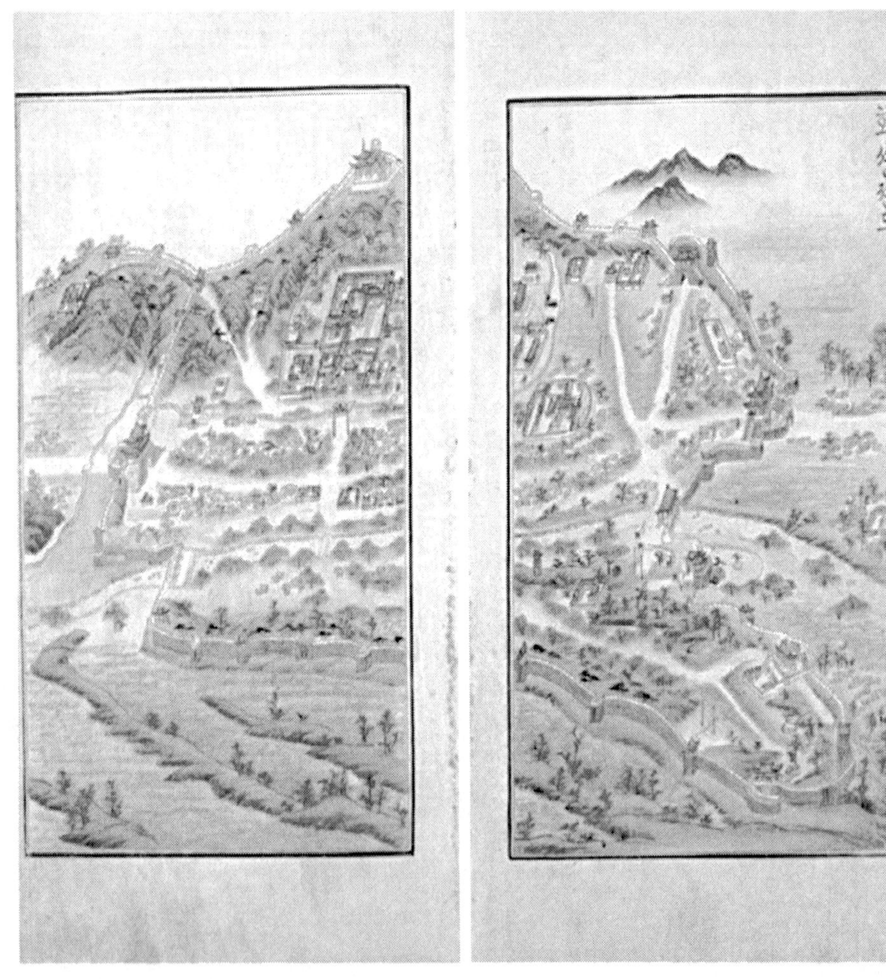

서지정보

표제/ 책임표시사항	整理儀軌 = 뎡니의궤 권지삼십구 화셩셩역도본. 卷39 城役圖 / 正祖(朝鮮) 命編
판 사 항	筆寫本
발행사항	[發行地不明] : [發行處不明], [正祖 19-20(1795-1796)]
형태사항	1冊(55張) : 四周雙邊 半郭 25.6 x 17.9 cm, 無界, 9行字數不定, 無魚尾 ; 36.5 x 23.2 cm
주기사항	한국서지 : 1299,1398, 3390

가변길이필드 입력

TAG	IND	내 용

5. 삼강행실도(三綱行實圖)

:미국 브린모어칼리지 도서관(Bryn Mawr College Library)

삼강행실도는 조선 시대에 설순 등이 왕명에 따라 우리나라와 중국의 서적에서 군신, 부자(父子), 부부간에 모범이 될 충신, 효자, 열녀들을 각각 35명씩 뽑아 그 행적을 그림과 글로 칭송한 교훈서로서 세종 14년(1432)에 처음 간행되었으며, 성종 12년(1481)에는 한글로 풀이한 언해본이 간행되었다. 본서는 미국 브린모어칼리지 도서관(Bryn Mawr College Library) 소장본이다.

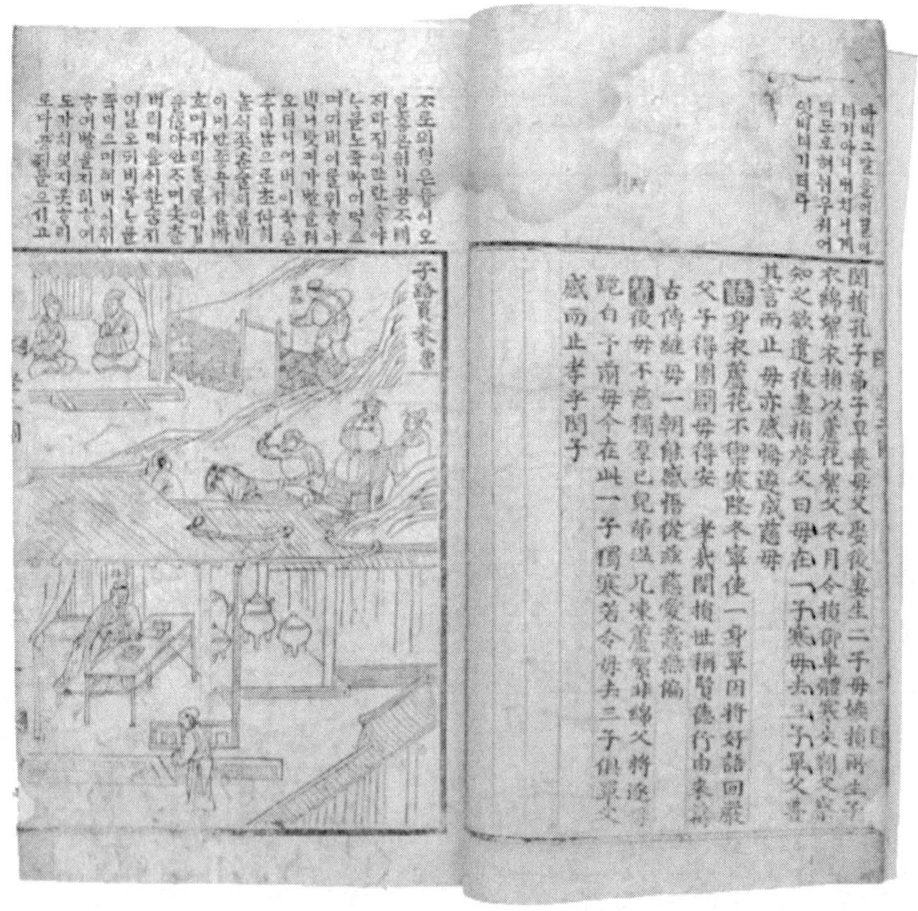

閔損孔子弟子早喪母父娶後妻生二子母嫉損所生子
衣綿絮妬損衣以蘆花絮父冬月令損御車體寒失靷父察
知之欲遣後妻損啓父曰母在一子寒母去三子單父善
其言而止母亦感悔遂成慈母
詩 身衣蘆花不御寒隆冬寧使一身單因將好語回嚴
父子得團圓母得安 孝哉閔損世稱賢德行由來萬
古傳繼母一朝能感悟從此慈愛竟無偏
贊 後母不慈獨厚己兒弟温兄凍蘆絮非綿父將逐
之跪白于前母今在此一子獨寒若令母去三子俱寒父
感而止孝乎閔子

서지정보

표제/ 책임표시사항	三綱行實圖 / 偰循(朝鮮) 等奉教編
판 사 항	木板本
발행사항	[平壤] : 箕營, 英祖 2(1726)
형태사항	22冊 : 插圖, 四周雙邊 半郭 24.8 x 18.0 cm, 有界, 11行20字 頭註, 內向2葉花紋魚尾 ; 38.3 x 23.5 cm
주기사항	국한문혼용 序 : 宣德七年(1432)六月日奉列大夫集賢殿應敎……臣 權採(1399-1438) 奉敎序 / 跋 : 歲丙午(1726)春行平安道觀察使兼都巡察使 尹憲柱(1661-1729) 謹跋

가변길이필드 입력

TAG	IND	내 용

6. 강화부지(江華府志)

:미국 UC버클리대학교 도서관 아사미 문고(UC Berkeley Library)

강화유수 김노진이 경기도 강화부의 심부전도(沁府全圖)·건치연혁(建置沿革)·성곽·군제 등을 수록하여 1783년에 편찬한 읍지이다. 목판본으로 장서각·규장각·고려대학교 도서관 등에 소장되어 있다.

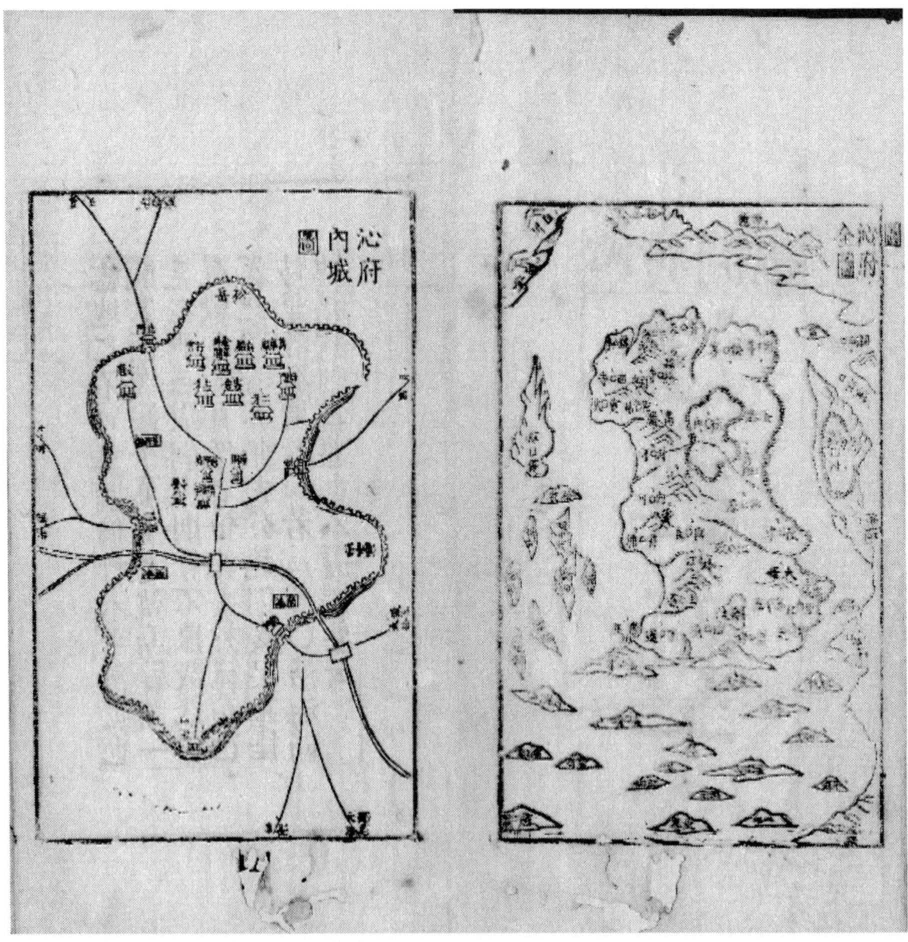

서지정보

표제/ 책임표시사항	江華府志. 上下 / 金魯鎭(朝鮮) 編
판 사 항	木板本
발행사항	[刊寫地未詳] : [刊寫者未詳], 正祖7(1783)
형태사항	2卷2冊 : 插圖, 四周單邊 半郭 21.5 x 15.1 cm, 有界, 9行 20字, 註雙行, (上/下)黑魚尾 ; 31.7 x 20.5 cm
주기사항	이 자료는 2009년 고려대학교 민족문화연구원에서 조사하여 제공한 자료임 序 : 上七年歲癸卯(正祖7,1783)四月甲子正憲大夫行江華府留守……金魯鎭序 / 刊記 : 沁府開板 江華府志

가변길이필드 입력

TAG	IND	내 용

7. 경국대전(經國大典)

:중국국가도서관(中國國家圖書館)

경국대전은 조선왕조의 기본법전으로 조선건국 전후부터 1484년(성종 15)까지 약 100년간의 왕명·조례(條例)·교지(敎旨) 등을 수집하여 엮은 법전이다.

세조는 법전을 만들기 위해 육전상정소(六典詳定所)를 설치하고, 노사신(盧思愼)·강희맹(姜希孟)·최항(崔恒)·김광국(金光國)·한계희(韓繼禧)·임원준(任元濬)·홍응(洪應)·성임(成任)·서거정(徐居正) 등에게 새로운 법전을 편찬하게 하였는데 이것이 『경국대전』이다. 본서는 평양부에서 현종 9(1668)년에 간행한 것이다.

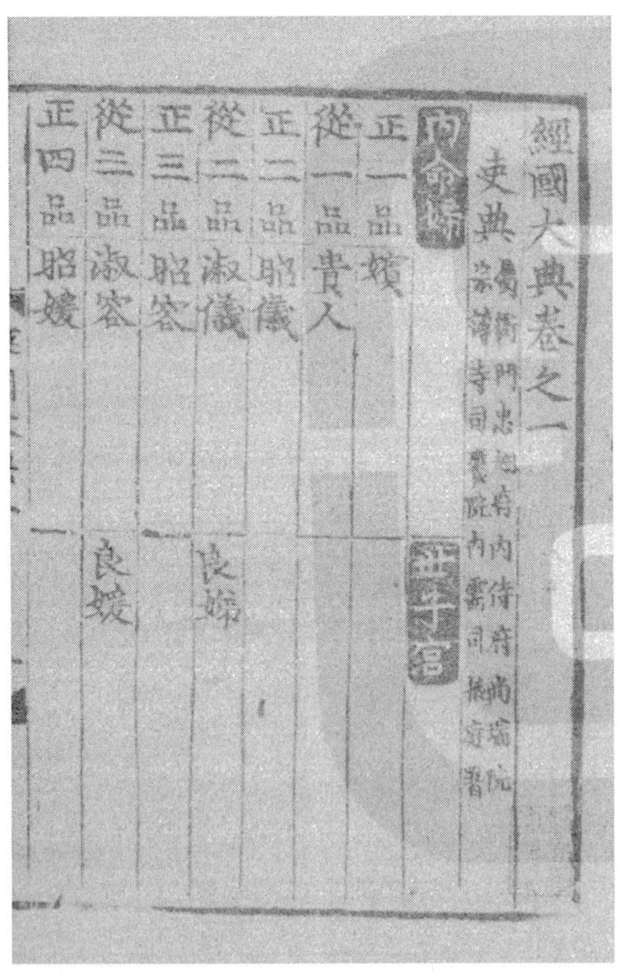

經國大典卷之一

吏典 [illegible]衛門 忠翊府 内侍府 尙瑞院 宗簿寺 司饔院 内需司 掖庭署

内命婦

正一品 嬪

從一品 貴人

正二品 昭儀

從二品 淑儀 良娣

正三品 昭容

從三品 淑容 良媛

正四品 昭媛

世子宫

서지정보

표제/ 책임표시사항	經國大典. 卷1-6 / 崔恒(朝鮮) 等受命編
판 사 항	木板本
발행사항	平壤 : 平壤府, 顯宗 9(1668)
형태사항	6卷3冊 : 四周單邊 半郭 23.5 × 16.5 ㎝, 有界, 10行17字 註雙行, 上下內向黑魚尾 ;30.5 × 21.0 ㎝
주기사항	序: 成化五年己丑(1469)...徐居正 刊記: 戊申(1668)三月平壤府開刊

가변길이필드 입력

TAG	IND	내 용

8. 경덕전등록(景德傳燈錄)

:용화사 묵단유물관 자료실

본서는 역대 부처와 조사들의 어록과 행적을 모은 책으로 송나라의 도원(道源)이 1006년에 저술했으며, 과거칠불(過去七佛)로부터 역대 선종의 조사들, 오가(五家) 52세(世)에 이르기까지 법등(法燈)을 전한 법계(法系)를 차례로 기록한 책이다.

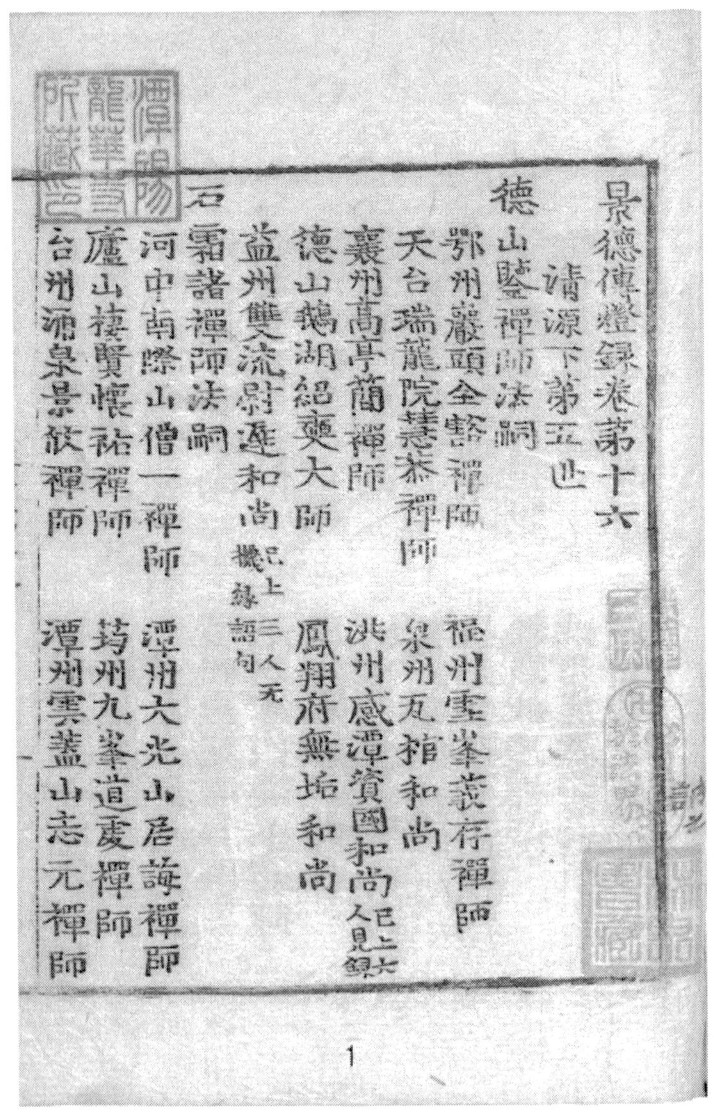

景德傳燈錄卷第十六

清源下第五世

德山鑒禪師法嗣

鄂州巖頭全豁禪師　福州雪峯義存禪師

天台瑞龍院慧恭禪師　泉州瓦棺和尚

襄州高亭簡禪師　洪州感潭資國和尚 已上六人見錄

德山鶴湖紹奭大師

益州雙流尉遲和尚 已上二人無機緣語句　鳳翔府無始和尚

石霜諸禪師法嗣

河中南際山僧一禪師　潭州大光山居誨禪師

廬山棲賢懷祐禪師　筠州九峯道虔禪師

台州涌泉景欣禪師　潭州雲蓋山志元禪師

1

서지정보

표제/ 책임표시사항	景德傳燈錄 / 道原(宋) 撰
판 사 항	木板本
발행사항	恩津 : 雙鷄[寺], 光海 6(1614)
형태사항	15卷5冊(缺帙) : 四周單邊 半郭 19.5 x 14.9 cm, 無界, 12行20字, 無魚尾 ; 26.1 x 19.1 cm
주기사항	表題: 傳燈錄 卷16末 刊記: 萬曆四十二年甲寅(1614)四月日 公洪道恩津雙鷄開板

가변길이필드 입력

TAG	IND	내 용

9. 정묘식년사마방목(丁卯式年司馬榜目)

:사천 목씨 종친회

사마방목은 조선 시대 생원·진사시의 합격자 명부로 사마시는 생원·진사시의 별칭이다. 대개 예문관에서 간행하여 관계자·합격자들에게 반포하며 활자본·목판본·목활자본·필사본 등 다양하게 만들어졌다. 본 사마방목의 정묘(丁卯)는 숙종 13년인 1687년으로 추정된다.

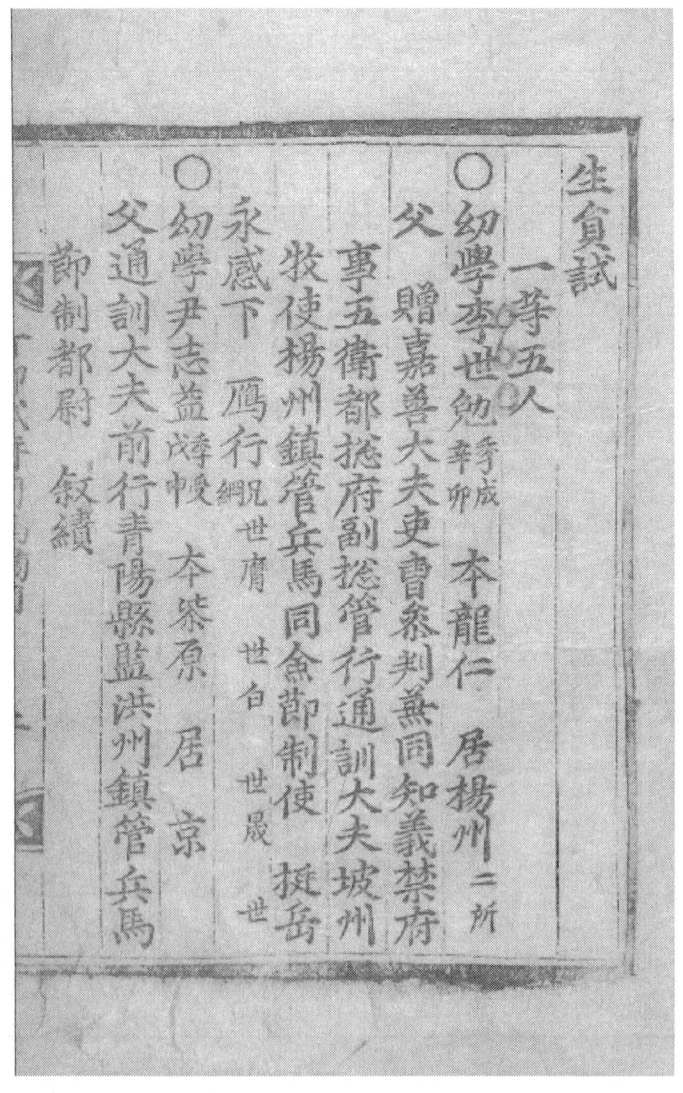
生員試
一等五人
○幼學李世勉 季成 辛卯 本龍仁 居楊州 二所
父 贈嘉善大夫吏曹參判兼同知義禁府
事五衛都摠府副摠管行通訓大夫坡州
牧使楊州鎭管兵馬同僉節制使 挺岳
永感下 厲行 綱兄 世膺 世白 世晟 世
○幼學尹志益 季叟 戊申 本漆原 居京
父通訓大夫前行青陽縣監洪州鎭管兵馬
節制都尉 叙績

서지정보

표제/ 책임표시사항	丁卯式年司馬榜目 / 李世勉 捜輯 ; 崔錫弼 攷定
판 사 항	木板本
발행사항	[發行地不明] : 李廷泰 鋟梓, [肅宗 13(1687)]
형태사항	1冊(40張) : 四周雙邊 半郭 20.0 x 15.0 cm, 有界, 10行18字 註雙行, 內向2葉花紋魚尾 ; 31.0 x 20.0 cm
주기사항	卷末: 癸酉(1693)七月 日大丘府開刊 뒤表紙面紙: 己巳十二月下浣謹修補于巴谷精舍

가변길이필드 입력

TAG	IND	내 용

10. 교지(敎旨)

:충청남도 역사박물관

조선 중기 문신인 윤경교(尹敬教, 1632~1691)를 통훈대부사도시정지제교(通訓大夫司導寺正知製教)에 임명하는 내용의 교지이다.

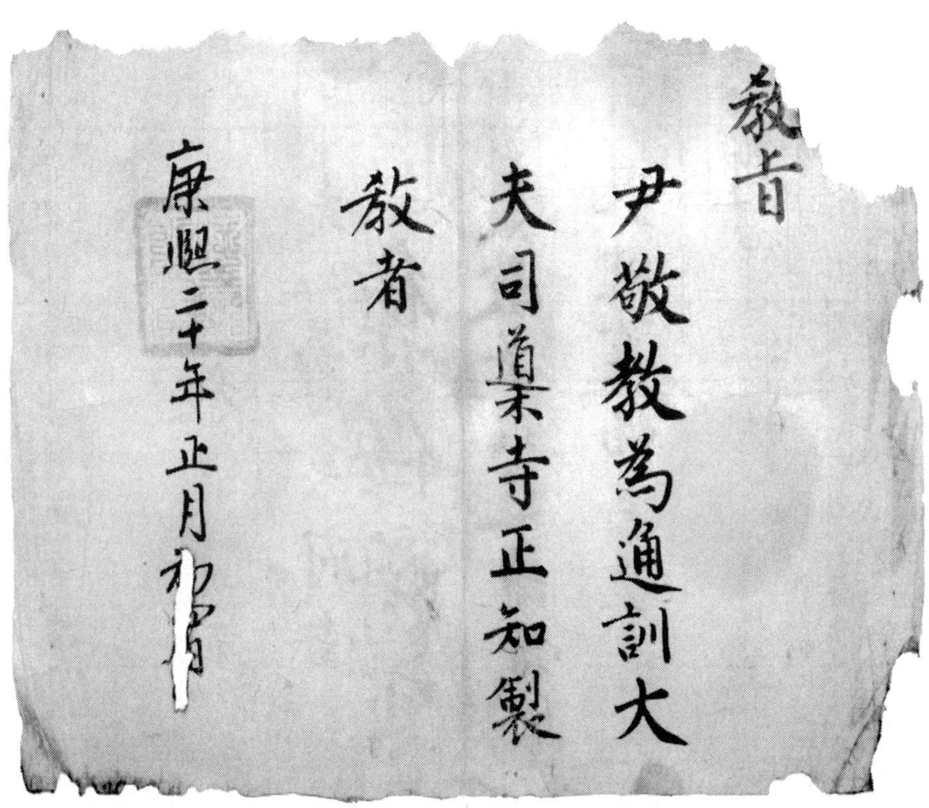
敎旨
尹敬教爲通訓大
夫司導寺正知製
敎者
康熙二十年正月初[illegible]日

서지정보

표제/책임표시사항	教旨 / 尹敬教 受給
판 사 항	筆寫本
발행사항	[發行地不明] : [發行處不明], 肅宗 7(1681)
형태사항	1張 ; 49.2 x 75.2 cm
주기사항	康熙二十年五月初四日

가변길이필드 입력

TAG	IND	내 용

11. 십칠사찬고금통요(十七史纂古今通要)

:국립중앙도서관

원나라 호정방(胡庭方)이 편찬한 중국의 17정사(正史)를 간추려 모은 책. 1403년(태종 3)에 경연고주(經筵古註)의 시(時)·서(書)·좌씨전(左氏傳)을 자본(字本)으로 하여 주조한 계미자를 사용하여 1412년에 인출된 것으로 추정된다. 이 책은 조선 최초의 동활자인 계미자로 인출한 점에서 그 가치가 크며, 또한 고려와 조선의 주자술(鑄字術)과 조판술(組版術)의 발달사(發達史)연구에 있어서 매우 귀중한 자료이다.

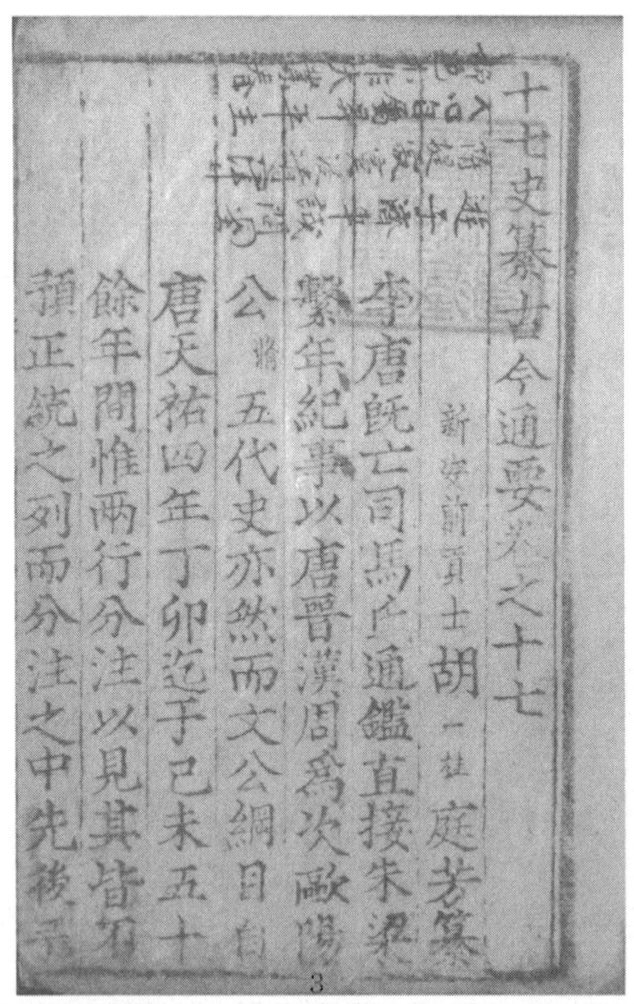

十七史纂古今通要卷之十七

新安前貢士 胡一桂 庭芳纂

李唐既亡司馬公通鑑直接朱梁

繫年紀事以唐晉漢周爲次歐陽

公脩五代史亦然而文公綱目自

唐天祐四年丁卯迄于己未五十

餘年間惟兩行分注以見其皆不

預正統之列而分注之中先後

3

서지정보

표제/ 책임표시사항	十七史纂古今通要. 卷17 / 胡庭芳(元) 纂
판 사 항	金屬活字本(癸未字)
발행사항	[發行地不明]: [發行處不明], [太宗12(1412)]
형태사항	1冊(32張): 四周雙邊 半郭 23.2 x 14.6 cm, 有界, 8行17字, 上下下向黑魚尾; 25.5 x 18.8 cm
주기사항	國寶 第148-2號

가변길이필드 입력

TAG	IND	내 용

용어해설[29)]

- **각주(脚註)**: 본문에 대한 주석을 그 면 하단에 표시한 것.
- **각판(刻板)**: 책을 인쇄하기 위하여 나무판에 문자나 그림을 새기는 것. 목판(木版), 책판(冊版) 조판(雕版), 누판(鏤版), 판목(版木)이라고도 한다.
- **간사(刊寫)**: 간행(刊行)과 필사(筆寫)를 줄인 말.
- **개간(開刊)**: 문자나 그림 등을 판목에 반자(反字)로 새긴 다음 그 책판에 먹을 칠하고 책지에 박아내는 것.
- **개고본(改稿本)**: 초고본을 고친 것.
- **개주(改鑄)**: 원래의 주조(鑄造) 활자가 수명이 다하거나 또는 폐기할 필요가 있을 때, 그 원주(原鑄)활자를 녹여 부어 새롭게 활자를 주조하는 것.

29) 국립중앙도서관, 한국문헌자동화목록 기술규칙, 고서용, 서울: 2000.

- **개판(開板)**: 전적(典籍)을 목판으로 인쇄할 때 쓰는 말로 출판과 같은 뜻.
- **결본(缺本)**: 전집이나 총서, 다권본과 같이 여러 책으로 구성된 도서 일부가 빠져있는 것. 빠진 각각의 책을 지칭하기도 한다. 결본 없이 완전한 책을 완질(完帙)이라고 한다. 질본(迭本), 궐본(闕本), 잔결본(殘缺本), 유(遺)결본의 동의어가 있다.
- **경절장(經折裝)**: 범협본(梵夾本)과 같다.
- **계선(界線)**: 소요 활자의 위치를 정하거나 조판을 짜는 방법으로써 활자조판의 기본선. 즉 본문의 각 항(行) 사이를 구분하기 위해 그은 선.
- **검인본(鈐印本)**: 관인(官印)이 날인(捺印)되어 있는 책.
- **고본(稿本)**: 편자 또는 저자가 글 내용을 엮거나 고안하여 처음으로 쓴 책으로, 자필고본(自筆稿本)과 타필고본(他筆稿本)으로 나눌 수 있다. 고본(藁本), 초본(草本), 초고본(草稿本), 원고본(原稿本)이라고도 한다.
- **고정지(藁精紙)**: 귀리나 보릿짚을 닥나무(楮)와 섞에서 만든 종이. 함경도에서 많이 생산되었는데, 특히 부영(富寧)의 종이가 유명하였다.
- **광곽(匡郭)**: 서판의 외곽을 말하는데, 그 내부는 문자가 들어가는 공간이다. 네 테두리(四周)가 양선인 것을 사주쌍변, 단선인 것을 사주단변이라 한다. 좌우만 양선인 것을 좌우쌍변, 좌우만 단선인 것은 좌우단변이라 한다.
- **교정본(校正本:校訂本)**: 잘못된 것을 바로잡아 간행한 책.
- **권수도(卷首圖)**: 서적의 권수 또는 권두에 있는 그림, 초상, 변상, 지도, 사진 등.
- **권자본(卷子本)**: 종이를 옆으로 연달아 이어 붙여 그 한 끝에 축을, 다른 끝에 권서(卷緖)를 붙인 것인데, 보관할 때는 축에 말고 권서(卷緖)로 묶는 것이다. 중국의 육조시대 이래 북송까지, 우리 나라를 삼국시대와 고려시대에 유행된 제책방법. 권축(卷軸), 권축본, 두루마리, 권본(卷本), 계본(繼本), 수권(手卷), 주지(周紙) , 장권지(長卷紙)등의 동의어가 있다.
- **금계(金界)**: 광곽과 계선(界線)을 금니(金泥)로 그은 것.
- **금니(金泥)**: 금색의 묵.
- **금자(金字)**: 금색의 묵 또는 금색의 묵으로 쓴 글.
- **기간고본(旣刊稿本)**: 이미 간행된 서적의 원고.

ㄴ

- **남사란(藍絲欄)**: 광곽과 계선(界線)을 남색(藍色)으로 그은 것.
- **난외제(欄外題)**: 변란 밖 좌우측 아래 모난 곳에 부각한 제기(諸記). 현대 서적에는 본문 밖에 작은 글씨로 넣은 서명, 장명, 절명을 말한다.
- **내사기(內賜記)**: 왕이 고위관료에게 책을 내려줄 때 기록한 글. 세종년간부터 영조년간까지는 승정원에서 관장하였고, 정조 이후에는 규장각에서 관장하였다. 반드시 앞표지의 면지에 묵서(墨書)되었다. 대개 내사연월, 수령자의 직명, 성명, 서적명과 대필한 관리의 직명, 姓, 수결이 기록된다.
- **내사인(內賜印)**: 내사본에 찍힌 옥새(玉璽), 선사지기(宣賜之記)나 규장지보(奎章之寶) 등
- **누판(鏤板)**: '刻板'을 보라.
- **능화문(菱華紋)**: 표지를 두텁게 보강하기 위해 배접지를 붙일 때 들어간 문양.
- **능화판(菱華版)**: 능화문을 새긴 목판. 연당초문, 만문, 화문 등이 많다.

ㄷ

- **도각(刀刻)**: 목판이나 목활자의 칼로 새긴 자국.
- **도활자(陶活字)**: 흙을 구어서 만든 옛날 활자.
- **동활자(銅活字)**: 구리로 만든 활자.
- **등재본(登梓本)**: 판각을 위해 정서한 원고, 판각되므로 전래될 수 없다.

ㅁ

- **마지(麻紙)**: 삼 껍질이나 낡은 삼베를 풀어 가공한 종이.
- **면지(面紙)**: 선장본에서 표지이면의 배접지가 보이지 않게 덧붙인 종이.
- **면지(綿紙)**: 닥(楮)에 솜을 섞어 만든 종이.
- **명문(銘文)**: 돌이나 금속에 새긴 글.

- **모장(毛裝)**: 포배장 또는 선장본 등에서 서엽을 접어 중첩한 요지(料紙)에 표지를 풀로 붙이거나 실로 철(綴)하기 전에 그 요지의 서뇌(書腦)부분에 송곳으로 구멍을 뚫어 종이 끈으로 임시로 철(綴)해 놓은 것. 지념장(紙捻裝)이라고도 한다.
- **목간(木簡)**: 나무를 좁게 잘라 죽간처럼 만들어 글을 쓴 것.
- **목갑(木匣)**: 책을 넣어 두거나, 겉으로 싸는 갑. 책의 겉장이 헐지 않도록 덧입히는 종이 헝겊, 비닐 같은 것. 가의(加依), 책가의(冊加依), 책의(冊依), 책갑(冊匣)이라고도 한다.
- **목판본(木板本)**: 문자를 목판에 반각하여 그 위에 인묵을 칠해 인쇄한 것.
- **목활자(木活字)**: 나무로 만든 활자.
- **묘호(廟號)**: 왕이 승하하신 뒤에 종묘 또는 태묘(太廟)에 모실 때 생전의 공덕을 기리어 지어 올린 존호. 왕의 시호(諡號).
- **무계(無界)**: 옛 활자본에는 대개 계선이 있으나 목판본에는 계선이 없는 것도 있다.
- **묵서(墨書)**: 먹물로 글씨를 씀. 또는 그 글씨.
- **미간고본(未刊稿本)**: 아직 간행된 바 없는 원고 본.

ㅂ

- **방각본(坊刻本)**: 서방(書坊)에서 영리를 목적으로 간행한 서적.
- **방목(榜目)**: 사마시(司馬試)나 과거에 급제한 사람의 명단을 기록한 책.
- **방책본(方冊本)**: 사각형의 서적.
- **배접(褙接)**: 종이, 헝겊 따위를 여러 겹 포개 붙여서 서적이나 서화를 보강한 것.
- **백계(白界)**: 광곽(匡郭)이 갖추어진 서엽(書葉)에 계선(界線)이 없는 것을 말한다. 무계(無界)로 더 많이 쓰이고 있다.
- **백서(帛書)**: 비단에 쓴 책. 비단은 회화용으로 사용되다가 서적제작에도 사용됨.
- **백지묵사경(帛紙墨寫經)**: 백지에 먹으로 쓴 사경. 장엄경의 대칭이다.
- **번각(飜刻)**: 한번 새긴 책판을 본보기로 삼아 그 내용을 다시 새김. 중간(重刊) 또는 재간(再刊)에 있어서 원각본(原刻本)과 내용은 같으나 판식이 반드시 원판본(原版

本)과 꼭 같은 것은 아니므로 복각(覆刻)과 같이 그 뜻이 한정되어 있지 않다.

- **범협장(梵夾裝)**: 방책본의 일종. 길게 이어 붙인 본문 종이를 장방형으로 접어 포개서 절첩(折帖)으로 만들고 앞뒤에 각각 1장의 표지를 붙인 장정. 경절장(經折裝), 경접장(經摺裝), 첩장(帖裝), 절본(折本), 첩본(帖本), 접본(摺本)이라고도 한다.
- **법명(法名)**: 승려가 되는 사람에게 종문(宗門)에서 속명(俗名) 대신에 새로 지어 주는 이름. 승명. 또는 불가(佛家)에서 죽은 사람에게 붙여주는 이름.
- **변란(邊欄)**: 판의 네 테두리에 있는 묵선. 단변(單邊)과 쌍변(雙邊)이 있다.
- **변상도(變相圖)**: 불교에 관한 여러 가지 내용을 시각적으로 조형화한 그림. 불경에 있어서 권두의 변상도(變相圖)는 당해 서적의 내용을 압축하여 나타내고 있다.
- **보각(補刻)**: 책판을 보관하였다가 후에 다시 인출할 때 심하게 마멸되어 사용할 수 없는 판을 새로 새겨 보충한 것.
- **보사(補寫)**: 이미 간행된 서적에 결본이 있을 때 완질을 이룰 수 있도록 필사하여 보충하는 것 또는 서적에 탈락된 부분이 있을 때 필사하여 보충한 것.
- **보수(補修)**: 낡은 것을 보충하여 수리함.
- **보유(補遺)**: 본문을 편찬할 때 빠진 부분, 저작의 내용이 불완전하거나 잘못된 부분이 있어 이를 보완하기 위해 나중에 추가로 수록한 저작. 본문의 권말에 추가되기도 하고, 별책으로 만들어지기도 한다.
- **복각(覆刻)**: 번각(飜刻)의 일본식(日本式) 용어.
- **봉명찬서(奉命撰書)**: 왕이나 윗사람의 명령을 받들어 저작한 책.
- **봉호(封號)**: 왕이 봉하여 내려준 호.

ㅅ

- **사가본(私家本)**: 관청, 서원, 사찰 등의 기관에서 간행하지 않고 민간에서 간행한 서적. 대개 저자의 후손이나 문인들이 출자하여 간행한다.
- **사경(寫經)**: 천도(薦度)30), 공덕(功德), 수행(修行)등 불교적인 신앙의 차원에서 정성을 들여 쓴 경문. 백지묵사경과 장엄경(莊嚴經)으로 나눌 수 있다. 장엄경은

상지(橡紙)나 청지(靑紙)에 은자나 금자로 필사한다.

- **사곡류(詞曲類)**: 악가(樂歌)와 속요(俗謠)를 아울러 이르는 말.
- **사급기(賜給記)**: 왕명으로 물품을 내려줄 때 그 물품에 기록한 글. 서적 반사에도 사급기가 기록되기도 하는데, 고위 관료가 아닌 내시(內侍)나 유생(儒生)에게 하사된 책에 기록된 것이 있다.
- **사본(寫本)**: 필사된 서적. 인본 또는 간본(刊本)의 대칭이다.
- **사주단변(四周單邊)**: 고서에서 서엽(書葉)의 네 테두리 광곽(匡郭)이 한 개의 선으로 되어 있는 것. 사주단란(四周單欄)이라고도 한다.
- **사주쌍변(四周雙邊)**: 고서에서 서엽의 네 테두리 광곽(匡郭)이 두 개의 선으로 되어 있는 것. 사주쌍란(四周雙欄) 또는 자모쌍변(字母雙邊), 자모쌍선(字母雙線)이라고도 한다.
- **상급기(賞給記)**: 상으로 준 것에 대한 기록.
- **상상비(上象鼻)**: 고서(古書)의 판심(版心) 윗부분을 말함.
- **상재(上梓)**: 서적 등을 인쇄하여 발행함. 목판의 판각에 흔히 가래나무(梓)가 사용되었기 때문이다. 인행(印行), 간행(刊行), 간출(刊出)이라고도 한다.
- **상지(橡紙)**: 갈색 염료로 물들인 종이. 사경할 때 은니나 금니로 썼다.
- **서배(書背)**: 책등. 서척(書脊)이라고도 한다.
- **서구(書口)**: 책을 펼치는 곳. 선장본에서는 그 상대가 되는 곳이 서배(書背)이다.
- **서근(書根)**: 지(地). 서책의 하단.
- **서뇌(書腦)**: 서배를 실로 꿰맨 변연(邊緣). 총책수 등이 기록되기도 한다.
- **서두(書頭)**: 천(天). 서책의 상단.
- **서미(書眉)**: 판광(版匡)의 위쪽 여백. 천두(天頭)라고도 하는데 우리 조상들은 지두(紙頭)란 말을 더 많이 사용함.
- **서이(書耳)**: 호접장에서 변란 밖의 좌곽(左郭)이나 우곽(右郭)에 새긴 작은 테두리. 이격(耳格) 또는 이자(耳子)라고도 한다.

---

30) 죽은 사람의 넋을 극락세계(極樂世界)로 인도(引導)하는 일

- **서투(書套)**: 두꺼운 종이를 심으로 하고 외측에 천을 덧댄 것. 서적의 보호용.
- **석판본(石版本)**: 평판인쇄술의 일종. 석판석을 이용하여 인출한 것.
- **선장본(線裝本)**: 방책본의 하나. 문자가 노출되도록 서엽(書葉)을 정접(正摺)하여 중첩하고 각각 1 장의 표지를 앞뒤에 붙인 다음 서뇌(書腦)부분을 끈으로 꿰매는 장정으로 동양 장정의 대표적인 형식이다. 선정(線訂), 책본(冊本), 철장(綴裝)이라고도 하며, 일본에서는 흔히 대철(袋綴)이라는 용어가 사용된다. 우리나라는 오침안(五針眼)으로 철하였으나 중국과 일본은 사침안과 육침안으로 철하였다.
- **선풍엽(旋風葉)**: 두 가지 설이 있다.
  ① 외관은 권자본 형태이다. 권지의 내면에 엽자를 물고기 비늘과 같은 모양으로 중첩되게 붙인 장정. 북경의 고궁박물원에 수장된 당(唐)의 왕인후(王仁眴)가 저작한 천류보결절운(刋謬補缺切韻)이 대표적인 예이다.
  ② 외관은 방책본 형태이다. 권자본(卷子本)의 권지(卷紙)를 적당한 폭으로 절첩(折疊)하는 형태로 만들고 보호용으로 앞뒤 면을 연결하여 하나의 두꺼운 표지를 붙여 일절(一折)씩 넘겨 가며 되풀이 볼 수 있도록 한 형태의 장정. 곧 경접장(經摺裝)에 하나의 표지로 앞뒤를 연결하여 붙인 장정.
- **수결(手決)**: 인장과 같이 문서의 효력을 발생시키는 방법의 하나. 성명이나 직함 아래에 직접 쓰는데 서양의 sign과 같은 말이다. 서압(署押), 수례(手例), 수압(手押), 판압(判押)이라고도 하며, 특히 **수결(手決)**과 함자(銜字)가 같이 있는 경우에는 화압(花押)이라고 한다.
- **수재본(繡梓本)**: 삽도(插圖)를 넣어 간행한 서적. 중국 명대부터 소설이 유행하면서 삽도를 넣어 간행한 책이 많이 간행되었는데 이런 소설을 전상본소설(全相本小說) 또는 수재본(繡梓本)이라고 하였다.
- **습유(拾遺)**: 서적의 본체에 수록되지 않은 작품이나 글을 모음, 또는 그것을 모아 엮은 책.
- **시호(諡號)**: 선왕, 경상(卿相), 유현(儒賢)들이 별세한 뒤에 그들의 행적을 포폄(褒貶)하여 왕의 재가를 받아 추증한 이름.
- **신필본(宸筆本)**: 왕의 친필본(親筆本). 어필본(御筆本)과 같다.

ㅇ

- **어미(魚尾)**: 고서의 판심(版心)에 있는 물고기 꼬리와 같이 생긴 문양.
- **어필본(御筆本)**: 왕의 친필본. 신필본과 같다.
- **연활자(鉛活字)**: 납(亞鉛)으로 만든 활자.
- **엽자(葉子)**: 지엽(紙葉). 인도 패엽경의 영향을 받고 권자본의 결점이 보완된 장정.
- **영본(零本)**: 다책본(多冊本) 또는 다권본(多卷本) 저작에서 결락(缺落)된 부분이 있는 서적.
- **오사란(烏絲欄)**: 광곽(匡郭)과 계선(界線)을 검은색으로 그리거나 인쇄한 것.
- **옥책문(玉冊文)**: 왕이나 후비(后妃)의 존호(尊號)를 지어 올릴 때, 그 덕을 기리는 글을 새긴 옥 조각을 엮어서 만든 책을 옥책(玉柵)이라 하며 그 옥책에 새긴 송덕문.
- **완결(刓缺)**: 글자 획이 이지러지고 마멸됨.
- **완질(完帙)**: 빠진 권책이 없는 완전한 서적.
- **요판(凹版)**: 평판에 오목하게 파고 인묵(印墨)을 칠해 인쇄해내는 방법.
- **원본(原本)**: ① 여러 차례 걸쳐 간행했을 경우 최초로 간행한 원간본. 초간본.
  ② 표준적인 내용을 갖추고 있고 오식이 없는 통행본의 근본. 조본(祖本)
  ③ 각색, 번안, 발췌, 주석, 번역의 근원.
- **위서(僞書)**: 가짜 책. 중국에는 위서가 많아 판본학, 교수학, 변위학 등이 발달함.
- **유인본(油印本)**: 등사판을 사용해서 인쇄한 책.
- **윤음(綸音)**: 왕이 신하나 백성에게 내리는 말씀. 오늘날의 법령과 같은 위력을 지닌다.
- **은계(銀界)**: 광곽과 계선(界線)을 은니(銀泥)로 그은 것.
- **은니(銀泥)**: 은색의 먹.
- **은자(銀字)**: 은색의 먹으로 쓴 글자.
- **음문(陰文)**: 백문(白文). 양문(陽文)의 대칭. 바탕은 색상이 있고 문자는 백색이다.
- **이본(異本)**: 이판(異版)과 같다.
- **이제(耳題)**: 서이(書耳) 가운데 있는 제목.
- **이제(裏題)**: 서적의 내면에 있는 제목.

- **이판(異版)**: ① 표준이 되는 내용의 간본에 대해 판이 다른 서적. ② 본문 내용과 관계 없이 단순히 판종이 다른 것.
- **인행(印行)**: 서적 등을 인쇄하여 발행함. 상재(上梓), 간출(刊出)이라고도 한다.

ㅈ

- **자(字)**: 관례 때에 본명 외에 가지게 되는 성인으로서의 별명. 자를 갖게 되면 왕, 존장의 앞에서는 본명을 사용하나 동년배, 벗으로부터는 자로 불린다.
  예, 박민헌(朴民獻) 자(字) 희정(希正), 호(號) 정항(正巷).
- **자필본(自筆本)**: 저자나 수장자(收藏者)가 친히 쓴 서적.
- **잔본(殘本)**: 다책본(多冊本) 또는 다권본(多卷本) 저작에서 빠진 권책이 있을 때 남아 있는 부분보다 빠진 부분이 많은 경우에 이름.
- **장서기(藏書記)**: 서적의 수장자가 본인 소유임을 나타내기 위해 쓴 기록.
- **장서인(藏書印)**: 서적의 수장자가 소유임을 나타내기 위해 날인(捺印)한 인장.
- **장엄경(莊儼經)**: 물들인 종이에 금니 또는 은니로 필사한 불경
- **장정(裝訂)**: 책이 흩어지지 않게 표지를 붙여 묶은 것. 제본, 제책(製冊).
- **장황(裝潢)**: 장정(裝訂)과 동의어.
- **재고본(再稿本)**: 초고를 수정한 원고. 개고본(改稿本)과 같다.
- **재행(梓行)**: 상재(上梓)와 같다.
- **저본(底本)**: 간인(刊印), 필사(筆寫), 교감(校勘, 개정(改訂), 증보(增補), 산절(刪節) 등의 근거가 되는 책의 총칭. 원본이라고도 한다.
- **저지(楮紙)**: 닥나무 껍질을 원료로 만든 종이.
- **전사본(轉寫本)**: 원고를 다른 사람이 필사한 것.
- **절첩본(折疊本)**: 범협본과 같다.
- **접포(摺鋪 또는 疊物)**: 요지(料紙)를 한 장 또는 그 이상을 이어서 병풍 모양으로 연달아 절첩(折疊)한 것. 범협장과 같다.
- **정고본(定稿本)**: 완성된 원고

• **제첨(題籤)**: 고서의 표지에 서명을 종이 또는 비단 쪽지에 쓰거나 인쇄해서 붙인 것. 제첨(題簽), 제전(題箋)이라고도 한다.

• **조칙(詔勅)**: 왕의 선지(宣旨)를 일반에게 널리 알릴 목적으로 적은 문서.

• **좌우쌍변(左右雙邊)**: 판의 네 테두리 가운데 좌우만 검은 쌍선(雙線)을 그은 것.

• **주사란(朱絲欄)**: 광곽과 계선(界線)이 주홍색인 것.

• **주자발(鑄字跋)**: 조선시대 새로운 금속활자를 주조하면 그 초기의 간본에 수록한 활자주조에 관한 발문. 계미자, 경자자, 갑인자 등의 초기 간본에 있다.

• **주자본(鑄字本)**: 금속활자로 간행한 서적.

• **주조(鑄造)**: 금속활자 등을 만날 때 동 · 철 · 납 등을 녹여 거푸집에 부어서 만드는 것.

• **죽간(竹簡)**: 동양에서 가장 오래된 서적의 형태. 대나무를 좁게 잘라 만든다. 늦어도 기원전 14세기 은대(殷代)에는 사용되었을 것으로 추정됨.

• **죽지(竹紙)**: 대나무 섬유를 원료로 하여 만든 종이로, 주로 중국에서 많이 사용되었다.

• **중간본(重刊本)**: 초간 이후 두 번째 간행된 책. 중각본, 후간본, 후각본.

• **중봉(中縫)**: 고서의 서엽(書葉)에서 어미(魚尾)의 중간 부분을 기준으로 접어서 생기는 선을 말함. 판심(板心)의 한 가운데를 뜻함.

• **지각(地脚)**: 판광의 아래쪽에 있는 여백.

• **지두(紙頭)**: 판광(版匡)의 위쪽 여백. 천두(天頭), 서미(書眉).

• **지배문서(紙背文書)**: 시효 만료로 폐기되어 서적과 서화의 배접지로 사용된 공문서.

• **진서표(進書表)**: 새로 편찬한 책을 국왕에게 바칠 때 관인이 지어 올린 글. 관인이 국왕에게 올린 글의 일종을 고려 시대에는 표라 하였으나 조선 시대에는 대체로 전(箋)을 썼다가 대한제국에 와서야 비로소 다시 표를 쓰게 된다. 표는 하(賀), 사(謝), 진서(進書), 진공(進貢), 진정(陳情)의 경우에 썼다.

• **지어(識語)**: 소장자나 독자가 책의 표지, 봉면(封面), 권말(卷末) 등 책의 어딘가에 구입 경위, 독후감, 비평 또는 기타 내용을 적어 놓은 문장. 지기(識記), 수기(手記), 수지(手識)라고도 한다.

- **진전문(進箋文)**: 경사, 길흉사, 영절(令節)에 신료(臣僚)가 국왕, 대비(大妃) 등에게 올리는 사육체(四六體)의 글.

ㅊ

- **책갑(冊匣)**: 함(函) 형식으로 서적을 보호하기 위해 만든 것. 지갑(紙匣), 목갑(木匣)이 있다.
- **철사(綴絲)**: 선장본의 꿰맨 실. 우리나라는 대개 붉은 색실을 사용함.
- **철판(凸版)**: 문자를 평판에 양각하여 그 위에 인묵을 칠해 인쇄한 것. 조판인쇄술과 활자인쇄술이 있다.
- **첩장본(帖裝本)**: 길게 이어 붙인 본문 종이를 장방형으로 접어 포개서 절첩(折帖)으로 만들고 앞뒤에 각각 1장의 표지를 붙인 장정으로, 범협장(梵夾裝), 경접장(經摺裝), 첩본(帖本), 접본(摺本)이라고도 한다.
- **초간본(初刊本)**: 원고를 최초로 간행한 서적, 초각본, 원간본, 원각본.
- **초고본(草稿本)**: 처음 작성한 원고. 초고본(初稿本)과 같다.
- **초본(鈔本)**: 인쇄하지 않고 직접 손으로 쓴 책. 중국에서 주로 사용하는 용어.
- **초인본(初印本)**: 초각, 중각을 막론하고 첫 번째 인출(印出)한 서적. 초쇄본.
- **침안(針眼)**: 옥지(玉池)라고도 한다. 선장본의 실을 꿰매기 위해 뚫은 구멍.
- **침재(鋟梓)**: 저작의 내용을 나무판에 새김. 상재(上梓)와 같다.
- **침판(鋟板)**: 저작의 내용이 새겨진 나무판.

ㅌ

- **타필본(他筆本)**: 자필이 아닌 다른 사람이 필사한 서적.
- **탁본(拓本)**: 돌에 새겨진 글씨를 종이에 떠낸 것.
- **탑본(榻本)**: 탁본(拓本)과 같다.
- **투판본(套版本)**: 여러 종류의 색채로 인쇄한 서적.

ㅍ

- **판식(版式)**: 고서에서 서엽(書葉)의 판면에 나타나는 여러 가지 형식을 말함.
  예) 광곽, 계선, 판심, 어미 등
- **판심(版心)**: 판구(版口)라고도 하는데 판의 중앙에 있는 1항(一行) 정도의 공간. 포배장이나 선장본에는 책장이 열리는 부분에 있다.
- **판하본(版下本)**: 등재본과 같다.
- **평판(平版)**: 평평한 판에 인묵을 칠해 인쇄해내는 방법. 석판인쇄술, 오프셀 등.
- **포각(包角)**: 각패(角帞), 외관을 장식하고 보호하는 역할을 한다.
- **포갑(包匣)**: 갑(匣)에 쌈. 또는 그 갑. 서적의 보호 장치이다.
- **포배장본(包背裝本)**: 방책본의 하나, 외형·표지 등은 호접장과 비슷하면서도 서엽(書葉)의 인쇄 또는 필사면이 외면에 노출되게 정접(正摺)하여 중첩하고 그 요지의 서배(書背) 부분을 종이 끈 또는 노끈으로 묶은 다음 한 장의 표지로 둘러 싼 장정.
- **포활자(匏活字)**: 바가지 활자.
- **표제(表題)**: 책의 겉장 위에 표시된 (題名). 표지서명.
- **피휘(避諱)**: 문장 중에 국왕의 이름인 어휘(御諱)의 사용을 피한 것. 대자(代字), 생획(省劃), 결획(缺劃), 공자(空字), 첩포(貼布)의 다양한 방법이 사용되었다.

ㅎ

- **하상비(下象鼻)**: 고서의 판심(版心) 아랫부분을 말함.
- **합각(合刻)**: 독립적으로 발행한 2종 이상의 도서를 한 권으로 제본한 것이며, 이러한 도서 중 출판 당시부터의 합친 것을 합각서(合刻書)라 하고 출판 후에 합책한 것을 합철본 이라고 한다.
- **합인(合印)**: 서로 다른 저작을 합하여 동시에 간행한 것으로 특히 활자판 또는 석판으로 합쳐서 인출한 것.
- **합철(合綴)**: 독립적으로 출판된 도서나 소책자 등을 수장자의 사정에 따라 1책으로 합철한 것.

- **행자수(行字數)**: 한 장에 수록된 본문의 행수와 한 행에 수록된 글자 수. 행관(行款), 행격(行格)이라고도 한다.
- **현토(懸吐)**: 문장의 이해를 돕기 위해 토를 단 것.
- **호(號)**: 본명이나 자(字) 이외에 쓰는 아명(雅名), 특히 학자, 문인, 화가 등 명사들이 즐겨 씀.
- **호접장(蝴蝶裝)**: 서엽(書葉)을 필사 또는 인쇄된 면이 서로 마주 보도록 반접(反摺)하여 중첩해 놓고 접은 부분의 외부에 풀을 칠하여 한 장의 표지에 붙인 장정의 책. 과배장(裹背裝), 점엽본(黏葉本), 호장본(蝴裝本)이라고도 한다.
- **화구(花口)**: 고서의 판심(板心) 상하의 상비(象鼻)에 글자가 있는 것.
- **활인(活印)**: 한 자씩 조각 또는 주조(鑄造)한 활자를 원고에 따라 문선(文選)하여 조판(組版)한 다음 그 판에 먹이나 잉크 등을 칠하여 인쇄한 책.
- **활자(活字)**: 양각의 단자를 만들어 원본을 봐가면서 단자를 모아 판을 만들고 인묵을 칠해 인쇄해내는 방법. 조자, 조판, 인쇄의 과정을 거친다.
- **활자본(活字本)**: 활자로 인쇄한 책.
- **후쇄본(後刷本)**: 목판은 한번 판각하면 장구한 기간 사용할 수 있어 필요할 때 인출할 수 있다. 판목이 마멸된 후 인출하게 되면 완결이 많고 목리(木理)도 많이 나타난다. 후인본
- **흑구(黑口)**: 고서의 판심(板心) 내의 상하 상비(象鼻)에 검은색의 선이 있는 것. 검은색의 선이 굵은 것은 대흑구(大黑口), 가는 것은 소흑구(小黑口)라 한다.

고전자료의 이해와 조직(개정판)

개정판 1쇄 인쇄_2023년 2월 20일
개정판 1쇄 발행_2023년 2월 28일

엮은이_권용인
펴낸이_홍정표
펴낸곳_글로벌콘텐츠
등록_제25100-2008-000024호

공급처_(주)글로벌콘텐츠출판그룹
대표_홍정표 이사_김미미
편집_임세원 강민욱 백승민 문방희 권군오 기획·마케팅_이종훈 홍민지
주소_서울특별시 강동구 풍성로 87-6
전화_02) 488-3280 팩스_02) 488-3281
홈페이지_http://www.gcbook.co.kr
이메일_edit@gcbook.co.kr

값 20,000원
ISBN 979-11-5852-384-8 93020